IT 좀 아는 사람

비전공자도 IT 전문가처럼 생각하는 법

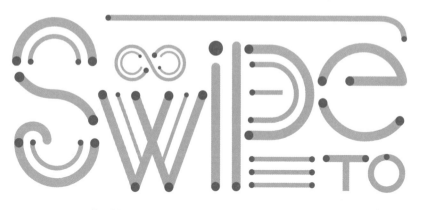

IT 좀 아는 사람

닐 메타·아디티야 아가쉐·
파스 디트로자 지음 | 김고명 옮김

윌북

언제나 영감의 근원이 되는 친구들과
항상 든든한 버팀목이 되어주는 가족들에게

닐

●——●

사업에 대한 나의 열정을 응원하고
창업의 두려움을 극복할 힘을 주는 고마운 가족과 친구들에게

아디

●——●

항상 나를 지지해주는 가족과 친구들,
그리고 내 비전을 믿고 이 책을 결국 완성하게 이끈
나의 멘토 데버라 스트리터에게

파스

우리는 어릴 때부터 세상은 원래 그런 거니까 적당히 순응하며 살라는 말을 듣습니다. 쓸데없이 벽에 돌진하지 말고, 화목한 가정을 꾸리고, 적당히 즐기면서 돈을 모으라는 말입니다. 하지만 그건 너무 편협한 삶이에요. 우리는 훨씬 넓은 세상에서 인생을 보낼 수 있습니다. 단, 한 가지를 깨달아야 합니다. 바로 우리가 인생이라고 말하는 것, 우리를 둘러싼 모든 것이 실제로는 특별한 사람들이 만든 게 아니란 거죠. 그러니까 "나도 세상을 바꿀 수 있다", "나도 세상에 영향을 미칠 수 있다", "나도 뭔가를 만들어서 세상에 보여줄 수 있다"라고 생각해야 합니다. (…) 그게 가장 중요한 게 아닐까 싶어요. 인생은 원래 이런 거니까 어쩔 수 없다는 식의 잘못된 생각을 깨트리고 인생을 바꾸고, 개선하고, 세상에 족적을 남기자는 거죠. (…) 이걸 깨달으면 그때부터는 완전히 다른 사람이 됩니다.

•——•

스티브 잡스
(참고로 그는 애플에서 단 한 줄의 코드도 작성하지 않았다.)

차례

프롤로그　13

이 책의 목표 ▪ 이 책의 대상 독자 ▪ 이 책의 구성 ▪ 저자 소개 ▪ 구직자를 위한 첨언

1부　IT 기초 지식

1장　소프트웨어 개발

──▪ 구글 검색은 어떻게 작동할까?　23

──▪ 스포티파이는 어떻게 나에게 맞는 곡을 추천해줄까?　27

──▪ 페이스북은 뉴스피드에 표시되는 게시물을 어떻게 정할까?　31

──▪ 우버, 옐프, 포켓몬고의 기술적 공통점은?　36

──▪ 틴더는 왜 페이스북으로 로그인하라고 할까?　39

──▪ 《워싱턴 포스트》 기사는 왜 제목이 두 개씩 있을까?　42

2장　운영체제

──▪ 블랙베리는 왜 망했을까?　49

──▪ 구글은 왜 제조사에 안드로이드를 무료로 제공할까?　52

──▪ 안드로이드폰에는 기본으로 깔리는 쓰레기 앱이 왜 그렇게 많을까?　56

──▪ 세계 3위 모바일 운영체제는 뭘까?　60

──▪ 맥도 바이러스에 감염될까?　64

3장　앱경제

──▪ 앱 다운로드는 왜 대부분 무료일까?　69

──▪ 페이스북이 사용자에게 단 한 푼도 받지 않고
　　떼돈을 버는 비결은 뭘까?　75

──▪ 뉴스 사이트에는 왜 그렇게 '협찬기사'가 많을까?　80

──● 에어비앤비는 무엇으로 돈을 벌까? 83

──● 로빈후드는 주식거래 수수료를 안 받고 무엇으로 돈을 벌까? 84

──● 광고나 사용료 없이 앱으로 돈을 버는 방법이 있을까? 85

4장 인터넷

──● 'google.com'을 입력하고 엔터를 치면 어떤 일이 벌어질까? 89

──● 인터넷으로 정보를 전송하는 것과
핫소스를 배송하는 것의 공통점은? 95

──● 정보는 어떻게 이 컴퓨터에서 저 컴퓨터로 이동할까? 99

──● 월스트리트의 트레이더는 왜 산맥까지 뚫어가며
광케이블을 직선으로 깔았을까? 101

2부 IT 업계의 핫이슈

5장 클라우드 컴퓨팅

──● 구글드라이브와 우버의 공통점은? 109

──● 클라우드 속에 있는 것은 실제로 어디에 존재할까? 111

──● 왜 포토샵을 소유할 수 없게 되었을까? 116

──● 마이크로소프트는 왜 스스로 오피스를 비웃는 광고를 내보냈을까? 120

──● 아마존 웹 서비스는 어떤 서비스일까? 123

──● 넷플릭스는 신작 공개일에 폭증하는 시청자를 어떻게 감당할까? 127

──● 오타 하나로 인터넷의 20%가 다운된 이유는? 130

6장 빅데이터

──● 타깃은 어떻게 아버지보다 먼저 딸의 임신을 알았을까? 135

──● 구글 같은 대기업은 어떻게 빅데이터를 분석할까? 138

──● 아마존에서는 왜 10분마다 가격이 바뀔까? 140

──● 기업이 많은 데이터를 소유하는 게 좋은 걸까, 나쁜 걸까? 142

7장 **해킹과 보안**

──▶ 범죄자가 컴퓨터를 '인질'로 잡는 법? 147

──▶ 온라인에서 마약과 도난 신용카드 번호는 어떻게 거래될까? 151

──▶ 와츠앱은 어떻게 와츠앱도 읽을 수 없게 메시지를 암호화하는 걸까? 160

──▶ FBI는 왜 애플에 아이폰 해킹을 요구하는 소송을 걸었을까? 164

──▶ 해커는 어떻게 가짜 와이파이 네트워크로 개인정보를 탈취할까? 166

8장 **하드웨어와 로봇**

──▶ 바이트, KB, MB, GB가 뭘까? 173

──▶ 컴퓨터와 휴대폰의 CPU, 램 같은 사양은 무엇을 의미할까? 174

──▶ 애플은 왜 구형 아이폰을 느려지게 만들까? 182

──▶ 휴대폰의 지문인식은 어떤 원리로 작동할까? 184

──▶ 애플페이의 작동 원리는 뭘까? 186

──▶ 포켓몬고의 작동 원리는 뭘까? 190

──▶ 아마존은 어떻게 1시간 배송 서비스를 제공할까? 192

──▶ 아마존은 어떻게 30분 만에 물건을 배달할까? 194

3부 IT 비즈니스의 미래

9장 **사업적 판단**

──▶ 노드스트롬은 왜 무료 와이파이를 제공할까? 201

──▶ 아마존은 왜 손해를 보면서까지 프라임 회원에게 무료배송을 할까? 207

──▶ 우버는 왜 자율주행차가 필요할까? 211

──▶ 마이크로소프트는 왜 링크드인을 인수했을까? 213

──▶ 페이스북은 왜 인스타그램을 인수했을까? 218

──▶ 페이스북은 왜 와츠앱을 인수했을까? 221

10장 **신흥국**

──▶ 서양 IT 기업들이 가장 많이 진출하려고 하는 나라는 어디일까? 225

──▶ 케냐인들은 어떻게 피처폰으로 모든 것을 결제할까? 234

──▶ 위챗은 어떻게 중국의 '공식' 앱이 됐을까? 238

──▶ 아시아에서는 어떻게 모든 것을 QR코드로 결제할까? 242

──▶ 동서양 IT 기업의 전략은 어떤 면에서 다를까? 247

11장 **기술정책**

──▶ 어째서 컴캐스트는 사용자의 검색 기록을 팔 수 있을까? 253

──▶ 무료 모바일 데이터는 어떤 점에서 소비자에게 해로울까? 257

──▶ 영국 의사가 구글 검색 결과에서
자신의 의료사고 기사를 없앤 방법은? 262

──▶ 미국 정부는 어떻게 수십억 달러 규모의 기상산업을 만들어냈을까? 266

──▶ 어떻게 하면 기업이 데이터 유출에 책임을 지게 만들 수 있을까? 271

12장 **미래 전망**

──▶ 자율주행차의 미래는? 275

──▶ 로봇이 우리의 일자리를 빼앗아갈까? 282

──▶ 가짜뉴스 영상과 음성이 만들어지는 메커니즘은? 287

──▶ 페이스북은 왜 가상현실 헤드셋 개발사를 인수했을까? 290

──▶ 수많은 기업들이 아마존을 두려워하는 이유가 뭘까? 292

에필로그 301

용어 해설 304

프로그래밍 언어 ▪ 데이터 ▪ 소프트웨어 개발 ▪ IT 약어 ▪ 경영 용어 ▪ IT 기업의 직군

감사의 말 333

찾아보기 335

주석 343

일러두기

1. 하단의 주석은 옮긴이 주로서 본문에서 ✳기호로 표시했습니다.

2. 저자 주는 웹사이트 https://swipetounlock.com/notes/3.4.0/에서 확인할 수 있으며, 본문의 주석 순서는 원서를 따랐습니다.

프롤로그

이제는 직업이 무엇이든 간에 IT 지식이 필수인 시대가 됐다. 의사가 인공지능으로 병을 진단하고[1] 농부가 드론으로 작물을 재배한다.[2] 한때는 정유회사와 전기회사가 세계 최대 규모를 자랑했지만[3] 이제는 그 자리를 애플, 아마존, 페이스북, 구글, 마이크로소프트가 차지하고 있다.[4]

그렇다면 IT 지식은 어떻게 얻을 수 있을까?

IT 전문가들이 하는 말을 들어보면 SaaS, API, SSL, 클라우드 컴퓨팅, 증강현실 등 왠지 코딩의 달인 정도는 돼야 이해할 수 있을 것 같은 용어가 난무한다. 또 한편에서는 스타트업, 인수합병, 앱 출시, IT 업계의 각종 루머에 관한 뉴스가 하루가 멀다고 쏟아져 나오는데 그것을 다 이해하자면 왠지 MBA 학위 정도는 있어야 할 것 같은 기분이다.

하지만 IT의 세계는 사실 특별한 경험이 없는 사람도 충분히 이해할 수 있다. 인터넷의 기본 원리라든가 페이스북과 우버의 비즈니스 전략처럼 중요한 IT 지식들은 쉬운 말로도 얼마든지 설명 가능하다.

| 이 책의 목표 |

이 책은 IT와 비즈니스 전략에 대한 입문서다. IT 업계의 근간이 되는 소프트웨어, 하드웨어, 비즈니스 전략을 실제 사례를 중심으로 쉽게 설명한다. 그래서 IT 관련해서 아무것도 모르는 사람도 기술을

이해하고 분석하고 심지어 직접 만들 수 있는 출발점이 될 것이다.

사람들이 흔히 생각할 법한 질문을 제기하고 구체적인 사례를 분석할 것이다. 예를 들면 스포티파이가 어떤 식으로 음악을 추천하고, 자율주행차가 어떻게 작동하며, 왜 아마존이 손해를 보면서까지 프라임 회원에게 무료배송 서비스를 제공하는지 등을 알아본다.

각 장에서는 먼저 '무엇(빅데이터나 머신러닝machine learning 같은 IT 개념)'을 설명한 후 '왜(기업이 그런 기술을 사용하는 이유)'를 해설한다. 특히 우리 세 사람이 크고 작은 IT 기업에서 프로덕트 매니저PM로 일한 경험을 바탕으로 IT 업계의 내부 사정을 생생하게 전달할 것이다.

우리의 목표는 독자가 이 책을 읽고 IT 전문가처럼 생각하는 능력이 잠금 해제되는 것이다. 그래서 앞으로 어떤 기술을 접하든 그것을 꿰뚫어 볼 수 있는 통찰력이 생기기를 바란다. 말하자면 그 기술이 어떻게 작동하고, 왜 그런 식으로 만들어졌는지, 수익이 어디에서 창출되는지를 이해하고, 과연 성공할지 실패할지를 가늠할 수 있게 되길 희망한다. 이 책에서 소개하는 앱과 기업은 사라질지라도 여기서 배운 핵심 개념은 오랫동안 유용하게 쓰일 것이다.

| 이 책의 대상 독자 |

이 책은 IT에 대한 이해도와 상관없이 누구나 읽을 수 있다. 업계 안팎의 사람들이 저마다 흥미롭고 유익하다고 느낄 만한 내용들로 가득하다.

예를 들어 코딩에 문외한이지만 IT 기업의 프로덕트 매니지먼트

Product Management,* 영업, 마케팅 등 비엔지니어링 직군을 목표로 하는 사람에게는 인공지능, 알고리즘, 빅데이터 같은 개념을 팀원과 고객에게 설명할 수 있는 능력이 요구된다. 또 회사의 비즈니스 전략을 수립하려면 과거에 어떤 전략이 왜 성공했는지(혹은 실패했는지) 알아야 한다. 그래서 우리는 실제 사례를 토대로 IT 개념을 쉽게 설명할 것이다.

만일 현재 소프트웨어 엔지니어로 일하고 있지만 프로덕트 매니지먼트 쪽으로 커리어를 전환하고 싶은 사람이라면 이 책에서 광고, 수익화, 인수합병처럼 비즈니스적인 측면을 배울 수 있을 것이다.

현재 기업이나 개발팀을 이끄는 사람이라면 그저 탁월한 제품을 만드는 것만으로는 충분치 않다는 사실을 잘 알고 있을 것이다. 그런 사람은 이 책에서 실제 사례를 보며 기술과 비즈니스 전략에 대한 이해도를 높일 수 있다. 그 결과로 조직의 성공 전략을 수립하고 투자자나 직원과 한층 지적인 대화를 나눌 수 있게 될 것이다.

IT와 경영을 공부하는 학생의 경우에는 이 책에 교과서적인 사례가 실렸다고 보면 좋겠다. 왜 아마존은 성공하고 블랙베리는 실패했는지 알게 되고, IT 기업들이 어떻게 정책에 대응하고 혁신을 이루어 내며 신흥국에 접근하는지 등에 감이 잡힐 것이다.

혹시 지금 IT 기업에서 일하지 않는 사람이라고 해도 IT 기술을 잘 활용하면 앞서가는 조직을 만들 수 있다. 이 책은 예측 분석, 서비스형 소프트웨어, AB테스트 등 요즘 흔히 쓰이는 용어를 이해할 수

---

* 상품의 기획, 개발, 출시, 마케팅을 총괄 관리하는 것.

있도록 하고, IT 기업이 아닌 기업들도 그런 기술을 이용해 어떤 식으로 사업을 성장시켰는지 알려준다.

물론 직업상 IT에 대해 굳이 알 필요가 없는 사람도 있을 것이다. 그런 사람도 일상적으로 IT 기술을 이용한다. 예를 들면 지금 주머니 속에 들어 있는 최첨단 기술의 집합체가 그렇다. 이 책은 더 똑똑한 디지털 시민이 될 수 있도록 우리가 흔히 쓰는 기술이 어떤 원리로 작동하는지 설명한다. 거기에 더해 망중립성, 개인정보보호, 기술규제처럼 뉴스에서 흔히 듣는 주제를 다루며 가짜뉴스, 데이터 유출, 디지털 마약 거래, 로봇의 일자리 파괴 등 IT의 어두운 면도 조명한다.

여러분이 어떤 목적으로 이 책을 펼쳤든 간에 책을 덮을 때는 IT 전문가처럼 생각하고 말할 수 있을 만큼 지식과 사고의 폭이 넓어져 있을 것이라고 생각해도 좋다.

본격적으로 시작하기 전에 앞으로 어떤 내용이 나올지 간략히 알아보자.

| 이 책의 구성 |

이 책은 크게 3부로 나뉜다. 1부에서는 소프트웨어가 어떻게 제작되고, 인터넷이 어떤 원리로 작동하며, 유명한 앱들의 비즈니스 모델이 무엇인지 등 IT의 기초 지식을 전달한다. 2부에서는 빅데이터, 클라우드 컴퓨팅, 보안 등 IT 업계의 굵직굵직한 주제를 다룬다. 끝으로 3부에서는 앞에서 논의한 내용을 토대로 업계 동향을 분석하고 미래를 예측할 수 있도록 비즈니스 전략, 신흥국, IT 정책, 향후 전망에 대해 이야기할 것이다.

각 장을 이해하기 위해서는 이전 장의 내용을 알아야 하는 만큼 IT에 익숙하지 않은 독자는 이 책을 처음부터 차례대로 읽기를 권한다. 반대로 IT 지식이 있는 독자라면 관심이 가는 사례부터 읽어도 좋겠다. 필수 개념만 알고 있다면 다른 사례를 읽지 않고도 각각의 사례를 이해할 수 있다.

본문 뒤에는 우리가 IT 업계에서 일하면서 자주 접한 중요한 용어에 대한 해설을 수록했다. 프로그래밍 언어, 경영 용어, 흔히 쓰는 소프트웨어 개발 도구 등을 다룬다. 이 용어들을 익히면 IT에 일가견이 있다는 인상을 주어 면접이나 회의에서 좀 더 유리한 고지에 서게 될 것이다.

당연한 말이지만 IT와 비즈니스 전략의 모든 것을 한 권의 책에 담기란 불가능하다. 그래서 각 장에 100여 개의 주석을 달았다. 이에 대한 링크는 'swipetounlock.com/notes/3.4.0/'에서 볼 수 있다. 관심을 끄는 주제가 있으면 링크를 통해 더 깊이 탐색해보기를 권한다!

| 저자 소개 |

우리 세 사람이 처음 만났을 때, 실리콘밸리 사람들이 그렇게 개방성을 부르짖으면서도 실제로는 비전문가로 하여금 업계에 발을 들이기는커녕 용어를 이해하는 것조차 어렵게 만들고 있는 현실에 대한 공감대를 확인했다. 우리는 그런 폐쇄성을 타파하고 싶었다. 그래서 이 책을 쓰기에 이르렀다.

우리는 모두 IT 대기업에서 프로덕트 매니저로 일하고 있지만 같은 IT 업계라도 출신 분야는 서로 다르다. 닐은 공공 영역과 비영리

영역에 종사했고, 아디는 스타트업 출신이며, 파스는 경영과 마케팅 쪽에서 출발했다. 우리 세 사람의 경험과 견해가 부디 유익하게 작용하기를 바란다.

다음은 우리의 약력이다.

닐 메타는 구글의 프로덕트 매니저다. 하버드대학교를 졸업하고 칸 아카데미Khan Academy, 미국인구조사국US Census Bureau, 마이크로소프트를 거쳤다. 미국인구조사국에서 IT 인턴십 프로그램으로는 최초로 연방정부로부터 전액 지원을 받는 프로그램을 개설한 바 있다.

아디티야 아가쉐는 마이크로소프트의 프로덕트 매니저다. 코넬대학교를 졸업하고 벨 애플리케이션스Belle Applications를 설립한 바 있다.

파스 디트로자는 페이스북의 프로덕트 매니저다. 코넬대학교를 졸업하고 IBM, 마이크로소프트, 아마존에서 프로덕트 매니저와 마케터로 일했다.

| 구직자를 위한 첨언 |

본론으로 들어가기 전에 IT 기업의 엔지니어링 외 직군을 목표로 하는 사람에게 하고 싶은 말이 있다.

우리가 이 책에서 제시하는 질문과 답들은 실제 면접에서 받게 될 질문과 다르다. 하지만 면접에서 남다른 인상을 줄 만한 답변을 하기 위한 IT와 경영 지식을 얻는 데 도움이 될 것이다.

예를 들면 구글이 어떤 광고를 할지 결정하는 방법, 마이크로소프트가 링크드인을 인수한 이유 등을 알 수 있다. 면접 시 이런 사례를 단순히 설명하라는 수준의 질문이 나오지는 않겠지만 특정 집단에서 광고 매출을 증가시키는 방법이나 마이크로소프트의 기업용 제품을 개선할 방안 등을 물어볼 수 있다. 이때 위의 사례들이 좀 더 명쾌한 답을 말하고 업계에 대한 이해도를 증명하는 데 도움이 될 것이다.

다시 말해 이 책은 면접 요령을 알려주는 게 아니라 IT 전문가처럼 생각하는 법을 훈련시키는 데 초점이 맞춰져 있다. 면접 예상 질문만 들여다봐서는 전략적 사고력을 기르거나 중요한 IT 개념을 자신의 것으로 만들 수 없지만 이 책은 그것을 가능하게 한다.

구체적인 면접 대비법, 이력서 작성법, 인맥 형성법, 진로 선택법을 알고 싶다면 swipetounlock.com/resources에 도움이 될 만한 책과 글의 링크가 게시되어 있다.

여러분의 개인적, 학업적, 직업적 목표가 무엇이든 간에 이 책이 도움이 되길 바란다. 이 책을 선택한 것에 감사드리며 부디 끝까지 재미있게 읽으시길!

닐, 아디, 파스

1부

IT 기초 지식

1장

소프트웨어 개발

IT의 방대한 세계를 탐색하는 여정의 출발점은 우리가 매일 사용하는 앱의 내부를 들여다보는 것이다. 넷플릭스Netflix와 마이크로소프트Microsoft의 엑셀Excel은 전혀 연관성이 없어 보이지만 사실 기본적인 구성요소들은 동일하다. 이 둘 외에도 세상에 존재하는 모든 앱이 바로 그 동일한 구성요소들로 되어 있다고 볼 수 있다. 그게 무엇일까? 지금부터 알아보자.

구글 검색은 어떻게 작동할까?

구글Google은 사용자가 검색어를 입력하면 무려 30조 개가 넘는 웹페이지web page를 뒤져서 가장 좋은 결과물을 10개로 추린다.[1] 그러면 사용자는 92%의 확률로 첫 페이지에 나온 결과(즉, 가장 좋은 결과물 10개 중 하나)를 클릭한다.[2] 30조 개 중에서 단 10개를 가려내는 건 뉴욕에서 길바닥에 떨어진 동전을 발견하는 것만큼이나 어려운 일이다.[3] 하지만 구글은 평균 0.5초 만에 뚝딱 해치워 버린다.[4] 어떻게 그럴 수 있을까?

사용자가 검색어를 입력할 때마다 구글이 그 많은 웹페이지에 일일이 접속하진 않는다. 대신 데이터베이스database(엑셀 스프레드시트처럼 정보를 일목요연하게 정리해 놓은 표라고 생각하면 된다)에 각 웹페이지의 정보를 저장해두고 알고리즘algorithm을 이용해서 무엇을 보여줄지 정한다. 알고리즘은 일련의 명령어다. 인간에게 치즈샌드위치를 만드는 '알고리즘'이 있다면 구글의 컴퓨터에는 검색어에 맞는 웹페이지를 찾는 알고리즘이 있다.

| 크롤링 |

구글의 알고리즘은 인터넷상의 모든 웹페이지를 데이터베이스에 저장하는 것으로 시작된다. 이를 위해 '스파이더spider'라는 프로그램을 이용해 웹페이지를 '크롤링crawling' 한다. '크롤'은 기어다닌다는 뜻이다. 크롤링은 인터넷에 있는 모든 웹페이지를 찾을 때까지(적어도 구글이 판단하기에 그럴 때까지) 지속된다. 스파이더는 일단 몇 개의 웹페이지를 크롤링해서 '색인'이라고 하는 웹페이지 목록에 추가한다. 그리고 각 웹페이지에서 밖으로 나가는 링크, 즉 외부 링크를 따라가서 또 새로운 웹페이지를 색인에 추가한다. 그렇게 해서 더는 새로운 웹페이지를 찾을 수 없을 때까지 이 과정이 반복된다.

크롤링은 항상 진행 중이다. 구글은 밤낮없이 새로운 웹페이지를 색인에 추가하고 혹시 기존의 웹페이지에 변동 사항이 있으면 그것 역시 색인에 반영한다. 구글의 색인이 얼마나 방대한가 하면 그 용량이 무려 1억 기가바이트를 넘을 정도다.[5] 1TB(테라바이트) 외장하드에 다 나눠 넣자면 10만 개가 필요한 수준이다. 그 하드들을 하나씩 쌓아올리면 높이가 1.5킬로미터쯤 될 것이다.[6]

| 단어 검색 |

사용자가 검색어를 입력하면 구글은 색인을 샅샅이 뒤져서 연관성이 큰 웹페이지를 찾는다.

그 원리는 무엇일까? 가장 단순한 방법은 워드Word에서 Ctrl+F(맥

Mac은 Cmd+F)를 눌렀을 때처럼 특정한 키워드의 출현 빈도를 확인하는 것이다. 실제로 90년대의 검색엔진은 그런 식으로 작동했다. 색인을 뒤져서 검색어가 가장 많이 나오는 웹페이지들을 보여줬다.[7] 이때 그 출현 빈도를 키워드 밀도라고 불렀다.[8]

그런데 이런 방식은 쉽게 악용될 수 있다. 예를 들어 스니커즈 초콜릿으로 검색을 했다면 당연히 snickers.com이 최상위에 표시돼야 한다. 하지만 검색엔진이 단순히 웹페이지에서 '스니커즈'라는 단어가 나오는 횟수만 센다면? 누군가 작정하고 '스니커즈 스니커즈 스니커즈 스니커즈'라고 해당 단어를 잔뜩 써 놓은 웹페이지가 최상위에 오를 것이다. 그런 결과는 쓸모가 없다.

| 페이지랭크 |

구글은 키워드 밀도 대신 페이지랭크PageRank라는 혁신적인 알고리즘을 사용한다. 페이지랭크는 설립자 래리 페이지Larry Page와 세르게이 브린Sergey Brin이 1998년에 박사 논문을 작성하며 개발했다.[9] 당시 두 사람은 어떤 웹페이지의 중요도를 측정하려면 다른 중요한 웹페이지에서 그 웹페이지로 들어오는 링크를 봐야 한다고 판단했다.[10] 비유하자면 파티에서 인기인을 찾으려면 다른 인기인들이 주변에 있는지 보면 되는 것과 같다. 페이지랭크는 웹페이지의 점수를 계산할 때 해당 웹페이지를 링크한 다른 모든 웹페이지의 페이지랭크 점수를 집계한다.[11] (물론 다른 웹페이지들의 점수 역시 또 다른 웹페이지들의 점수를 기준으로 계산되는데 이때 선형대수학이 이용된다.)[12]

예를 들어 우리가 에이브러햄 링컨Abraham Lincoln을 소개하는 웹페이지를 만들었다고 치자. 처음에는 페이지랭크 점수가 무척 낮을 것이다. 그러다 방문자가 별로 없는 어떤 블로그가 이 웹페이지를 링크하면 페이지랭크가 조금 올라간다. 페이지랭크에서 중요시되는 것은 들어오는 링크의 양이 아니라 질이다.[13] 그래서 인기 없는 블로그 수십 개가 우리의 웹페이지를 링크해도 점수가 별로 안 올라간다. 하지만 《뉴욕 타임스The New York Times》 기사(아마도 페이지랭크가 높을 것이다)에 링크가 걸린다면 점수가 대폭 상승할 것이다.

구글은 색인에서 검색어가 언급된 웹페이지를 모두 찾은 후 페이지랭크 외에도 여러 가지 기준으로 그 순위를 매긴다.[14] 예를 들면 웹페이지의 최근 업데이트 시점을 확인하고 사용자의 현재 위치를 반영한다. 그래서 똑같이 'football'로 검색해도 미국에서는 NFL 미식축구가 나오고 영국에서는 프리미어리그가 나온다. 그리고 스팸으로 의심되는 웹사이트(예: '스니커즈 스니커즈 스니커즈 스니커즈' 사이트)는 무시한다.[15]

| 페이지랭크 조작? |

하지만 페이지랭크에도 허점은 있다. 과거에 스패머들이 '스니커즈 스니커즈 스니커즈 스니커즈' 수법으로 키워드 밀도를 공략했다면 최근에는 '링크팜link farm', 즉 서로 연관 없는 링크를 잔뜩 넣은 웹페이지를 생성하고 있다. 웹사이트 운영자들은 링크팜에 돈을 주고 자신의 웹페이지로 들어오는 링크를 포함시켜서 페이지랭크를 인위적으로 올리려고 한다.[16] 그러나 가만히 앉아서 당할 구글이 아니다. 링크팜을 색출하는 기술을 도입한 것이다.[17]

링크팜이 음지의 기술이라면 양지에서 사용되는 기술도 존재한
다. 이른바 SEOSearch Engine Optimization, 즉 검색엔진 최적화다. 웹
페이지를 검색 결과 최상위에 올리기 위해 구글 검색 알고리즘을 역
이용하는 방법이 어엿한 산업으로 자리잡았다.[18] SEO의 기본은 자
신의 웹페이지를 링크한 웹페이지를 늘리는 것이다. 그 밖에도 웹페
이지의 제목과 본문에 적절한 키워드를 넣고 동일한 웹사이트 내의
모든 웹페이지가 서로 링크를 걸게 하는 등 여러 가지 기법이 동원
된다.[19]

그러나 구글도 수시로 검색 알고리즘을 수정한다. 소소한 알고리
즘 업데이트가 연간 500건 이상이다.[20] 간간이 대대적인 업데이트가
있으면 SEO 전문가들은 또 어떻게든 변동 사항을 이용할 방법을 모
색한다. 예를 들어 2018년에 모바일 기기에서 로딩 속도가 빠른 웹
사이트에 유리하게 알고리즘이 변경되자 SEO 전문가들은 구글에서
제공하는 AMPAccelerated Mobile Pages, 즉 가속 모바일 페이지라는 도
구를 이용해 웹페이지의 군살을 뺄 것을 권했다.[21]

스포티파이는 어떻게 나에게 맞는 곡을 추천해줄까?

스포티파이Spotify는 월요일 아침마다 사용자의 취향에 딱 맞는 노
래 30곡을 수록한 '주간 추천 플레이리스트Discover Weekly'를 보낸
다. 2015년 6월에 도입된 이 기능은 6개월 만에 총 스트리밍 횟수
가 17억 회를 돌파할 만큼 초대박을 쳤다.[22] 그렇다면 스포티파이는

2억 명이나 되는 사용자 개개인을 어떻게 그렇게 속속들이 잘 아는 걸까?[23]

스포티파이에 소속된 음악 전문가들이 직접 노래를 골라서 공개 플레이리스트를 만들기도 하지만[24] 그들이 2억 명의 사용자를 위해 일일이 선곡을 하는 것은 불가능하다. 그래서 스포티파이는 매주 알고리즘을 실행한다.[25]

주간 추천 플레이리스트 알고리즘은 먼저 두 가지 기본 정보를 확인한다. 첫째, 각 사용자가 듣고 마음에 들어서 라이브러리나 플레이리스트에 추가한 노래가 무엇인지 본다. 반대로 30초도 안 듣고 건너뛴 노래는 좋아하지 않는 것으로 간주한다. 둘째, 다른 사용자들이 만든 플레이리스트를 본다. '조깅용 노래'나 '비틀즈 베스트' 같은 플레이리스트에서 주제의 연관성을 파악하는 것이다.[26]

스포티파이는 이렇게 확보한 데이터로 두 가지 방식을 이용해서 추천곡을 선정한다. 첫 번째는 두 개의 데이터세트dataset*를 비교해서 사용자가 좋아하는 노래와 연관성이 있는 새로운 노래를 찾는 것이다. 만약에 A가 만든 플레이리스트에 8곡이 담겨 있는데 그중 7곡이 B의 보관함에 있다고 해보자. 그러면 B는 A 스타일의 노래를 좋아한다고 볼 수 있다. 그래서 금주의 발견에서 B의 보관함에 없는 A의 나머지 한 곡을 추천해주는 방식이다.[28]

이것을 '협업 필터링collaborative filtering'이라고 하는데 아마존 Amazon에서도 이런 식으로 사용자들의 구매 이력을 비교해서 상품

---

* 서로 연관된 데이터의 집합체.

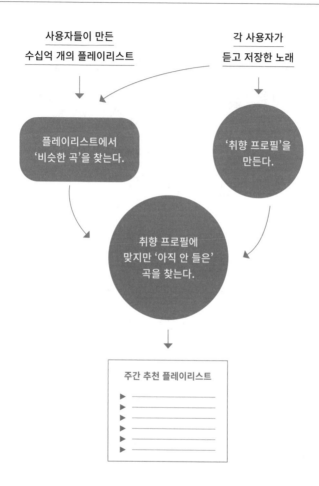

을 추천한다.[29] 넷플릭스의 작품 추천, 유튜브YouTube의 동영상 추천, 페이스북Facebook의 친구 추천도 모두 협업 필터링의 결과다.[30] 협업 필터링은 사용자가 많아질수록 위력이 강해진다. 스포티파이의 사용자가 증가하면 비슷한 취향을 가진 사람을 찾기가 더 쉬워지

고, 따라서 추천곡 선정도 더 쉬워진다. 하지만 사용자가 늘어나는 만큼 알고리즘의 작동 속도가 느려지고 컴퓨터 자원이 많이 소모되는 단점도 있다.[31]

스포티파이가 맞춤형 플레이리스트를 만들기 위해 사용하는 두 번째 방법은 '취향 프로필'을 작성하는 것이다. 스포티파이는 사용자가 듣고 좋아한 노래를 기준으로 좋아하는 장르(모던록, 힙합 등)와 세부장르(모던컨트리록, 서던힙합 등)를 판단해서 추천곡을 선정한다. 과거의 청취 패턴을 분석하는 선곡법이다.[32]

| 왜 추천 기능에 투자할까? |

이와 같은 추천시스템을 개발하자면 어마어마한 인건비가 든다. 아닌 게 아니라 스포티파이 엔지니어들의 연봉은 수십만 달러에 이른다.[33] 그러면 스포티파이는 왜 그렇게까지 큰돈을 투자하는 걸까?

우선 탁월한 추천시스템이 스포티파이를 애플뮤직Apple Music 같은 라이벌 서비스와 차별화하는 강점이 되기 때문이다. 단순히 음원 보유량이 방대하다고 다가 아니다. 전문용어를 쓰자면 이제 음원은 동질화되어 있다. 어차피 스포티파이나 애플뮤직이나 똑같은 노래는 똑같이 들린다. 방대한 음원을 보유하는 것도 라이선스를 취득할 돈만 있으면 누구나 가능하다.[34]

사실상 음원으로 차별화가 불가능한 상황에서 스포티파이가 우위를 점하려면 경쟁사를 꺾을 '한 방'이 필요하다. 그게 바로 추천시스템이다. 스포티파이의 추천시스템은 애플뮤직보다 한 수 위로 평가받는다.[35] 그리고 협업 필터링은 사용자가 많을수록 효과적이기 때문에 이미 어마어마한 사용자를 보유한 스포티파이가 선두를 유지할 수 있는 것이다.

스포티파이가 추천시스템에 투자하는 두 번째 이유는 그 덕분에 사용자가 유지될 확률이 높아지기 때문이다.[36] 사용자 입장에서는 스포티파이를 많이 쓸수록 알고리즘이 취향 정보를 많이 수집해서 추천의 정확도가 높아진다. 반대로 애플뮤직으로 갈아타면 축적된 정보가 없기 때문에 취향에 맞는 곡을 추천받는 맛을 못 느낀다. 이렇게 '전환 비용'이 높으면 전환이 잘 안 일어난다. (이처럼 일단 어떤 앱에 데이터가 입력되고 나면 다른 앱으로 갈아탈 때 데이터를 새로 만들어야 하기 때문에 전환 비용이 높아진다.)[37]

정리하자면 맞춤형 플레이리스트는 사용자에게 유익한 기능인 동시에 스포티파이의 스마트한 비즈니스 전략이다. 개인 추천 기능을 제공하는 앱이 점점 늘어나는 게 당연하다.

페이스북은 뉴스피드에 표시되는 게시물을 어떻게 정할까?

매일 전 세계에서 10억 명 이상이 페이스북 뉴스피드news feed를 보고, 미국인은 오프라인에서 사람을 직접 만나는 시간과 비슷한 시간을 페이스북에서 보낸다.[38] 이처럼 수많은 사람의 시선이 몰리는 만큼 뉴스피드의 위력은 막강하다. 뉴스피드는 우리의 기분을 움직일 수 있고 우리가 이념적으로 비슷한 성향의 사람들끼리 어울리게

- **간략히 표현한 페이스북의 뉴스피드 알고리즘.** 출처: 테크크런치TechCrunch[41]

페이스북은 뉴스피드에 표시되는 게시물을 어떻게 정할까?

뉴스피드 노출도 $= C \times P \times T \times R$

게시자Creator	사용자가 게시자에게 얼마나 관심이 있는가?
게시물Post	이 게시물에 대한 다른 사용자들의 반응이 얼마나 좋은가?
종류Type	사용자가 선호하는 게시물의 종류―상태 업데이트, 사진, 링크 등―는 무엇인가?
최신성Recency	게시물이 등록된 지 얼마나 되었는가?

만들 수 있다.[39] 심하면 투표에도 영향을 미친다.[40] 페이스북은 이렇게 중요한 뉴스피드에 표시되는 게시물을 어떻게 정할까?

페이스북은 매일 각 사용자에게 보여줘야 할 수백(혹은 수천) 개의 새로운 게시물을 어떻게 정렬할까? 페이스북도 구글과 마찬가지로 알고리즘을 이용해 중요도를 판단한다. 이때 고려하는 요인이 수없이 많지만 여기서는 가장 중요한 네 가지만 살펴보기로 하자.[42]

첫째, 게시물을 올린 사람이다. 페이스북은 사용자가 상호작용을 많이 한 사람(예: 메시지를 더 많이 주고받거나 태그를 더 많이 한 사람)의 게시물을 더 많이 보여준다. 그 사람의 새로운 게시물에 더 강하게 반응할 것이라고 보기 때문이다.[43]

둘째, 게시물의 질이다. 페이스북은 사람들의 반응(예: '좋아요Like', 댓글)이 많은 게시물일수록 더 흥미로운 게시물이라고 판단해서 뉴

스피드의 상단에 표시한다.[44]

셋째, 게시물의 종류다. 페이스북은 사용자가 어떤 종류의 게시물(동영상, 글, 사진 등)에 더 많이 반응하는지 파악해서 그에 해당하는 게시물을 더 많이 보여준다.[45]

넷째, 게시물의 최신성이다. 최근에 올라온 게시물일수록 순위가 높아진다.[46]

물론 그 밖에도 많은 요인이 존재한다. 다음은 《타임Time》의 기사에서 발췌한 내용이다.

휴대폰의 인터넷 속도가 느리면 동영상이 적게 표시된다. 댓글에 '축하'라는 단어가 있으면 중요한 날에 대한 게시물일 가능성이 크기 때문에 순위가 올라간다. 어떤 게시물을 클릭한 뒤에 '좋아요'를 눌렀다면 읽고 마음에 들었을 확률이 높으므로, 게시물을 클릭하기 전에 '좋아요'를 누른 것보다 긍정적인 신호로 평가된다.[47]

짐작하다시피 페이스북은 사용자가 뉴스피드의 게시물에 '좋아요'를 누르거나 댓글을 달 확률, 즉 '참여율'을 극대화하려고 한다. 뉴스피드가 마음에 들면 그만큼 스크롤을 많이 내리게 되고, 그러면 더욱더 많은 광고에 노출되기 때문이다. 물론 광고는 페이스북의 주 수입원이다.[48]

이 알고리즘은 사용자가 페이스북에 유리한 행동을 하도록 유도하는 역할도 한다. 누구나 자신의 게시물이 친구들의 뉴스피드에서 최상위에 노출되길 원한다. 그리고 페이스북은 공유가 많이 되는 게

- 페이스북이 게시물의 순위를 매기고
  뉴스피드 표시 여부를 결정하는 방식의 예.

출처: 테크크런치[49]

1.4점	1.3점	0.8점
사진 / 친구	동영상 / 가족	링크 / 출판사
좋아요 100 / 댓글 8	좋아요 20 / 댓글 2	좋아요 5 / 댓글 0

시물에 높은 점수를 준다. 그래서 사람들은 되도록 공유가 많이 될 만한 게시물을 올리려고 한다.[50] 공유가 많이 발생하면 페이스북은 그만큼 게시물이 늘어나서 사이사이에 광고를 배치할 수 있는 공간 역시 많아진다.

| 가짜뉴스와의 전쟁 |

페이스북의 뉴스피드 알고리즘이 아무리 강력하다고 해도 악랄한 해커hacker들에게 악용될 위험은 여전히 존재한다. 알고리즘은 인간이 관리하지 않으면 괴물이 될 수 있다.

대표적인 예가 2016년 미국 대선 당시 일어난 페이스북 가짜뉴스 파동이다.[51] 뉴스피드 알고리즘은 게시물의 진실성이나 신뢰성을 따지지 않는다. 다만 참여율만 극대화하려고 할 뿐이다.[52] 가짜뉴스 배포자들은 이런 허점을 이용해 마음에 들지 않는 정치인을 중상모략하는 뉴스를 페이스북에 퍼뜨렸다. 이런 뉴스는 그 선정성 때문에 많은 클릭과 댓글을 유발하면서 알고리즘에 의해 많은 사람의 뉴스피드 상단에 표시됐다.[53]

이후 페이스북은 가짜뉴스의 확산을 막기 위해 뉴스피드 알고리즘을 여러 차례 업데이트했다. 일례로 2018년에 '의미 있는 사회적 상호작용'을 우선시하는 방향으로 알고리즘을 변경한다고 발표했다. 쉽게 말해 뉴스 기사보다 친구들의 게시물을 더 많이 표시하겠다는 이야기였다. 다만 페이스북도 인정했지만 '의미 있는 사회적 상호작용'의 수준을 평가하는 것은 게시물의 '좋아요'와 클릭 수를 계산하는 것과는 차원이 다른 일이다.[54]

페이스북은 더 나아가 뉴스피드 알고리즘의 약점을 보완하기 위해 인력을 투입하기 시작했다. (알고리즘을 만드는 목적이 인간의 노동량을 줄이기 위해서라는 사실을 생각하면 아이러니하지만, 알고리즘이 완벽하지 않다는 것을 인정한 것이다.) 그 일환으로 사용자가 게시물을 가짜뉴스로 지목할 수 있는 기능이 신설됐고,[55] 소수의 인원이 소정의 보수를 받고 한자리에 모여서 뉴스피드를 보고 알고리즘 설계자들에게 피드백을 주는 일종의 간담회도 생겼다.[56] (페이스북도 보고 돈도 버는 알바라니!)

알고리즘은 세상을 쥐락펴락하는 어떤 신비로운 힘이 아니다. 알고리즘은 컴퓨터에게 특정한 작업을 시키기 위해 만든 규칙의 집합체에 불과하다(그 규칙들이 복잡하긴 하다). 그리고 페이스북의 사례에서 볼 수 있듯이 때로는 기계와 인간의 협력이 요구된다.

우버, 옐프, 포켓몬고의 기술적 공통점은?

구글지도Google Maps와 같은 서비스를 직접 만들려면 어떻게 해야 할까? 지구상에 있는 도로, 건물, 도시, 해안선을 모조리 촬영하고 측량하기 위해 수많은 인력과 차량을 파견해야 할 것이다. 실제로 구글은 그렇게 하고 있다.[57] 어디 그뿐인가? 회전, 확대·축소, 길찾기 기능도 개발해야 한다. 한마디로 굉장히 어려운 일이다. 천하의 애플도 애플지도Apple Maps가 구글지도보다 급이 떨어진다고 욕을 먹을 정도다.[58]

우버Uber, 포켓몬고Pokémon Go, 옐프Yelp는 각각 차를 탈 수 있는 곳, 포켓몬을 찾을 수 있는 곳, 근처 식당의 위치를 알려주기 위해 지도를 표시해야 한다. 그렇다고 천문학적인 돈과 시간을 들여서 자체 지도를 만들려고 하면 아마 본전도 못 건질 것이다.

그러면 어떻게 해야 할까? 사용해본 사람이라면 이미 해법을 알고 있을 것이다. 앱에 구글지도를 탑재하는 것이다. 맛집을 찾을 때? 옐프는 구글지도에서 현재 위치를 중앙에 두고 근처 식당을 핀으로 표시한다. 차를 타고 시내로 나가고 싶을 때? 우버는 구글지도로 목적지까지 경로를 표시하고 예상 소요 시간을 보여준다.[59]

이게 가능한 이유는 구글이 타사 앱에서 구글지도를 표시할 수 있는 짧막한 코드를 제공하기 때문이다. 그뿐만 아니라 지도에 아이콘을 표시하고, 목적지까지 가는 길을 계산하고, 과속 단속 구간을 찾는 코드까지 준비되어 있다. 비용도 저렴하거나 무료다.[60] 짧은 코드만 넣으면 구글이 수년간 갈고닦은 기술을 가져다 쓸 수 있다니 개발

- 우버는 구글지도 API를 이용해
  주변 지도를 표시하고 소요 시간을 예측한다. 출처: 안드로이드용 우버

자들에게는 횡재나 다름없다. 이미 존재하는 기술을 새로 만든다고 고생할 필요가 없는 것이다!

이렇게 다른 앱의 기능이나 데이터를 가져다 쓸 수 있게 해주는 코드를 응용프로그램 프로그래밍 인터페이스application programming interface, 줄여서 API라고 부른다. API는 쉽게 말해 앱들 사이의 통신 수단이다. 그 종류는 크게 세 가지로 나뉜다.

| **API의 세 가지 유형** |

첫 번째 유형은 '기능 API'다. 기능 API는 경로 계산, 문자메시지 전송, 문장 번역 같은 작업을 전문적인 앱에 맡길 수 있게 한다. 집에 문제가 생겼을 때 직접 수리하지 않고 배관공이나 목수를 부르는 것과 같다. 기능 API는 다양하게 존재한다. 메일이나 문자메시지를 전송하는 코드를 직접 작성하자면 꽤 번거롭다. 그래서 송금 앱인 벤모Venmo는 송금 완료 메시지를 보낼 때 그 방면에 전문화된 API를 이용한다.[61] 신용카드 결제를 처리하는 것 역시 쉽지 않은 작업이다. 그래서 우버는 브레인트리Braintree API에 결재를 맡긴다.[62] 브레인트리는 누구나 코드 몇 줄만 입력하면 페이팔PayPal의 신용카드 결제 알고리즘을 쓸 수 있게 해주는 API다.[63]

두 번째 유형은 '데이터 API'로, 다른 앱으로부터 스포츠 경기 점수, 최신 트윗tweet, 오늘의 날씨 등 흥미로운 정보를 넘겨받을 수 있게 한다. 호텔 프런트에 전화해서 근처의 괜찮은 박물관과 식당을 추천받는 것과 같다. 스포츠 전문 방송국 채널 ESPN은 주요 리그에 속한 모든 팀의 선수 명단과 경기 점수를 전달하는 API를 제공한다.[64] 뉴욕 지하철에서 제공하는 API를 이용하면 열차의 위치와 다음 열차의 도착 예정 시간을 알 수 있다.[65] 고양이 사진을 무작위로 전송하는 API도 있다.[66]

세 번째 유형은 '하드웨어 API'로, 기기의 고유한 기능을 이용할 수 있게 한다. 인스타그램Instagram은 휴대폰의 카메라 API를 통해 줌, 초점, 촬영 기능을 빌려 쓴다. 구글지도는 휴대폰의 지리위치 API로 사용자의 현위치를 파악한다. 운동 앱은 휴대폰에 탑재된 가

속도계와 자이로스코프gyroscope라는 센서를 통해 사용자가 어느 방향으로 얼마나 빨리 움직이고 있는지 감지한다.[67]

물론 API가 장점만 있는 것은 아니다. API를 활용하면 앱 개발이 한층 수월해지지만 앱이 API에 종속된다.[68] 예를 들어 메일 전송 API가 다운되면 그 API를 쓰는 모든 앱이 메일을 전송할 수 없게 된다. 그리고 어디까지나 가정일 뿐이지만 혹시 구글이 승차공유 서비스를 출시한다면 경쟁사인 우버가 구글지도 API를 못 쓰게 막아버릴 수도 있다. 만일 우버에도 자체 지도 서비스가 있다면 그럴 때 구글에 휘둘리지 않을 것이다.

이렇게 사업에 타격을 입을 가능성이 있긴 해도 타사의 전문화된 API를 쓰면 필요한 기능을 직접 개발할 때보다 더 쉽고 안정적으로 서비스를 구현할 수 있고 보통은 비용도 더 적게 든다.

그러면 다시 처음의 질문으로 돌아가보자. 우버, 옐프, 포켓몬고의 기술적 공통점은 무엇일까? 그 답은 이미 존재하는 기술을 새로 만들지 않고 API, 구체적으로 말하자면 구글지도 API를 사용한다는 점이다. 사실상 세상의 모든 앱이 API를 빼면 무용지물이라고 해도 과언이 아니다.

틴더는 왜 페이스북으로 로그인하라고 할까?

사용해본 사람이라면 잘 알겠지만 소개팅 앱 틴더Tinder는 페이스북 계정으로 로그인해서 프로필을 만들 수 있다. 틴더에 페이스북

- 안드로이드용 틴더. 페이스북으로 로그인해야 한다.

익명으로 '좋아요'를 보내려면 오른쪽으로,
그냥 넘어가려면 왼쪽으로 스와이프하세요

페이스북으로 로그인

프로필을 연결하면 사진, 나이, 친구 목록, 좋아하는 페이스북 페이지를 자동으로 불러온다.[69] 이미 눈치챘겠지만 페이스북이 제공하는 API를 이용한 기술이다. 어떤 앱이든 페이스북 통합인증 API인 SSOsingle sign-on를 쓰면 사용자가 페이스북 프로필을 연동시켜서 계정을 만들 수 있다.[70]

그러면 틴더는 왜 이 API를 사용할까? 첫째, 페이스북에서 기본 정보를 가져옴으로써 텅 빈 프로필이 만들어지는 것을 막을 수 있기 때문이다. (그런 프로필은 아무도 보고 싶어 하지 않는다.)[71] 둘째, 페이스북이 이미 봇bot*과 허위 계정을 막기 위해 상당한 노력을 기울이고 있기 때문에 관련된 수고를 덜 수 있기 때문이다.[72] 셋째, 매칭 성공률을 높일 수 있기 때문이다. 페이스북 친구 목록을 분석해서 상대방과 공통으로 아는 친구가 몇 명인지 보여주면 일종의 유대감이 생기면서 서로 이어질 확률이 높아진다. 넷째, 모든 사용자의 페이스북 프로필을 확보함으로써 그들의 연령대, 거주 지역, 관심사 등 고급 정보를 얻을 수 있기 때문이다.[73] 이를 근거로 틴더는 앱 디자인이나 광고 전략을 개선할 수 있다.

페이스북 로그인은 사용자에게도 유용하다. 페이스북에서 기본 정보와 사진을 자동으로 불러와서 바로 틴더 프로필을 만들 수 있다.[74] 내용 없는 프로필이나 봇을 만날 확률이 낮은 것도 사용자 경험을 향상시킨다.[75] 그리고 굳이 또 다른 아이디와 비밀번호를 만들고 외울 필요가 없어진다.[76]

그렇다면 페이스북은 왜 타사 앱에서 페이스북 계정으로 로그인하는 API를 제공할까? 사용자가 페이스북 통합인증 API로 틴더에 가입하면 페이스북은 그 사람이 틴더를 사용한다는 것을 알게 된다. 사용자가 그 밖의 사이트에서 페이스북으로 로그인할 때도 마찬가지다. 이런 데이터가 쌓이면 페이스북은 더 효과적인 타깃광고를 표시할 수 있다. (이와 관련해서는 3장에서 자세히 알아볼 것이다.) 예를 들면 틴더 사용자에게 소개팅과 관련된 광고를 더 많이 보여줄 수 있는 식이다.[77]

＊ 특정한 작업을 자동으로 수행하는 소프트웨어.

| 페이스북과 결별 수순? |

2018년에 틴더는 페이스북 계정 외에도 전화번호로 로그인할 수 있는 기능을 만들겠다고 밝혔다.[78] 왜 그랬을까?

한마디로 경쟁 때문이다. 2018년에 페이스북이 소개팅 서비스를 출시할 예정이라고 하자 시장에서는 틴더와의 대결 구도가 펼쳐질 것이라 예상했고, 그 여파로 틴더의 모회사 주가가 하루아침에 20%나 떨어졌다.[79] 아마도 틴더는 페이스북이 API를 차단할 가능성을 염두에 두고 페이스북에 의존하지 않는 로그인 기능을 개발하려고 했던 것 같다.

여기서 보듯이 API를 공유하는 것은 기업이 데이터를 확보하는 좋은 수단이 된다. 하지만 API를 사용하면 앱 개발 시간이 단축되고 더 좋은 기능을 제공할 수 있는 대신 위험도 따른다.

《워싱턴 포스트》 기사는 왜 제목이 두 개씩 있을까?

다음은 동일한 《워싱턴 포스트The Washington Post》 기사를 캡처한 사진이다. 혹시 차이점이 보이는가?

답은 제목이 미묘하게 다르다는 것이다! 《워싱턴 포스트》는 2016년부터 모든 기사에 제목을 두 개씩 쓸 수 있게 했다.[81] 왜 그랬을까?

테스트를 통해 기사의 클릭 수를 높이기 위해서다.[82] 《워싱턴 포스트》는 방문자를 두 집단으로 나눠서 각각 A 제목과 B 제목을 보여준

- 차이점이 보이는가? 《워싱턴 포스트》는
  모든 기사에 두 개의 제목이 존재한다.
  출처: 워싱턴 포스트[80]

곤도 마리에의 정리 기술이 왜 부모들에게는 소용이 없을까?

곤도 마리에의 정리 기술이 부모들에게는 소용이 없는 진짜 이유

다. 테스트가 어느 정도 진행되면 제목 클릭 수 같은 통계 수치를 확인한다. 여기서 더 효과적이라고 판정이 난 제목이 이후로 모든 방문자에게 표시된다. 단순하지만 앱의 효과성을 크게 개선할 수 있는 방법이다. 위의 기사만 해도 첫 번째 제목의 클릭률은 3.3%, 두 번째 제목의 클릭률은 3.9%였다.[83] 단 몇 글자만 바꿨을 뿐인데 클릭률이 무려 18%나 상승했다!

이런 기법을 AB테스트AB testing라고 한다. 데이터를 근거로 온라인 상품을 개선하는 강력한 수단이다.[84] AB테스트라는 이름이 붙은 이유는 최소 두 가지 버전(A와 B)을 비교하기 때문이다.

어떤 카피가 소비자의 마음을 움직일지 모르겠다면? 종일 앉아서 토론만 할 게 아니라 AB테스트를 실시해야 한다! 빨간색 가입 버튼

- **AB테스트에서는 최소 두 가지 버전(A와 B)을 보여준 뒤
수치를 비교해 어떤 버전을 모든 사용자에게 제시할지 정한다.
이 경우에는 앞으로 모든 방문자가 A 버전을 보게 될 것이다.
A 버전이 소기의 행동('전환')을 더 많이 유발했기 때문이다.** 출처: VWO[85]

50%의 방문자가 A를 본다   전환율 26%

50%의 방문자가 B를 본다   전환율 12%

과 초록색 가입 버튼 중에서 무엇이 클릭을 더 많이 유발할지 모르겠다면? 역시 테스트가 필요하다! (참고로 실험에서 빨간색 버튼의 클릭율이 34% 더 높았다.)[86] 틴더 프로필에 어떤 사진이 더 좋을지 모르겠다면? 틴더도 어떤 사진을 첫 사진으로 지정했을 때 가장 많은 선택을 받는지 확인할 수 있게 AB테스트 기능을 제공한다.[87]

| 제목 장사의 밑천 |

그러면 다시 처음의 질문으로 돌아가보자. 왜《워싱턴 포스트》기사는 제목이 두 개씩 존재할까? 그 이유는《워싱턴 포스트》가 밴디토Bandito라고 부르는 AB테스트 기술을 도입했기 때문이다. 밴디토는 기사의 제목을 바꿔 가며 더 많은 클릭을 유발하는 제목을 더 많

이 노출시킨다.[88]

AB테스트는 언론계에서 대단한 인기다. 버즈피드BuzzFeed는 AB테스트로 방문자를 가장 잘 낚는 기사 제목을 찾는다.[89] 그 경쟁사인 업워디Upworthy는 최고의 제목을 찾기 위해 최대 25개 버전을 테스트한다.[90] 업워디에 따르면 무난한 제목이 만드는 조회수가 1,000번이라면 최고의 제목은 조회수가 무려 1,000,000번이다.[91] 그만큼 AB테스트가 중요하다.

그 밖에도 많은 웹사이트와 앱에서 AB테스트를 활용한다. 페이스북의 경우에는 항상 새로운 기능을 '제한된 수의 테스트 대상'에게 공개한다.[92] 스냅챗Snapchat에서는 광고주가 AB테스트를 통해 가장 많은 탭을 유도하는 광고를 찾을 수 있다.[93] AB테스트가 온라인에서만 가능한 것은 아니다. 오프라인 매장에서 음악을 바꿔 가며 고객의 지갑을 가장 많이 여는 곡을 찾아주는 서비스도 존재한다.[94]

| 유의미성 테스트 |

통계 실험을 할 때는 관찰된 결과가 어떤 의미 있는 요인에 의한 것인지, 단순히 우연의 일치인지 반드시 확인해야 한다. 예를 들어 똑같은 동전을 6번 던졌는데 앞면이 5번 나왔다고 해서 그 동전의 무게가 한쪽으로 쏠려 있다고 단정할 수는 없다. 순전히 우연일 수 있기 때문이다. 하지만 똑같은 동전을 600번 던져서 500번 앞면이 나왔다면 뭔가가 있다고 의심할 만하다.

기업에서 AB테스트를 할 때 실험자는 A 버전과 B 버전에서 특정한 수치가 어떻게 다른지 확인한 뒤 p값을 구한다. p값이란, 관찰된 격차가 우연의 일치일 확률을 말한다.[95] 보통 $p < 0.05$, 즉 격차가 우연히 발생했을 확률이 5% 미만이면 그 변화가 의미 있다, 즉 전문용어로 '통계적으로 유의미하다'라고 한다.[96] 그 확률이 5% 이상이면 우연의 일치가 아니라고 단정할 수 없다.

가령 아마존이 사용자 중 절반에게 '장바구니에 추가' 버튼을 조금 더 크게 표시했더니 매출이 2% 증가했고 $p=0.15$라고 해보자. 그러면 버튼의 크기를 늘려서 큰 효과를 본 것 같아도 실제로 매출 증가가 버튼과 상관없이 우연히 일어났을 확률이 15%란 뜻이다. 0.15는 0.05보다 크니까 아마존은 버튼 크기를 키우지 않을 것이다.

그러니 혹시 "우정을 파괴하는 음식 배틀 18선"[97]이라는 제목에 낚여서 클릭을 했다고 하더라도 자신을 책망하지 말자. 사회과학, 통계학, 소프트웨어 개발의 집합체가 발휘하는 괴력을 우리가 어떻게 당해낼 수 있을까. 좋든 싫든 AB테스트는 막강하다.

2장

운영체제

안드로이드Android냐 iOS냐, 맥Mac이냐 윈도우Windows냐에 대해서는 사람마다 선호하는 운영체제, 즉 OS가 있다. 운영체제는 스마트폰, 스마트워치, 슈퍼컴퓨터 등 모든 컴퓨터 기기의 펄떡이는 심장이라고 할 수 있다. 운영체제가 없으면 어떤 앱도 돌아가지 않는다! 이제부터 그 실체를 알아보자.

블랙베리는 왜 망했을까?

블랙베리BlackBerry는 2000년에 출시된 세계 최초의 스마트폰이다.[1] 언제 어디서든 인터넷과 이메일을 이용할 수 있다는 점에서 직장인들에게 각광을 받았다.[2] 거기에 더해 컴퓨터에서 쓰던 키보드와 똑같은 배열의 소형 키보드가 달려 있어서 기존의 휴대폰보다 훨씬 빠르게 문자를 입력할 수 있었다.[3] 덕분에 '마약베리'라는 별명이 생길 정도로 많은 사람이 블랙베리에 중독됐다.[4]

2009년에만 해도 블랙베리는 휴대폰 시장에서 점유율 20%를 자랑하는 선두주자였다. 당시 iOS와 안드로이드의 시장점유율은 각각 14%와 4%에 그쳤다.[5] 그 인기를 증명하듯 같은 해에 취임한 버락 오바마도 블랙베리를 대통령의 스마트폰으로 택했다.[6]

하지만 2016년 4분기에 블랙베리는 점유율이 0.05%에도 못 미쳤고 출하량은 20만 대를 간신히 넘겼다.[7] 같은 분기에 안드로이드의 출하량은 3억 5천 만 대, iOS는 7,700만 대를 기록했다.[8]

블랙베리는 어디서부터 잘못된 걸까?

| 아이폰의 부상 |

2007년에 스티브 잡스가 아이폰iPhone을 선보였을 때만 해도[9] 블랙베리 경영진은 심각성을 느끼지 못했다. 그들은 아이폰을 젊은 애들 주머니를 노리고 겉만 번지르르하게 만든 장난감이지[10] 직장인들이 주사용층인 블랙베리를 넘볼 수준은 아니라고 보았다.[11]

하지만 그들의 예상과 달리 아이폰은 화사한 색감과 터치스크린으로 사람들의 마음을 사로잡았다.[12] 그리고 기업의 IT 담당자를 대상으로 영업을 하던 블랙베리와 달리 애플은 소비자, 즉 일반 대중들에게 직접 아이폰을 팔았다.[13]

그 결과는 어땠을까? 사람들은 블랙베리를 업무용으로 쓰면서 시중에서 쉽게 구할 수 있는 아이폰을 개인 용도로 썼다.[14] 그러자 기업에서는 개인용 폰을 업무에도 쓸 수 있게 하면 회사의 지출을 줄이면서 직원의 만족도도 높일 수 있다고 판단했다.[15] 그렇게 아이폰이 블랙베리의 아성이었던 기업용 시장을 서서히 잠식해 나갔다. '소비자 상품의 기업 침투'라는 트렌드에 완벽하게 들어맞는 사례였다.[16] 그러자 스마트폰을 고르는 주체가 기업의 높으신 분들이 아니라 일반 소비자로 바뀌었다는 사실을 마침내 블랙베리도 깨달았다.[17]

하지만 블랙베리가 소비자에게 직접 다가가기로 했을 때는 이미 한참 늦은 뒤였다.[18] 2008년에 아이폰 대항마로 터치스크린을 탑재한 블랙베리 스톰Storm이 출시되었다. 하지만 스톰은 급조한 티가날 만큼 완성도가 떨어져서 소비자에게 혹평을 받았다.[19] 블랙베리 CEO도 실패작임을 인정했다.[20]

블랙베리가 놓친 또 다른 트렌드는 3장에서 다룰 '앱경제'의 성장이었다. 이제 소비자는 휴대폰으로 단순히 메일을 보내는 것뿐만 아니라 게임, 메신저 등 다양한 앱을 이용하기를 바랐지만 블랙베리는 그런 변화를 인식하지 못했다.[21] 그래서 적극적으로 앱 개발을 장려하지 않았다. 그사이에 애플 앱스토어App Store의 앱 보유량이 블랙베리를 넘어서면서 소비자가 아이폰으로 대거 이탈했다.[22]

한마디로 블랙베리는 안일했다. 새로운 사용자를 끌어들일 생각을 하지 않고 기존 사용자만 끌어안고 가려 한 것이다.[23] 소프트웨어 업계의 새로운 트렌드를 읽지 못했다. 블랙베리는 스마트폰을 여전히 업무용 기기로 봤지만 애플(그리고 구글)은 모든 사람을 위한 다용도 '엔터테인먼트 시스템'으로 재해석했다.[24] 소비자의 마음을 제대로 짚은 애플의 승리였다.[25]

| 막판 장거리 슛 |

2007년 20%였던 블랙베리의 시장점유율은 2012년 7%로 곤두박질쳤다.[26] 같은 해에 블랙베리는 CEO를 전격 교체하며 전열을 가다듬었다.[27] 고급형 모델인 Q10과 Z10을 출시하며 《뉴욕 타임스》로부터 '블랙베리의 막판 장거리 슛'이라는 기대감 어린 평도 들었다.[28]

그러나 그 슛은 유감스럽게도 노골no goal이었다. 아이폰과 안드로이드에 밀려 3위로 주저앉은 블랙베리는 "닭이 먼저냐 달걀이 먼저냐?" 하는 악순환에 빠졌다.[29] 개발자들은 사용자가 없다며 블랙베리용 앱을 개발하지 않았고, 사용자들은 앱이 없다며 블랙베리를 사지 않았다.[30] 파티장에 사람이 없어 아무도 들어가지 않으려 하면 파티장이 텅텅 빌 수밖에 없다.[31] 2012년에 블랙베리는 누구든 블랙베리용 앱을 개발하면 1만 달러를 지급하겠다며 개발자를 유치하려고 했다.[32] 하지만 그마저도 실패로 돌아갔다. 그렇게 블랙베리는 영영 빠져나올 수 없는 몰락의 수렁에 빠지고 말았다.

구글은 왜 제조사에 안드로이드를 무료로 제공할까?

구글은 모바일 운영체제 안드로이드를 소비자와 제조사에 무료로 제공한다. 그래서 삼성과 LG 같은 회사가 구글에 한 푼도 내지 않고 안드로이드를 탑재한 휴대폰을 출시할 수 있다.[33] 그런데도 구글은 안드로이드로 연간 310억 달러 이상을 벌어들인다.[34] 아니, 공짜 운영체제로 그 큰돈을 어떻게 버는 걸까?

구글의 전략은 최대한 많은 사람을 안드로이드로 끌어들이는 것이다.[35] 그런 면에서 무료 배포 전략은 확실한 효과를 거두고 있다. 전 세계 스마트폰의 80% 이상이 안드로이드로 돌아가고 있다.[36]

이렇게 무시무시한 시장점유율을 자랑하는 안드로이드를 발판으로 구글은 여러 방면에서 수익을 창출한다.

첫째, 구글은 제조사가 안드로이드를 이용하는 대신 유튜브와 구글지도 같은 자사의 대표적인 앱을 의무적으로 탑재하게 한다. 미국에서는 구글 검색창이 반드시 첫 화면이나 두 번째 화면에 나와야 한다는 조항도 있다.[37] 구글 앱을 쓰는 사람이 늘어나면 구글은 더 많은 데이터를 확보해 더 많은 광고를 표시하고 더 많은 돈을 벌 수 있다.[38]

둘째, 구글은 광고 수입보다는 못해도, 앱 구매 수수료로 상당한 수입을 올린다.[39] 대부분의 국가에서 구글은 제조사가 안드로이드 앱스토어인 구글플레이Google Play를 첫 화면에서 눈에 잘 띄는 곳에 배치하게 한다.[40] 더 많은 사용자가 구글플레이에서 앱을 다운받게 만들기 위해서다. 사용자가 구글플레이에서 앱을 구매하거나 인앱결제In-app Purchase를 하면 구글은 결제액의 30%를 수수료로 떼 간다.[41] 건별로 보면 푼돈인 것 같아도 다 합치면 연간 수수료 수입만 250억 달러에 달한다.[42] 구글플레이 사용자가 늘어남에 따라 앱 판매량이 증가하면 그만큼 수수료로 버는 돈도 많아지는 구조다.

셋째, 안드로이드의 지배력이 커질수록 구글이 광고 수입에서 챙기는 몫이 늘어난다.[43] iOS 사용자가 구글 검색에서 광고를 클릭하면 원래는 모두 구글 몫이어야 할 광고 수입 중 상당 부분이 애플에게 돌아간다.[44] 더군다나 구글은 iOS에 구글 검색을 기본 검색엔진으로 탑재하는 대가로 애플에 연간 120억 달러를 지불하는 것으로 추정된다.[45] 그러니까 구글 입장에서는 사람들이 아이폰 말고 안드로이드폰에서 구글 검색을 이용하는 게 더 좋다.

이렇듯 안드로이드 사용자가 증가하면 구글의 수입도 증가하니까 안드로이드를 무료로 배포하는 게 당연하다.

| 왜 오픈소스일까? |

안드로이드는 무료일 뿐만 아니라 오픈소스open source다.[46] 누구나 개조판을 만들어서 배포할 수 있다는 뜻이다.[47] 그래서 개발자들 사이에서 '변종' 안드로이드 제작이 활발하고 그 대표적인 결과물이

- 안드로이드 개조판인 리지니OS로 순정 안드로이드에는 없는 개발자용 기능을 시연 중이다.

사이아노젠모드CyanogenMod의 후신, 리니지OSLineageOS다.[48] 휴대폰의 안드로이드 운영체제를 리니지OS로 교체하면 속도가 향상되고 새로운 기능이 추가되며 많은 부분을 사용자가 원하는 대로 바꿀 수 있다.[49]

안드로이드는 뼛속까지 오픈소스다. 오픈소스 운영체제인 리눅스의 '커널kernel'을 뼈대로 만들어졌기 때문이다. (참고로 리눅스는 세계 최대 규모의 슈퍼컴퓨터들에도 사용되는 운영체제다.)[51] 커널은 앱이 장치의 하드웨어와 통신할 수 있게 해주는 소프트웨어로, 예를 들면 파일을 읽고 쓰고 키보드와 와이파이를 연결하는 등의 기능을 구현할 수 있게 한다.[52] 자동차로 치면 엔진에 해당한다. 커널이 없으면 컴퓨터는 아무것도 못 한다.

그러면 왜 구글은 안드로이드를 오픈소스로 만들었을까? 첫째, 개발 편의성 때문이다. 이미 존재하는 리눅스의 오픈소스 커널을 이용하면 안드로이드 개발에 들어가는 수고를 아낄 수 있다.[53] 리눅스 커널은 1991년부터 꾸준히 개선되고 있다.[54] 그리고 리눅스는 슈퍼컴퓨터부터 게임기에 이르기까지 각양각색의 장치에서 구동되는 운영체제다.[55] 리눅스를 채택함으로써 안드로이드도 다양한 하드웨어에서 작동하는 범용성을 확보했다.

둘째, 제조사가 차별화 전략의 일환으로 인터페이스*를 개조할 수 있기 때문이다.[56] 이것은 제조사가 다른 운영체제 대신 안드로이드를 선택하는 중요한 이유가 된다.

셋째, 더 많은 사람이 안드로이드와 구글 생태계로 유입되기 때문이다.[57] 안드로이드가 오픈소스이기 때문에 휴대폰의 다양한 부분을 입맛대로 바꾸고 싶은 사람은 iOS가 아닌 안드로이드 개조판을 선택할 가능성이 크다. iOS는 오픈소스가 아니라서 바꾸고 싶어도 바꿀 수 없는 부분이 많다. 구글은 안드로이드 개조판을 금지하지 않는다. 개조판을 사용하는 사람도 구글 검색과 구글 앱을 이용할 확률이 높기 때문이다. 사용자가 많아질수록 수입도 늘어나는 만큼 오픈소스 정책은 구글의 비즈니스에 도움이 된다.[58]

구글이 안드로이드를 제조사에 무료로 제공하는 이유는? 정리하자면 그 자체로는 돈벌이가 안 되는 것 같아도 안드로이드 사용자가 늘고 앱 구매가 늘고 안드로이드를 이용한 검색이 늘면 돈을 쓸어담

---

* 아이콘 터치, 마우스 클릭 등 사용자가 장치와 상호작용하는 방식을 모두 아우르는 말.

을 수 있기 때문이다.

안드로이드폰에는 기본으로 깔리는
쓰레기 앱이 왜 그렇게 많을까?

안드로이드폰을 써본 사람은 잘 알 것이다. 포장을 뜯고 전원을 넣으면 불청객처럼 원치도 않는 앱이 이미 잔뜩 깔려 있다. NFL 모바일, 캔디크러쉬사가Candy Crush Saga, 버라이즌 내비게이터VZ Navigator(구글지도의 짝퉁 주제에 월 이용료를 5달러씩이나 받는다!) 등 쓰지도 않는 앱들 말이다.[59] 삼성 같은 제조사와 버라이즌Verizon 같은 통신사는 이런 앱을 '선탑재 앱'이라는 그럴싸한 이름으로 부르면서 폰의 기능과 성능을 잘 보여주는 앱이라고 주장한다.[60] 하지만 사용자들은 그에 대한 반감을 담아 '블로트웨어bloatware'*라고 부른다.[61]

대부분의 선탑재 앱은 사용자가 삭제할 수 없고, 기본적으로 백그라운드, 즉 사용자의 눈에 보이지 않는 곳에서 계속 돌아간다. 그래서 배터리가 빨리 닳고, 속도가 느려지고, 저장공간이 낭비된다.[62] 한리뷰어는 삼성 갤럭시Galaxy 신제품을 개봉했더니 64GB의 저장공간 중에서 12GB를 37개의 블로트웨어가 차지하고 있다고 밝혔다.[63] 버라이즌은 갤럭시S7에 선탑재한 앱으로 사용자 몰래 또 다른 블로트웨어를 설치하는 황당한 짓을 저지르기도 했다.[64]

---

* 부푼 풍선처럼 저장공간과 메모리를 차지하는 소프트웨어라는 뜻.

그렇다고 싹 다 몰아낼 수도 없다. 블로트웨어의 작동을 중단시켜서 백그라운드에서 배터리를 잡아먹지 못하게 막을 수는 있지만 그래도 저장공간은 그대로 차지한다.[65]

| 블로트웨어 장사 |

그렇다면 왜 폰을 살 때부터 그렇게 많은 쓰레기 앱이 설치되어 있는 걸까? 통신사와 제조사가 사용자에게 어떤 악감정을 품고 그러는 건 아니다. 다만 블로트웨어가 꽤 남는 장사여서 그럴 뿐이다.

블로트웨어가 언제부터 비즈니스 모델로 대두했을까? 제조사와 통신사가 스마트폰 시장과 데이터 요금제 시장이 과포화 상태라는 현실을 인지하면서부터다. 웬만한 사람은 다 스마트폰이 있고 데이터 요금제에 가입되어 있으니까 폰과 데이터 요금제를 파는 것만으로는 기업의 수익을 높일 수가 없었다. 그래서 새로운 수익 창출을 모색한 결과가 블로트웨어 장사였다.[66] 기업이 블로트웨어로 돈을 버는 방법은 크게 두 가지다.

첫째, 앱 개발자로부터 돈을 받고 해당 앱을 선탑재한다. 일례로 버라이즌은 대기업을 상대로 기기당 1~2달러를 받고 앱을 선탑재하겠다고 제안한 적이 있다.[67] 버라이즌용 폰에 블로트웨어가 10개씩 설치되면 버라이즌은 손 안 대고 기기당 20달러를 버는 셈이었다. 이를 통해 통신사와 제조사는 돈을 쓸어담고 개발자는 앱을 강제로 사람들 앞에 들이밀 수 있다. 대다수 미국인의 월간 앱 다운로드 횟수가 0회라고 하니 개발자로서는 솔깃할 법하다.[68] 이 판에서 유일하게 밑지는 쪽은 물론 소비자다.

둘째, 통신사와 제조사가 유명한 무료 앱의 짝퉁에 불과한 자사 앱(대부분 유료)을 선탑재한다. 삼성은 자체 앱스토어를 선탑재하고 AT&T는 구글지도를 모방한 월 10달러짜리 길찾기 앱을 선탑재한다.[69] 버라이즌의 메시지 플러스Message+는 페이스북 메신저와 비슷하지만 와이파이WiFi로 메시지를 보내도 요금이 나간다.[70]

통신사와 제조사는 왜 이런 앱을 선탑재할까? 말했다시피 쉽게 돈을 벌 수 있기 때문이다. 삼성은 자체 앱스토어에서 판매되는 앱과 테마에서 수수료를 뗀다.[71] 통신사와 제조사는 값비싼 짝퉁 앱으로 수익을 올린다. 그들은 사용자가 블로트웨어를 대체할 무료 앱의 존재를 모른 채 기본으로 깔린 앱만 사용하기를(그리고 돈을 내기를!) 원한다. 기본은 강력하다. 애플지도만 해도 아이폰의 기본 지도 앱이 된 뒤 2015년에 사용자 대부분이 선호하는 구글지도를 제치고 아이폰에서 가장 많이 사용되는 지도 앱으로 등극했다. 이게 바로 기본의 힘이다.[72]

하지만 블로트웨어에 대한 사용자의 저항도 거세다. 많은 사람이 블로트웨어를 안 쓴다. 삼성의 블로트웨어 채팅 앱인 챗온ChatOn은 사용자가 1억 명이나 되어도 실사용시간은 월평균 6초에 불과했다.[73] 참고로 페이스북의 실사용시간은 월평균 20시간 정도다.[74] 그뿐만 아니라 사용자들이 앱스토어에서 블로트웨어에 낮은 점수를 주기 시작했다.[75] 이런 현상이 지속되면 어떻게 될까? 분노에 찬 사용자들이 블로트웨어에 찌든 폰 자체를 거부하는 사태가 발생할 수 있다. 블로트웨어 전략이 역풍을 맞는 것이다.[76] 그러면 블로트웨어가 없는 폰도 있을까?

| 블로트웨어 청정구역, 아이폰 |

아이폰 사용자라면 이 대목에서 회심의 미소를 지을 것이다. 아이폰은 블로트웨어가 없기 때문이다.[77] 왜 없을까?

먼저 애플이 어떻게 돈을 버는지 생각해보자. 애플의 주 수입원은 하드웨어 판매다.[78] 애플의 수입 중 60% 이상이 아이폰 판매에서 나온다.[79] 거기에 더해서 부드럽고 깔끔한 사용감을 자랑하는 애플 제품 특유의 감성이 애플의 강점이다.[80] 그런 면에서 블로트웨어는 애플의 수익 전략과 맞지 않고 오히려 귀중한 사용자 경험을 파괴할 수 있다.

통신사가 아이폰에 블로트웨어를 끼워넣을 수는 없을까? 불가능하다. 애플은 스프린트나 AT&T 같은 통신사가 블로트웨어를 설치하는 것을 불허한다.[81] 그래서 통신사 입장에서는 안드로이드가 더 매력적으로 보일 수 있다. 하지만 아이폰을 원하는 소비자가 워낙 많기 때문에 아이폰을 지원하지 않을 수도 없는 노릇이다. 그래서 블로트웨어를 금지하는 애플의 방침을 울며 겨자 먹기로 따를 수밖에 없다.[82]

그러면 사파리Safari, 아이클라우드iCloud, 애플지도처럼 아이폰에 선탑재되는 애플 앱은 어떻게 봐야 할까? 이런 앱을 싫어하는 사용자도 존재한다. 2012년에 애플지도가 출시됐을 때 '아이폰의 최대 단점'이라고 할 만큼 '구리다'는 혹평이 무성했다.[83] 그래도 이런 앱을 블로트웨어라고 부르진 않는다. 이제는 애플의 선탑재 앱 중 대부분을 사용자가 삭제할 수 있기 때문이다. 메시지와 카메라처럼 삭제 불가능한 앱이 몇 개 있긴 하지만 운영체제의 핵심적인 부분이기 때문에[84] 이해할 수 있는 수준이다.

| 블로트웨어 없는 안드로이드폰 |

안드로이드 진영에도 먹구름만 끼어 있는 건 아니다. 블로트웨어
가 없는 안드로이드폰도 존재한다.

구글은 2016년에 최고급 모델인 픽셀Pixel을 출시하면서 아이폰
처럼 쾌적한 사용자 경험을 제공하기 위해 자사 블로트웨어를 단 하
나도 설치하지 않겠다고 공언했다.[85] 하지만 통신사가 블로트웨어를
설치하는 것까지 막진 않았다. 그래서 버라이즌이 1세대 픽셀에 마
이버라이즌My Verizon과 VZ메시지Verizon Messages 같은 앱을 넣을 수
있었다.[86]

그래도 구글이 이후로 몇 년간 기술적 제약을 걸고 엄격한 원칙
을 세워서 통신사 블로트웨어를 금지한 결과, 2018년에 출시된 픽셀
3에서는 블로트웨어가 단 한 자리도 차지하지 못했다.[87]

세계 3위 모바일 운영체제는 뭘까?

세계 3대 모바일 운영체제를 꼽으라고 하면 당연히 안드로이드와
iOS가 들어갈 것이다. 그러면 3위는 뭘까? 블랙베리는 아니다. 블랙
베리는 이미 사망 선고를 받았다.[88] 윈도우폰도 마찬가지다.[89]

답은 카이OSKaiOS다. 인터넷 사용이 가능한 피처폰feature phone에
맞춰 경량화된 운영체제로 주력 시장인 인도에서는 2위를 차지하고
있다.[90]

양대 모바일 운영체제와 경쟁하는 것은 굉장히 어려운 일이어서

• **피처폰에서 여러 인기 앱을 구동할 수 있는 카이OS.** 출처: 디코드DeCode[93]

마이크로소프트 같은 세계적인 대기업조차도 보기 좋게 나가떨어졌다.[91] 그런데도 카이OS는 인도에서 폰 점유율이 15%나 된다. 70%인 안드로이드에는 크게 밀리지만 10%인 iOS보다는 우위에 있다.[92] 도대체 카이OS가 무엇이길래 많은 운영체제의 무덤이 된 모바일 시장에서 3위에 등극할 수 있었을까?

| 지오폰 |

카이OS의 탄생기는 지오Jio에서 시작된다. 지오는 인도의 대기업인 릴라이언스Reliance에서 2016년에 설립한 통신사다. 무제한 무료 통화와 1GB 모바일 데이터를 단돈 50루피(당시 환율로 0.75달러 수준)에 제공하는 요금제는 기존 인도의 타통신사와 비교해도 파격적인 가격이었다. (당시 동일한 용량의 데이터를 제공하는 미국 통신사의 평균 가격과 비교하면 10분의 1수준이었다!)[94] 이 요금제가 초대박을 터

트리며 지오는 6개월 만에 가입자 1억 명을 유치했다.[95]

당시 인도인 중에서 스마트폰을 보유하지 않은 사람이 무려 5억 명에 이르렀다. 대부분 가격이 부담스러워서 스마트폰을 구입하지 못했다. 지오의 입장에서는 성장을 제약하는 요인이었다. 그래서 2017년에 보급형 피처폰인 지오폰JioPhone을 발표했다. 구입할 때 1,500루피(당시 20달러 수준)의 보증금을 내지만 3년 후에 환급받을 수 있으니 사실상 무료 폰이었다.[96]

4G를 안정적으로 지원하는 지오폰이 저렴한 가격에 공급될 수 있었던 이유는 터치스크린을 탑재하지 않고, 화면 해상도를 줄이고, 기초적인 수준의 카메라만 장착했기 때문이었다. 지원하는 언어는 25개였다. 지오폰이 출시되자 휴대폰이 뭔지도 잘 몰랐던 시골 농부들도 앱을 이용하고 스트리밍 동영상을 볼 수 있게 됐다.[97] 인도는 데

• **카이OS로 구동되는 20달러 상당의 지오폰. 저렴한 요금으로 모바일 데이터와 무료통화를 이용할 수 있다.** 출처: 가젯나우GadgetsNow[99]

스크톱desktop 시대를 건너뛰다시피 하고 모바일 시대로 직행했기 때문에[98] 많은 인도인에게는 지오폰이 생애 처음으로 접한 첨단기술이었다.

지오폰에도 운영체제가 필요했지만 안드로이드는 경량 버전인 고Go조차도 스마트폰급 사양과 터치스크린을 요구했다.[100] 그래서 찾은 대안이 피처폰에서 앱과 인터넷을 사용할 수 있도록 만들어진 신종 운영체제, 카이OS였다.[101] 지오는 모든 지오폰에 카이OS를 선탑재하기로 했다.[102]

| 잿더미에서 부활한 운영체제 |

카이OS는 개발도상국용 모바일 운영체제의 원조인 파이어폭스OSFirefox OS를 기반으로 제작됐다. 파이어폭스OS를 개발한 곳은 파이어폭스 브라우저를 개발한 모질라Mozilla였다. 모질라는 안드로이드와 iOS 앱이 저사양 폰에서 구동하기에는 너무 무겁고 일단 다운로드를 받아야 쓸 수 있는 반면, 웹사이트는 가볍고 순식간에 실행된다는 점에 착안해서 웹 기반 운영체제인 파이어폭스OS를 만들었다. 파이어폭스OS용으로도 유튜브, 지메일Gmail, 계산기 같은 '앱'이 존재했지만 실제로는 일명 HTML5 앱이라고 하는, 특수하게 제작된 웹사이트였다.[103]

그런데 파이어폭스OS는 터치스크린이 탑재된 스마트폰용으로 제작됐기 때문에 안드로이드와 직접 경쟁해야 했다. 개발도상국에 점점 더 저렴한 안드로이드 스마트폰이 보급되자 파이어폭스OS는 입지가 점점 줄어들었다.[104] 결국에는 제대로 힘 한번 써보지 못하고

2016년에 개발이 중단됐다.[105]

카이OS 측은 파이어폭스OS가 비즈니스 전략에는 허점이 있었지만 기술적 토대는 튼실하다는 점에 주목했다. 파이어폭스OS가 오픈소스였기 때문에 그 코드를 재활용할 수 있었다. 그렇게 탄생한 카이OS는 웹 기반 운영체제인 것은 동일하지만 터치스크린이 없는 피처폰에서 구동됐다. 그래서 굳이 안드로이드의 파이 조각을 뺏으려 하지 않고 안드로이드가 절대 넘볼 수 없는 피처폰 시장에 진출함으로써 파이를 키우는 전략을 채택했다.[106] (저사양 안드로이드폰이 아무리 싸다고 해도 여전히 지오폰의 적수가 못 된다.)

카이OS의 현명한 선택은 그뿐만이 아니었다. 카이OS는 와츠앱WhatsApp, 유튜브 같은 앱에 대한 수요를 읽고 구글과 제휴해 카이OS용 구글 검색, 구글지도, 유튜브, 구글어시스턴트Google Assistant 등을 개발했다. 전용 앱인 만큼 단순히 모바일 웹사이트를 불러들이는 것보다 사용자에게 쾌적한 경험을 제공할 수 있었다.[107]

지오폰은 출시 1년 반 만에 판매량이 4천만 대를 돌파하는 기염을 토했다.[108] 카이OS 역시 100여 개국에서 8,500만 대 이상의 카이OS폰이 판매되는 대성공을 거뒀다.[109]

맥도 바이러스에 감염될까?

오랫동안 맥은 바이러스에 걸리지 않는다는 게 강점으로 꼽혔다.[110] 실제로 2006년에 크게 화제가 된 애플의 '맥을 쓰세요Get a

Mac' 광고 시리즈에서는 건강한 '맥' 캐릭터가 병약한 'PC' 캐릭터에게 휴지를 건네는 장면이 나오기도 했다.[111]

그런데 정말 맥은 바이러스에 면역일까?

우선 알아둘 점이 있다. 맥은 윈도우용 바이러스에 감염되지 않는다.[112] 이유는 간단하다. 구글 크롬Chrome이든 악랄한 바이러스든 간에 윈도우용으로 만들어진 앱은 맥에서 돌아가지 않기 때문이다. 두 플랫폼은 호환이 안 된다.

하지만 윈도우용 바이러스만 안 통할 뿐 맥을 노리고 만들어진 바이러스는 당연히 맥을 감염시킬 수 있다.[113] 그런데도 많은 사람이 맥은 바이러스에 걸리지 않는다고 꿋꿋이 주장한다.[114] 왜 그럴까?

| 맥의 강점 |

맥이 무적이라고 말하는 이들의 근거는 크게 두 가지다. 하나는 맥을 쓰는 사람이 별로 없어서 해커들도 관심이 없다는 것이고, 다른 하나는 맥의 보안이 막강해서 바이러스가 감히 침투할 수 없다는 것이다.[115]

첫째, 맥을 쓰는 사람이 적다. 2017년을 기준으로 전 세계의 컴퓨터 25대 중 1대가 맥이고 나머지는 거의 다 윈도우 PC였다.[116] 그리고 대부분의 해커가 노리는 것은 돈이기 때문에 더 많은 사람을 공격할 수 있는 윈도우를 집중 공략하는 게 효율적이라고 볼 수 있다.[117] 일리가 있는 말이다. 하지만 한 가지 간과하고 있는 부분이 있다. 맥을 해킹하면 PC를 해킹할 때보다 더 많은 돈을 벌 수도 있다는 것이다. 맥은 부유한 국가에서 많이 쓴다. 서양에서 맥의 점유율은 국가

별로 20~30%에 달한다. 그리고 맥 사용자가 윈도우 사용자보다 더 부유한 편이다.[118] 맥을 가진 사람이 더 많은 돈을 바칠 수 있다는 말이다. 그 정도면 해커가 맥을 노릴 이유가 된다. 따라서 '맥 사용자가 별로 없어서 안전하다'라는 말은 그럴듯하게 들려도 허점이 있다.

그러면 맥이 PC보다 보안성이 뛰어나다고 볼 수 있을까? 실제로 맥에는 해킹 방지 기능이 기본적으로 존재한다. 일례로 맥에서는 사용자가 위험성이 있는 소프트웨어를 실행하거나 일부 설정을 변경하려면 반드시 비밀번호를 입력해야 하지만 윈도우는 그만큼 엄격하지 않다.[120] 그래서 맥에서는 악의적인 소프트웨어가 사용자 몰래 큰 피해를 입히기 어렵다. 그리고 '샌드박스sandbox'라는 기능이 있어

• **맥은 4%에 불과하지만 윈도우는 88%나 된다!**　　출처: 넷마켓셰어NetMarketShare[119]

**전 세계 데스크톱 운영체제
시장점유율**

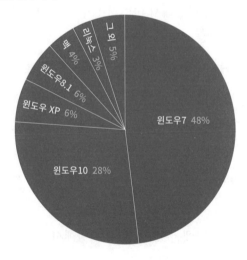

서 바이러스가 컴퓨터의 일부분에 침입하더라도 다른 부분으로 쉽게 확산되지 못한다.[121] 집 안의 방문을 모두 잠가 놓으면 혹시 도둑이 들어도 다른 방으로 쉽게 들어갈 수 없는 것과 같은 이치다. 거기에 더해 맥은 기본적으로 악성 소프트웨어 탐지기가 작동되고 애플의 승인을 받지 않은 개발자가 만든 앱은 자동으로 차단된다.[122] 이런 점을 감안하면 맥이 PC보다는 해킹하기 어려울 것 같다.

| 맥의 취약점 |

하지만 이런 보안 기능이 있다고 해도 맥 역시 안전지대가 아니다. 2012년에 플래시백Flashback이라는 바이러스에 60만 대 이상의 맥이 감염되는 초유의 사태가 발생했다.[123] 이후로도 루트파이프Rootpipe, KitM.A 등 맥용 바이러스가 잇따라 등장했다.[124]

분명한 것은 맥도 바이러스에 면역이 있지 않다는 점이다. 2017년 조사에서는 맥OS가 윈도우10보다 보안상 허점이 더 많은 것으로 밝혀지기도 했다.[125]

그리고 아무리 운영체제의 보안성이 강하다고 해도 사용자가 속임수로 개인정보를 탈취하는 피싱phishing 같은 '사회공학Social Engineering'* 기법에 당할 위험까지 사라지진 않는다.[126]

---

* 사람의 심리를 이용해 보안을 무력화하는 수법.

3장

앱경제

2010년에 애플은 "그런 앱 있습니다there's an app for that"라는 카피의 상표권을 취득했다.[1] 설마 이런 앱도 있을까, 하고 찾아보면 정말로 그런 앱이 나올 만큼 다양한 앱이 존재한다는 의미였다. 이제 우리는 앱 없이 사는 것은 상상할 수 없는 시대를 살고 있다. 우버(2008년 설립[2]), 에어비앤비Airbnb(2008년 설립[3]), 스냅챗(2011년 설립[4]) 등 수백억 달러의 가치를 자랑하는 기업들이 전적으로 앱에 의존하고 있다. 이른바 '앱경제'의 규모는 1천 억 달러로 추산된다.[5]

아니, 휴대폰 화면에 표시되는 그 조그만 아이콘이 어떻게 그처럼 거대한 금액의 경제활동으로 이어지는 걸까? 앱경제가 돌아가는 방식은 손님이 가게에 들어가서 진열대의 상품을 사는 '전통적인' 경제와 전혀 다르다. 그 새롭고 색다른 풍경 속으로 들어가 보자.

앱 다운로드는 왜 대부분 무료일까?

요즘 미디엄 사이즈 피자는 9.99달러, 세차는 15달러, 데이터 요금제는 월 45달러쯤 한다. 반면에 휴대폰에서 쓰는 앱은 거의 다 공짜다. 인스타그램, 스냅챗, 드롭박스Dropbox, 벤모, 구글지도가 전부 무료다. 안드로이드든 iOS든 매출액 100위권 앱 중에서 유료 앱은 마인크래프트Minecraft가 유일하다.[6] (참고로 같은 모바일 게임인 포트나이트Fortnite는 기본적으로 무료 앱임에도 2018년에 10억 달러 이상의 매출을 올렸다.)[7]

그런데 무료 다운로드 앱을 제작하는 회사들이 거액의 돈을 쏟어 모으고 있다. 스냅챗은 전부 무료 서비스지만, 모회사 스냅Snap은 2017년 상장 당일에 시가총액 330억 달러를 기록했다.[8] 앱경제가 '일반' 경제와 얼마나 다른지 엿볼 수 있는 사건이다. 만약에 피자헛이 무료 피자로 돈을 벌겠다고 하면 다들 미쳤다고 할 것이다.

그렇다면 앱 개발자들은 앱을 팔지도 않으면서 무슨 수로 돈을 버는 걸까? 그 비밀은 영리한 비즈니스 모델, 다른 말로 '수익화' 전략에 있다. 그중에서도 가장 인기 있는 전략은 '부분유료화'다.

| 부분유료화: 추가 기능은 유료 |

캔디크러쉬사가를 플레이해봤다면 앱 자체는 무료지만 게임을 시작하면 현금을 써서 생명을 추가하거나 새로운 레벨을 해제하라는 메시지를 수도 없이 봤을 것이다.[9] 틴더는 추천받은 상대가 마음에 든다는 뜻으로 하는 스와이프Swipe 횟수가 하루에 몇 번으로 제한되어 있다. 스와이프를 더 많이 하고 싶으면 월 구독제 서비스인 틴더플러스에 가입해야 한다.[10]

이런 비즈니스 모델을 '부분유료화'[11]라고 하는데 그 원리는 간단하다. 앱을 공짜로 뿌려서 수많은 사람이 다운받게 한 후 '프리미엄' 기능을 원하면 돈을 내게 하는 것이다.[12] 요즘은 부분유료화가 대세다. 캔디크러쉬사가, 포켓몬고 등 많은 모바일 게임이 부분유료화로 돈을 벌고[13] 틴더,[14] 스포티파이,[15] 드롭박스[16] 같은 인기 앱들도 부분유료화를 적극적으로 이용한다.

부분유료화를 통한 수익 창출법은 크게 두 가지로 인앱결제와 유료구독이다. 이제부터 하나씩 살펴보자.

- 포켓몬고는 기본적으로 무료지만 현금으로
  코인을 구입해서 게임 속 상품과 바꿀 수 있다. 출처: 안드로이드용 포켓몬고

인앱결제

인앱결제는 돈을 내고 추가 기능이나 가상의 상품을 구입하는 것을 말한다.[17] 인앱결제는 모바일 게임의 밥줄이다. 앞에서도 말했지만 캔디크러쉬사가는 추가 생명을 판매한다. 포켓몬고는 코인을 사서 포켓볼이나 회복약으로 교환할 수 있다.[18] 순전히 과시용으로 인앱결제를 하는 경우도 있다. 예를 들어 포트나이트 플레이어들은 캐릭터의 셔츠나 춤동작 같은 것을 구입하기 위해 수백 달러를 쓴다.[19]

하지만 게임에서 유료 업그레이드는 새로운 방식이 아니다. 월드 오브 워크래프트World of Warcraft,[20] 심시티Simcity[21]처럼 역사가 긴 PC

게임들도 이미 오래전부터 '확장팩'을 팔았다. 게임기용 게임도 다운로드콘텐츠downloadable content, DLC라는 형태로 새로운 아이템, 던전 Dungeon, 도전과제를 판매한다.[22]

인앱결제는 게임에서 많이 볼 수 있지만 그 밖의 분야에서도 종종 등장한다. 스냅챗에서는 돈을 내고 특별한 날을 위한 나만의 필터를 만들 수 있다.[23] 안드로이드와 iOS의 많은 앱이 기본적으로 광고를 보여주면서 광고 제거 기능을 유료로 판매한다.[24]

게임과 앱 개발자들이 인앱결제를 선호하는 이유는 무엇보다도 추가 비용 없이 수익을 올릴 수 있기 때문이다. 일단 게임이나 앱을 만들어 놓으면 의상이나 필터 같은 가상의 상품을 판매하는 데는 따로 돈이 안 들어간다(전문용어로 한계비용이 0달러다).[25] 물론 인앱결제로 형편없는 상품을 팔거나 사용자를 기만하면 역효과가 날 수 있다. 무료 페이스북 게임들이 아이들을 현혹해서 아이템 구입비로 수백 달러씩 뜯어냈을 때 소비자의 분노가 하늘을 찔렀던 적도 있다.[26]

| 유료구독 |

부분유료화의 다른 한 축은 유료구독이다. 휴대폰 요금처럼 매달 구독료를 내고 유용한 기능을 사용하는 게 일반적인 방식이다. 유료구독은 '플러스', '프리미엄', '골드' 같은 명칭이 붙기 때문에 쉽게 알아볼 수 있다.

유료구독은 게임 외의 앱에서 대세인 방식이다. 앞서 언급한 틴더 플러스는 매달 소액의 요금을 내고 스와이프와 추가 기능을 제약 없이 이용할 수 있다.[27] 링크드인LinkedIn은 프리미엄 회원에 한해 1촌

이 아니어도 메시지를 보낼 수 있다.[28] 스포티파이에서 음악을 듣는 것은 무료지만 광고를 없애고 음악을 저장하려면 프리미엄 회원에 가입해야 한다.[29] 예전에는 오피스Office를 판매하기만 했던 마이크로소프트도 이제는 일부 오피스 앱을 무료로 제공하면서 오피스365 연간 구독을 유도한다.[30]

웹사이트에도 구독 서비스가 속속 도입되기 시작했다. 《뉴욕 타임스》는 매달 무료로 읽을 수 있는 기사의 수가 제한되어 있다. 제한을 풀려면 월정액을 내야 한다.[32]

앱 개발자들 사이에서 구독 서비스가 인기인 이유는 두 가지다. 첫째, 안정적인 수입원이 되기 때문이다. 반면 일회성 판매는 새 버전

• **스포티파이 프리미엄은 매달 소액의 이용료를 내고 추가 기능을 사용하는 유료구독 서비스의 대표 주자다.**   출처: 스포티파이[31]

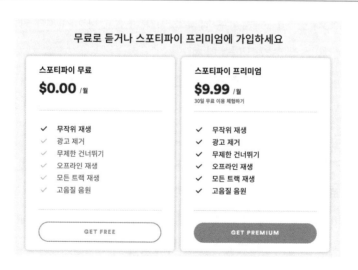

이 나올 때만 일시적으로 수입이 급증했다가 다시 뚝 떨어진다. 둘째, 구독 서비스 가입자가 앱을 더 장기적으로 이용하는 경향이 있기 때문이다(아마도 사용자들이 단순히 앱을 구매한다는 개념보다는 앱과 장기적인 관계를 맺는다는 개념으로 접근하는 것 같다). 고객의 생애라는 장기적인 시각에서 보면 그런 사람이 회사에 더 많은 수입을 안겨준다. 전문용어로 '생애가치'가 더 높다. 그리고 디지털 사업에서는 생애가치 극대화가 곧 길이요 진리다.[33]

| 고래잡이 |

사람들은 소프트웨어에 돈을 지불하고 싶어 하지 않는다. iOS 앱 전체 다운로드 건수 중 6%만이 유료 다운로드라는 조사 결과가 있다.[34] 어지간한 사람은 1달러도 비싸다고 느낀다. 하지만 어떤 앱이든 가장 열성적인 소수의 사용자는 선뜻 큰돈을 쓴다. 경제학자들이 80/20법칙 혹은 파레토 법칙이라고 말하는 현상이다. 이 법칙에 따르면 고객 중 20%에게서 수입의 80%가 나오고 나머지 80%의 고객에게서 20%의 수입이 나온다.[35]

따라서 앱 개발자 입장에서는 지갑을 잘 여는 20%(업계에서는 '고래'라고 칭하는데 아마도 보기는 드물지만 덩치가 크다는 의미인 것 같다)를 찾아서 최대한 현금을 뽑아내는 게 중요하다.[36] 고래들은 통이 크다. 모바일 게임에 돈을 쓰는 사용자들은 연평균 86.50달러를 인앱 결제로 지출한다.[37] 그중에는 가히 대왕고래급이라 할 사람들도 있다. 2015년에 '게임 오브 워: 불의 시대Game of War: Fire Age'의 유료 사용자들은 평균 550달러 정도를 사용했다.[38]

현실이 이러하니 인앱결제와 구독 서비스의 주된 타깃은 돈을 가장 잘 쓰는 헤비유저들이다. 틴더의 무제한 스와이프만 봐도 사용자 대부분은 일일 한도를 다 채우지 못하는 반면, 최대 사용자들은 금방 한도에 도달한다. 이들은 틴더에 푹 빠져서 돈 좀 쓰는 것을 아까워하지 않는다. 반대로 틴더를 가볍게 사용하는 사람 대부분은 단 돈 몇 달러를 쓰는 것도 망설인다.[39]

정리하자면 부분유료화 전략은 앱을 무료로 배포해서 사용자를 대거 유입시킨 후[40] 열성적인 사용자를 찾아서 추가 기능을 무기로 일회성 결제나 정기 구독을 유도하는 방식이다.

그러면 반대로 사용자에게서 돈을 받지 않고 돈을 버는 방법도 있을까? 지금부터 알아보자.

페이스북이 사용자에게 단 한 푼도 받지 않고 떼돈을 버는 비결은 뭘까?

부분유료화만 돈벌이가 되는 게 아니다. 구글과 페이스북을 생각해보자. 웬만한 사람은 구글지도, 구글문서Google Docs, 인스타그램, 페이스북을 이용하면서 단 한 번도 돈을 내본 적이 없을 것이다.[41] 그렇다면 부분유료화는 아니라는 말인데, 그렇다면 도대체 어떻게 돈을 버는 걸까?

답은 '타깃광고'다. 그 실체를 파헤쳐보자.

| 광고 경매 |

알다시피 앱과 웹사이트가 광고로 돈을 버는 것은 어제오늘 일이 아니다. 광고를 표시해주는 대가로 광고주로부터 광고료를 받는 것이다. 이때 광고료를 청구하는 방식은 크게 두 가지가 있다.

첫째, 사용자가 광고를 볼 때마다 소액의 광고료를 청구하는 노출당 과금Pay-Per-Impression, PPI이다.[42] 광고를 보는 사람이 한두 명이 아닌 만큼 보통은 1,000회 노출당 5달러, 이런 식으로 1,000회를 기준으로 한다. 그래서 1,000을 뜻하는 '밀리'(밀리미터 할 때 그 밀리다)를 써서 밀리당 과금Cost-Per-Mille, CPM이라고도 부른다.[43]

둘째, 사용자가 광고를 클릭할 때마다 광고료를 청구하는 클릭당 과금Cost-Per-Click, CPC이다. CPC는 종종 PPCPay-Per-Click로 불리기도 한다.[44]

구글[45]과 페이스북[46]은 노출당 과금(PPI)과 클릭당 과금(CPC)을 모두 사용한다. 광고주가 구글 검색 결과나 페이스북 뉴스피드 같은 곳에 광고를 내려면 클릭당 혹은 노출당 얼마를 낼 의향이 있는지 '입찰가'를 제시해야 한다. 그리고 사용자가 웹페이지에 접속할 때마다 모든 광고주를 대상으로 즉석 '경매'가 열려서 낙찰자의 광고가 표시된다.[47]

입찰가를 높게 제시할수록 광고가 표시될 확률이 높긴 하지만 항상 최고가 입찰자가 승리하진 않는다. 구글과 페이스북은 광고의 연관성 같은 몇 가지 기준을 함께 고려한다. 왜 그럴까? 광고의 연관성이 클수록 클릭이 발생할 확률이 높아져서 입찰가만 높고 연관성은 작은 광고보다 많은 돈을 벌 수 있기 때문이다. 쉽게 말해 클릭을

10번 발생시키는 5달러짜리 광고와 클릭을 100번 발생시키는 2달러짜리 광고 중에서 무엇을 선택하겠는가?[48]

이처럼 구글과 페이스북은 광고로 돈을 번다. 그것도 떼돈을 번다. 그 비결은 '타깃화'라는 기술에 있다.[49]

| 타깃광고 |

가구를 살 생각도 없는데 소파 광고가 나오면 누가 클릭할까? 이게 TV나 잡지 광고의 허점이다. 불특정다수에게 메시지를 뿌려봤자 관심 두는 사람이 별로 없으면 광고료만 아깝다.[50] 하지만 이사를 앞두고 가구를 새로 장만하려는 사람에게만 소파 광고를 보여준다면? 적중률이 훨씬 높을 것이다.

이런 '타깃광고'의 귀재가 바로 구글과 페이스북이다. 우리가 구글과 페이스북의 앱과 웹사이트에서 굉장히 많은 행동을 하기 때문에 두 회사는 우리가 좋아하는 것을 많이 알고 있다. 그래서 각 사람을 겨냥한 타깃광고를 내보내고 광고료를 쓸어 담는다. 그러니까 사용자에게 무료로 서비스를 제공할 수 있다.[51]

구글에서 '손목시계 고르는 요령'이나 '저렴한 손목시계'를 검색했다고 치자. 그러면 구글은 사용자가 손목시계를 알아보고 있다고 추측할 수 있다. 그래서 다음번에 검색할 때는 손목시계 광고를 내보낸다. 이렇게 타깃이 설정된 광고는 그만큼 연관성이 크기 때문에 비타깃광고보다 클릭을 유발할 확률이 높다.[52] 클릭이 많이 될수록 구매도 많이 발생하므로 타깃광고는 광고주의 수입을 증가시킨다.

다시 말해 타깃광고는 '클릭률'을 높여서 광고주가 돈 쓴 보람을 느끼게 한다. 구글과 페이스북은 다른 어떤 업체보다도 사용자에 대한 데이터를 많이 갖고 있다. 그렇기에 타깃광고의 적중률이 최고이고, 광고료도 최고로 많이 받는다.[53] 사용자 데이터를 토대로 한 타깃광고 사업은 이윤이 아주 많이 남는 장사다. 구글과 페이스북은 광고에서 대부분의 수입이 나온다.[54] 페이스북의 연간 광고 매출은 약 300억 달러로[55] 회사 전체 매출의 99%를 차지한다.[56]

그러면 타깃광고가 좋은 걸까, 나쁜 걸까? 개인정보를 중요시하는 사람들은 구글과 페이스북이 우리가 무엇을 클릭하는지 다 보고,[57] 우리의 관심사, 취미, 활동에 대한 방대한 정보를 축적할 수 있다는 점을[58] 문제로 제기한다. 하지만 그건 일종의 이용료라고 볼 수도 있을 것 같다. 세상에 공짜는 없다. 우리는 구글과 페이스북에 돈을 내지 않는 대신 개인정보를 제공하는 것이다.[59] 그래서 실리콘밸리에는 이런 명언이 있다. "네 주머니에서 나가는 돈이 없다면 네가 곧 상품이다."[60]

| 광고의 제왕 |

타깃광고라는 막강한 수입원을 구글과 페이스북만큼 잘 활용하는 기업도 없다. 모바일 광고 시장에서 두 기업의 점유율을 합하면 50% 정도 되니까 사실상 광고계를 꽉 잡고 있다고 해도 과언이 아니다.[61] 하룻강아지 같은 스타트업이 타깃광고로 돈을 벌기는 훨씬 어렵다. 사용자 데이터를 훨씬 많이 보유한 구글과 페이스북으로 광고주가 몰리기 때문이다.

지금까지 광고계에서 구글과 페이스북의 아성에 도전할 수 있었던 기업은 딱 하나, 바로 미국 3위 광고 플랫폼으로 등극한 아마존이다.[62] 요즘 미국에서는 온라인에서 물건을 살 때 구글 대신 아마존부터 검색하는 사람이 절반을 넘는다.[63] 이렇게 소비자들의 시선을 구글로부터 빼앗아온 덕분에 이제 아마존은 판매 상품 목록에 바로 광고를 표시한다. 이미 물건을 사기로 작정한 사람들에게 광고를 보여주는 것이다. 더군다나 아마존은 우리가 무엇을 구매했는지 정확히 알고 있으니까 우리가 무엇을 사고 싶어 하는지도 무서울 만큼 정확하게 파악할 수 있을 것이다.[64]

바꿔 말하자면 아마존은 구매로 직접 이어지는 광고, 곧 '직접반응광고'를 두고 구글과 경쟁을 벌이고 있다.[65] 이처럼 타깃광고계에서 새로운 도전자의 출현이 전혀 불가능하진 않다. 물론 아마존이 소규모 스타트업은 아니지만 말이다.

| 사용자 데이터를 팔아먹는다? 반은 맞고 반은 틀린 말 |

구글과 페이스북(그리고 광고로 돈을 버는 대부분의 소프트웨어 기업)은 광고주에게 사용자 데이터를 판매하지 않는다. 광고주가 광고를 제출하면 구글과 페이스북은 사용자 데이터를 토대로 누구에게 어떤 광고를 보여줄지 결정한다. 사용자 데이터가 구글과 페이스북의 컴퓨터에서 광범위하게 사용되긴 해도 절대로 밖으로 빠져나가진 않는다.[66] 구글과 페이스북으로서는 사용자 데이터를 내부에 꼭꼭 감춰두는 게 유리하다. 그래야 광고주들이 싫어도 계속 찾아올 수밖에 없기 때문이다.[67]

그런데 최근에 페이스북은 사용자 몰래 사용자 데이터를 유출했다고 맹비난을 받았다. 휴대폰에서 좋은 위치를 받는 대가로 애플과 삼성 같은 제조사에 사용자 데이터를 넘겼기 때문이다.[68] 그뿐만 아니라 친구 추천 기능을 강화하기 위해 아마존과 쌍방의 데이터를 공유했다.[69]

따지고 보면 광고로 먹고사는 기업이 주로 판매하는 것은 사용자 데이터가 아니다. 《PC월드PCWorld》의 표현을 빌리자면 그들은 '사용자'를 판다.[70] 이 전략이 얼마나 효과적인지는 구글과 페이스북이 이용료를 단 한 푼 안 걷고도 수백억 달러의 매출을 올리는 데서 알 수 있다. 이것이 앱경제의 가공할 위력이다.

뉴스 사이트에는 왜 그렇게 '협찬기사'가 많을까?

흔히 광고라고 하면 웹페이지나 앱에서 현란한 애니메이션으로 표시되는 막대형 광고, 즉 배너광고banner advertising를 떠올린다. 웹에서는 배너광고가 여전히 많이 쓰이지만, 인기 있는 앱들은 배너광고를 안 쓰는 추세다. 아무래도 귀중한 공간을 많이 차지하고 사용자를 귀찮게 하기 때문인 것 같다.[71] 그리고 요즘은 배너광고를 거의 클릭하지 않기 때문에 수익성도 그리 좋지 않다. 사람들이 의도적으로 배너광고를 클릭하는 비율은 0.17%라고 한다.[72] 광고를 600번쯤 보면 1번 클릭한다는 뜻이다.

그래서 광고계에 새로운 강자가 등장했다. 배너광고보다 덜 거슬리고 쉽게 무시할 수 없는 광고다.[73] 인스타그램 피드feed를 내리다

보면 중간중간에 친구가 아닌 기업에서 뭔가를 팔려고 올린 게시물이 등장한다.[74] 스냅챗의 경우에는 광고주가 다수의 사용자에게 노출되는 필터를 만들 수 있고[75] 트위터Twitter에서는 심지어 돈을 내고 '나를 위한 트렌드'에 특정한 문구를 노출할 수 있다.[76]

이런 광고에는 꼭 '협찬'이란 말이 붙는다.[77] 협찬콘텐츠, 다른 말로 '네이티브 광고native advertising'는 일반적인 콘텐츠와 이질감이 없게 제작되어 사람들이 광고로 치부해 그냥 넘겨버리지 않도록 한다.[78]

협찬콘텐츠는 특히 언론계에서 급성장 중이다.[79] 광고주가 돈만 내면《뉴욕 타임스》, CNN, NBC,《월스트리트저널Wall Street Journal》 등의 웹사이트에 멀쩡한 기사처럼 보이는 광고를 끼워넣을 수 있기 때문이다.[80] 버즈피드 같은 신생 미디어 업체도 협찬콘텐츠를 반긴다.[81] 기사의 탈을 쓴 광고가 언론계에서 점점 몸집을 키우고 있다. 일례로《뉴욕 타임스》에서 기존의 교도소 시스템이 여성 수감자에게 적합하지 않은 이유를 보도한 적이 있다. 심층 취재를 바탕으로 작성된 흥미로운 기사였지만 그 실체는 넷플릭스 드라마 〈오렌지 이즈 더 뉴 블랙Orange is the New Black〉의 광고였다.[82]

협찬콘텐츠는 클릭률이 배너광고의 2배 수준이라서 광고주에게 유리하다.[84] 그리고 뉴스 매체에도 훌륭한 수입원이 된다. 2016년 당시《디 애틀랜틱The Atlantic》은 디지털 광고 수입 중에서 네이티브 광고의 비중이 4분의 3 정도 될 것으로 예상했다.[85] 더욱이 인터넷 때문에 언론사의 전통적인 비즈니스 모델이 붕괴된 상황에서 네이티브 광고는 신문사가 목숨을 부지하기 위한 수단이 될지도 모른다.

네이티브 광고는 막강하지만 그만큼 또 위험하다. 사실과 광고를

- 여성 수감자의 처우에 대한 《뉴욕 타임스》 기사.
  넷플릭스 드라마 〈오렌지 이즈 더 뉴 블랙〉의
  네이티브 광고이기도 했다.   출처: 뉴욕 타임스[83]

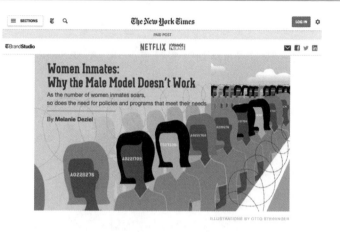

30년간 미국 교정 시설의 여성 수감자가 8배 이상 증가
남성과 동일한 환경은 여성 수감자에게 부적절
여성 수감자 급증에 따른 운영 방식 및 프로그램 개선 절실

현재 연방정부가 운영하는 시설에 여성 재소자가 지속적으로 증가함에
따라 연구자, 출소자, 교정 환경 개선 운동가 사이에서 남성에게
맞춰진 기존 수감 시설에 변화가 필요하다는 목소리가 나오고 있다.

구별하기가 어렵기 때문이다.[86] 로이터Reuter 설문조사에서 미국인 독자 중 43%가[87] 네이티브 광고에 '실망감이나 배신감'을 느낀다는 결과가 나왔다.[88] 게다가 네이티브 광고는 언론인과 장사꾼 사이의 경계를 허물어버린다.[89] 똑같은 사람이 기사도 쓰고 광고도 쓴다면 언론인으로서 신뢰성이 훼손될 수 있다.[90]

그래도 네이티브 광고에 희망이 있을까? 아무래도 그런 것 같다.

여론조사에서 소비자의 22%가 네이티브 광고를 유익하게 여긴다고
답했는데 배너광고가 유익하다는 답변은 4%에 불과했으니 그에 비
하면 매우 높은 수치다.[91]

에어비앤비는 무엇으로 돈을 벌까?

아마존, 우버, 에어비앤비 앱은 무료로 다운받을 수 있고 광고가
거의 나오지 않는다. 그러면 무엇으로 돈을 벌까?

이렇게 구매자와 판매자(또는 승객과 기사)를 이어주는 '중개' 앱
혹은 '플랫폼' 앱은 사용자가 뭔가를 구매할 때 은근슬쩍 수수료를

- 에어비앤비는 숙소 예약 시 부과되는
  소액의 '서비스 수수료'가 주 수입원이다.   출처: 에어비앤비[95]

게스트

1명	∨

$46×2박	$92
청소비	$25
서비스 수수료	$16
합계	**$133**

예약하기

챙긴다.[92] 정부가 부가가치세로 세수를 올리고 공인중개사가 부동산 거래 수수료를 받는 것과 유사하다.

예를 들어 에어비앤비는 숙소가 예약될 때마다 호스트에게서 3%, 게스트에게서 6~12%의 '서비스 수수료'를 뗀다.[93] 이 돈이 에어비앤비의 수입 중 대부분을 차지한다.[94]

다른 중개 앱들 역시 수수료를 받는다. 우버는 기사의 수입 중 20~25%를 가져간다.[96] 아마존은 셀러가 등록한 상품이 판매될 때 수수료를 뗀다.[97] 수수료율은 상품에 따라 달라지지만 도서의 경우 판매액의 30~65% 정도가 수수료로 나간다고 보면 된다.[98]

대부분의 중개 앱이 이런 식으로 돈을 번다. 그러면 수수료를 부과하지 않고도 돈을 버는 중개 앱이 존재할까? 이제부터 알아보자.

로빈후드는 주식거래 수수료를 안 받고 무엇으로 돈을 벌까?

주식은 노동 소득으로 또 다른 소득을 창출하는 좋은 투자 수단이지만 매매를 할 때마다 증권사에 수수료를 내야 한다. 그런데 잠깐! 주식거래 앱 로빈후드Robinhood는 수수료가 없다.[99] 거래가 완전히 무료다.

그런데 어떻게 안 망하고 지금껏 건재할까? 로빈후드는 크게 두 가지 방법으로 수입을 올린다.[100]

첫 번째는 부분유료화를 통해 '파워유저'에게 더 많은 기능을 제공하는 것이다. 로빈후드 골드에 가입하면 시간외거래(정규 거래 시간 전후에 이루어지는 거래)가 가능해지고 로빈후드의 돈을 빌려서 수중의 현금 이상의 거래를 할 수 있다.[101]

정말 기발한 것은 두 번째 방법이다. 로빈후드는 사용자의 계좌에 안 쓰고 남아 있는 돈으로 이자 수입을 올린다. 우리가 안 쓰는 돈을 은행에 넣어두고 이자를 받는 것처럼 말이다.[102]

앱의 비즈니스 모델은 점점 교묘해지고 있다. 마지막으로 훨씬 더 창의적인 수익 창출법을 들여다보자.

광고나 사용료 없이 앱으로 돈을 버는 방법이 있을까?

지금까지 언급한 앱들은 모두 광고를 표시하거나 구독, 인앱결제, 수수료 등 간접적인 방법으로나마 이용료를 청구함으로써 수입을 올렸다. 그 외에도 앱이 망하지 않고 살아남을 방법이 있을까? 사용자나 광고주 말고도 돈이 나올 곳이 있을까?

물론 있다. 그런 기발한 비즈니스 모델을 몇 가지 알아보는 것으로 이 장을 마무리하고자 한다.

일단은 사용자나 광고주 외의 수입원을 찾는 방법이 있다. 교통예약 서비스 원더루Wanderu는 최저가 버스 탑승권을 찾아서 사용자를 그레이하운드Greyhound와 메가버스Megabus 같은 버스회사 웹사이트로 이동시킨다. 이때 사용자에게서 아무것도 받지 않는 대신 버스회사로부터 소액의 수수료를 취한다.[103]

아니면 아예 수익을 내지 않고 어떻게든 버티는 방법도 있다. 말도 안 되는 소리로 들리겠지만 IT 업계에서는 일시적으로나마 그렇게 버티는 기업들이 있다.

구체적으로 보자면 일단 무료 서비스를 제공하며 투자받은 돈으로 연명하다가 몸집이 커지면 수익을 창출하는 방법이 있다. 말하자면 '선성장 후수익화' 전략이다.[104] 대표적인 예가 벤모다. 벤모는 사용자에게 이용료를 청구하지 않는다. 사용자가 은행에서 은행으로 송금할 때는 수수료를 전혀 안 받고 신용카드에서 송금할 때는 결제대행사에서 요구하는 수수료(3%)만 사용자에게 청구한다.[105]

이렇게 무료로 서비스를 제공하던 벤모는 2018년에 충분한 사용자가 확보됐으니 이제 본격적인 수익화에 나설 때라고 판단했다. 그래서 우버 결제 서비스를 개시하고 체크카드를 출시했다. 사용자가 우버 요금을 결제하거나 체크카드를 이용하면 벤모는 우버나 상점에 소액의 수수료를 청구한다. 일각에서는 벤모가 사용자의 돈이 어디에 지출되는지 정확히 알 수 있으니까 타깃광고를 시작하리란 예측도 나오고 있다.[106]

수익 없이 살아남는 두 번째 방법은 자금이 바닥나기 전에 다른 회사에 인수되는 것이다. 2013년에 메일박스Mailbox라는 무료 이메일 앱이 등장해 단기간에 하루 메시지 전송량이 6천만 건을 돌파했다.[107] 급기야는 출시된 지 한 달 만에 드롭박스가 메일박스 앱과 개발팀을[108] 1억 달러에 인수했다.[109] 다만 그 끝이 해피엔딩은 아니었다. 드롭박스가 2015년에 메일박스의 개발을 중단함에 따라 개발자들이 이 팀 저 팀으로 뿔뿔이 흩어졌다.[110] 이렇게 말하면 냉소적으로 들릴지 모르겠지만 메일박스가 폭발적으로 성장해서 좋은 '출구'를 찾을 수 있었던 이유는 순전히 서비스를 무료로 제공했기 때문이라고 본다.[111]

3장의 내용을 정리하자면, 사용자들이 굳이 돈을 내고 앱을 다운받을 의향이 없으므로 개발자들은 점점 더 교묘한 수익 창출법을 모색해야만 한다. 그리고 참 놀랍게도 어떻게든 기발한 방법을 찾아내고 있다. 앞으로는 또 어떤 수익화 전략이 대세가 될까? 혹시 아나, 이 책을 읽는 당신이 그 전략의 창시자가 될지!

4장

인터넷

2006년 미국 의회에서 새로운 인터넷 규제법을 제정하기 위한 논의가 있었다. 이 과정에서 알래스카주 상원의원 테드 스티븐스Ted Stevens의 발언이 화제가 됐다. 인터넷의 원리를 자기 나름대로 설명하면서 나온 말이었다.

"10편의 영화가 그, 그 인터넷으로 전송된다고 하면 각 사람의 인터넷은 어떻게 될까요? 얼마 전에 그게, 어, 그러니까 금요일 아침 10시에 우리 보좌관들이 저한테 인터넷을 보냈어요. 저는 그걸 어제 받았고요. 왜 그랬겠습니까? 인터넷에서 벌어지는 온갖 영리 활동에 밀리고 밀려서 그렇게 된 겁니다. (…) 다들 인터넷으로 방대한 양의 정보를 보내고 싶어 합니다. 그런데 인터넷이란 게 그냥 뭘 막 실어보낼 수 있는 게 아니거든요. 인터넷은 덤프트럭이 아니에요. 인터넷은 긴 수송관의 집합체죠."[1]

스티븐스 의원은 인터넷이 무엇인지 잘 몰랐던 것 같다. 그러면 우리는 어떨까?

'google.com'을 입력하고 엔터를 치면
어떤 일이 벌어질까?

우리는 매일 웹브라우저 주소창에 'google.com' 같은 주소를 입력한다. 그런 다음에는 어떤 과정을 거쳐서 우리가 원하는 웹사이트가 화면에 표시될까?

| 웹사이트 주소 |

웹사이트를 이야기하기 전에 건물 주소에 대해 생각해보자. 모든 건물에는 위치를 쉽게 찾을 수 있도록 만든 고유한 주소가 존재한다. 50명에게 '1600 Pennsylvania Avenue Northwest, Washington, DC 20500'으로 가라고 하면 모두 똑같은 곳에 도착할 것이다. 미국에 처음 온 사람도 충분히 찾을 수 있다. 워싱턴DC로 가서 펜실베이니아 애비뉴 노스웨스트로 이동한 다음 1600번 건물까지 가면 된다.

웹페이지도 건물처럼 저마다 'https://www.nytimes.com/section/sports' 같은 고유한 주소가 있다. 그래서 누구나 쉽게 똑같은 웹페이지에 도착할 수 있다. 예를 들어 'https://www.nytimes.com/section/sports'를 50명에게 보내면 모두 똑같은 웹페이지에 접속할 것이다. 이런 형태의 웹페이지 주소를 표준형 자원 위치 식별자uniform resource locator, 줄여서 URL이라고 부른다.

주소창에 'google.com'을 입력해보자. 그러면 잠시 뒤 나타나는 URL은 'https://www.google.com'이다! 아니, 난데없이 뭐가 저렇게 많이 붙은 걸까?

다시 건물 이야기를 하자면, 주소를 좀 줄여서 말해도 다 통한다. 예를 들어 '1600 Pennsylvania Avenue Northwest, Washington, DC 20500'에서 우편번호(20500)를 빼고 'Northwest'를 'NW'로 바꿔서 '1600 Pennsylvania Avenue NW, Washington, DC'라고만 해도 된다. 아니, 그냥 '1600 Penn Ave NW DC'로 확 줄여도 무방하다. (위의 주소들을 구글지도에 입력해보자. 백악관이 나타날 것이다.)

진짜 URL인 'https://www.google.com'을 줄인 형태인 'google.

• 주소창에 'google.com'을 입력하면
'https://www.google.com'로 바뀌어 표시된다. 출처: 안드로이드용 구글 크롬

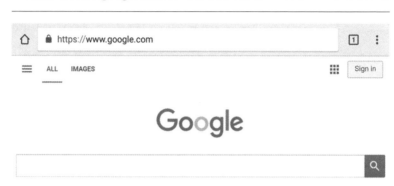

com'을 입력해도 브라우저가 다 알아듣고 나머지 부분을 채우는 것이다.[2] 그러면 그 나머지 부분은 도대체 무슨 뜻일까?

| 주소 해석 |

브라우저는 전체 URL을 몇 조각으로 나눠서 사용자가 원하는 위치를 파악한다. 건물 주소를 건물 번호, 도로명, 도시, 주, 우편번호로 분리하는 것과 마찬가지다. 그러면 이제부터 브라우저가 하듯이 URL을 분해해보자.

가장 먼저 나오는 것은 'https://'다. 이것은 브라우저가 어떤 방식으로 웹사이트에 접속해야 하는지 알려주는 '프로토콜protocol'이다. 비유하자면 우버를 타고 백악관에 가려고 할 때 우버풀, 우버X, 우버블랙 중 하나를 고르는 것과 같다.[3]

인터넷을 탐색할 때 우리가 선택할 수 있는 이동수단, 즉 프로토콜은 크게 두 가지다. 기본 프로토콜인 HTTPHyperText Transfer

Protocol(하이퍼텍스트 전송 프로토콜)는 'http://'로 표시된다. 암호화를 통해 보안성을 강화한 HTTPSHyperText Transfer Protocol Secure(하이퍼텍스트 보안 전송 프로토콜)는 'https://'다.[4] HTTP와 HTTPS는 거의 동일한 프로토콜이지만 HTTPS는 브라우저에 정보를 암호화하라고 명령해서 해커의 공격을 방지한다는 차이점이 있다. 웹사이트가 암호나 신용카드 정보를 입력받을 때는 반드시 주소에 'https://'가 들어가야 한다.[5] 그래야 브라우저가 HTTP가 아닌 HTTPS를 이용한다. 친구에게 우버X 말고 우버블랙을 부르라고 말하는 것과 같다.

URL의 두 번째 조각은 'www'다. 대부분의 웹사이트가 굳이 'www'를 붙이지 않아도 상관없지만 브라우저는 완전한 주소를 보여주기 위해 굳이 표시한다.[6] 같은 미국인끼리 전화번호를 교환할 때 국가번호인 '+1'을 빼고 말해도 되지만 굳이 말하고 싶으면 말해도 되는 것과 같다(예: +1-617-555-1234).

그다음으로 나오는 'google.com'은 '도메인domain'이라고 한다. 모든 웹사이트에는 고유한 도메인 이름이 있다. 'google.com', 'wikipedia.org', 'whitehouse.gov' 등 우리가 흔히 아는 사이트 주소가 그것이다.

| IP주소 |

여기서 반전은 컴퓨터가 도메인 이름을 이해하지 못한다는 사실이다. 컴퓨터가 이해하는 것은 IP주소라는 숫자 코드다.[7] 모든 웹사이트에는 최소한 1개의 IP주소가 존재한다. 대부분의 사람이 최소한

1개의 휴대폰 번호를 가진 것처럼 말이다. 컴퓨터는 IP주소를 알아야만 웹사이트에 접속할 수 있다. 우리가 폰에다 '빌 게이츠'라고 입력한다고 해서 빌 게이츠와 통화할 수 있는 게 아니라 그의 전화번호를 알아야만 하는 것과 같다.

도메인 이름을 IP주소로 전환하기 위해 브라우저는 도메인 이름 서비스domain name service, 줄여서 DNS를 이용한다.[8] DNS는 방대한 주소록이라고 생각하면 되겠다. 컴퓨터의 하드드라이브에는 최근에 사용한 도메인 이름과 IP주소의 조합이 저장되어 있다. 만일 도메인 이름과 결합된 IP주소를 찾지 못하면 컴퓨터는 컴캐스트Comcast, 버라이즌 같은 인터넷 서비스 사업자, 즉 ISP Internet Service Provider＊에게 IP주소를 묻는다.[9] 우리가 먼 친척의 전화번호를 모를 때 가까운 친척에게 묻는 것과 같다.

이제 컴퓨터는 DNS를 이용해 'google.com'의 IP주소를 찾기 시작한다. 구글에는 다양한 IP주소가 있고[10] 그중 하나가 '216.58.219.206'이다.[11]

이로써 브라우저는 HTTPS를 통해 '216.58.219.206' 같은 IP주소로 'google.com'에 접속한다는 것을 파악했다. 이때 도메인 이름 뒤에 나오는 URL의 나머지 부분, 전문용어로 '경로'는 그대로 유지된다. 그래서 'google.com/maps'는 '216.58.219.206/maps'가 된다.[12] (혹시 친구들 앞에서 잘난 척 하고 싶다면 주소창에 '216.58.219.206/maps'을 입력해보자. 구글지도가 짠, 하고 나타날 것이다.)＊＊

＊ 우리나라는 KT, LG유플러스, SK브로드밴드가 대표적이다.

이 대목에서 "잠깐만! 앞에서 따로 경로를 지정하진 않았잖아. 그냥 'google.com'이라고만 쳤어!" 하며 이의를 제기할 사람도 있을 것이다. 좋은 지적이다. 구체적인 경로를 지정하지 않으면 브라우저는 웹사이트의 첫 화면을 의미하는 '/'라는 경로값을 입력한다. 'https://www.google.com'과 'https://www.google.com/'는 똑같이 우리가 아는 구글의 그 첫 화면으로 연결된다(단, 두 번째 주소에는 '/'가 들어갔다).

│ 구글에 요청 │

자, 이제 브라우저는 우리가 'google.com'이라고 부르는 곳에 접속하려면 HTTPS를 이용해 '216.58.219.206'의 첫 화면으로 가야 한다는 것을 알았다. 그래서 이 모든 정보를 취합한 '요청'을 구글 웹사이트를 구동하는 거대한 컴퓨터, 즉 '서버server'에 전송한다.[13] 이 정보가 구글 서버에 도달하는 과정은 뒤에서 더 자세히 알아보기로 하자.

'google.com'을 구동하는 서버는 브라우저의 요청을 받고 우리가 첫 화면에 접속하기를 원한다는 사실을 알게 된다.[14] 그래서 우리가 원하는 웹페이지를 준비하기 위해 필요한 것을 확인한다. 예를 들면 오늘 구글두들Google Doodle이 있는지 확인해서 만약 있으면 표시하는 식이다. 참고로 구글두들은 특별한 날을 기념하기 위해 구글 로고에 그려진 그림이다. 확인 작업이 끝나면 서버는 첫 화면을 출력하

＊＊ 현재 해당 IP주소로는 접속이 불가능하다. 이처럼 접속 가능한 IP주소는 언제든 바뀔 수 있다. 참고로 특정 웹사이트의 IP주소는 윈도우, 리눅스, 맥에서 'ping'이나 'nslookup' 명령어를 통해 확인할 수 있다.

기 위한 코드를 불러들인다. 이 코드는 HTML, CSS, 자바스크립트 Javascript라는 언어로 작성된다.[15]

| 다시 브라우저로 |

구글 서버가 코드를 다시 브라우저로 전송한다. 이를 '응답'이라 한다. 브라우저는 이 코드를 이용해 화면에 웹페이지의 구성요소들을 보기 좋게 표시하고 사용자가 클릭, 글자 입력 등 필요한 행위를 할 수 있게 한다.[16]

이 화면에서 링크를 클릭하거나 검색을 하면 'https://www.google.com/search?q=llama' 같은 새로운 URL로 이동한다. 그러면 위의 과정이 다시 처음부터 반복된다.

인터넷으로 정보를 전송하는 것과 핫소스를 배송하는 것의 공통점은?

이제 컴퓨터가 인터넷을 통해 웹사이트에 접속하는 원리는 이해됐을 것이다. 하지만 웹페이지, 유튜브 동영상, 페이스북 메시지가 웹사이트의 컴퓨터에서 우리의 컴퓨터로 순간이동을 하는 것은 아니다.

이번에도 역시 순차적인 과정을 거친다. 이해하기 쉽도록 핫소스가 집으로 배송되는 과정에 비유해보자.

| 핫소스 배송 |

로스앤젤레스에 사는 핫소스 마니아가 촐룰라Cholula의 대용량 핫
소스를 50병 주문했다고 치자. 참고로 촐룰라의 미국 지사는 로스앤
젤레스의 정반대편인 뉴욕에 있다.[17]

뉴욕에서 촐룰라 직원 A가 주문을 확인한다. 50병을 한 상자에 담
기는 무리라서 5병씩 10상자에 나눠 담는다. 그리고 받는 사람이 총
10상자라는 것을 알 수 있도록 상자마다 '1/10', '2/10'이라고 쓴다.
직원 A는 주문자의 주소를 모르기 때문에 상자에 주문자의 이름만
기입한다.

이제 직원 B가 A에게서 상자를 넘겨받는다. 그리고 주문자가 회
사 웹사이트 가입자임을 확인하고 데이터베이스에서 주소를 찾는
다. 상자에 주소를 적어서 우체국에 전달한다.

우체국 직원은 핫소스를 뉴욕에서 로스앤젤레스까지 직통으로 보
낼 수 없다. 거리가 너무 멀기 때문이다. 마침 하역장에 필라델피아
와 시카고행 트럭이 대기 중이다. 두 도시 모두 뉴욕보다는 로스앤젤
레스에 가까운 도시니까 경유지로 안성맞춤이다. 필라델피아행 트
럭에는 상자를 6개밖에 실을 수 없어서 나머지 4개는 시카고행 트럭
에 싣는다.

각 상자가 다음 도시에 도착하면 그곳의 우체국 직원이 다시 로스
앤젤레스에 더 가까운 도시로 보낸다. 예를 들면 시카고에서 더 서
쪽에 있는 덴버나 피닉스로 넘기는 것이다. 이런 과정을 거쳐 마침내
상자는 로스앤젤레스에 도착한 후 주문자의 집으로 배송된다.

상자마다 경유지가 다르니 도착하는 시기도 제각각이다. 하지

만 각 상자에 라벨이 붙어 있기 때문에 전부 잘 도착했는지 알 수 있다. 3번 상자가 가장 먼저 도착하고 이어서 5번, 1번, 10번, 8번, 4번, 7번, 6번, 2번 순서대로 도착한다. 잠깐, 그러면 9번은? 배송 중에 분실된 것 같다. 촐룰라에 재발송을 요청하자 얼마 후 나머지 한 상자가 도착한다. 핫소스를 원 없이 먹을 수 있게 됐다.

| TCP와 IP |

아니, 인터넷을 논하는 중에 웬 핫소스 얘기란 말인가? 사실 방금 말한 핫소스 배송 과정이 인터넷에서 정보가 전달되는 과정과 유사하다.

인터넷상의 정보는 TCP Transmission Control Protocol(전송 제어 프로토콜)와 IP Internet Protocol(인터넷 프로토콜)를 통해 이 컴퓨터에서 저 컴퓨터로 전송된다.[18] 이 두 프로토콜이 위에서 만난 촐룰라 직원들과 비슷한 역할을 한다.

보통 웹페이지는 한 번에 다 보내기엔 용량이 크기 때문에 TCP가 다수의 '패킷 packet'으로 소분한 후 각 패킷에 '1/10'과 비슷한 라벨을 붙인다.[19] 촐룰라에서 직원 A가 핫소스 병을 여러 상자에 나눠 담은 것과 같다.

그리고 나서 서버에서 사용자에게 정보를 보낼 때는 도메인 이름 서비스(DNS)를 통해 사용자의 IP주소를 찾는다.[20] 직원 B가 고객 데이터베이스에서 주문자의 주소를 찾은 것처럼 말이다.

이제 정보는 IP를 통해 사용자에게 전달된다. IP는 각 패킷이 짧은 연결로들을 경유하게 하는데 이때 이 연결로에서 저 연결로로 건너가는 과정을 '홉hop'이라고 부른다. 패킷은 어떤 길을 이용하든 간에 결국에는 목적지에 도착하게 되어 있다.[21] 우체국에서 보낸 핫소스 상자들도 시카고, 필라델피아 등 서로 다른 지역을 경유했지만 결국 에는 주문자에게 도착했다.

패킷이 사용자에게 도달하면 TCP가 원래 순서대로 재결합하고 혹시 빠진 패킷이 있다면 웹사이트에 재전송을 요청한다.[22] 주문자 가 핫소스 상자의 라벨을 보고 빠진 상자가 없는지 확인한 것과 같은 원리다.

이상이 인터넷에서 정보가 전송되는 과정을 간략히 설명한 것이 다. 핫소스를 살 때처럼 유튜브를 볼 때도 배송물이 소분되고(TCP) 다양한 경유지를 거쳐(IP) 전달된 후 원상태로 재결합된다(TCP).

우리가 인터넷에서 받는 모든 정보는 위와 같은 과정을 거친다. 노 트북에서 웹브라우저로 페이스북을 이용할 때도, 휴대폰에서 페이 스북 앱을 이용할 때도 페이스북 컴퓨터에서 나온 정보가 동일한 방 식으로 우리에게 도달한다. (우리가 아마존 에코 스피커Echo Speaker에 말할 때나 애플 워치Apple Watch를 탭tap할 때도 마찬가지다. 인터넷을 이 용하는 기기는 무엇이든 똑같은 과정을 밟는다.)

| HTTP와 HTTPS |

그러면 웹페이지를 불러오는 프로토콜인 HTTP와 HTTPS는 이 과정에서 언제 등장하는지 궁금할 것이다. HTTP와 HTTPS는 TCP 와 IP에게 지시를 내린다.[23] HTTP와 HTTPS가 "이 웹페이지를 가 져다줘"라고 말하면 TCP와 IP 콤비가 웹페이지를 가져다주는 것이

다. 핫소스 사례에 대입하면 HTTP와 HTTPS는 촐룰라 핫소스를 주문하는 사람이다. TCP는 상품을 나눠서 포장하는 직원, IP는 우체국인 셈이다.

이름이 좀 어렵긴 해도 이 4개의 프로토콜은 우리가 온라인에서 하는 거의 모든 행위의 필수 요소다.

정보는 어떻게
이 컴퓨터에서 저 컴퓨터로 이동할까?

이렇듯 정보는 TCP와 IP를 통해 작은 패킷으로 분할된 뒤 여러 컴퓨터를 경유해 목적지에 도착한다. 각 패킷은 웹사이트에서 출발해 나름의 경로를 거쳐 우리 컴퓨터나 휴대폰에 도달한다. 그러면 그 경로는 어떻게 생겼을까?

이를 알아보기 위해 우리는 샘플 패킷이 사용자 컴퓨터에서 출발해 특정한 웹사이트에 도달하는 경로를 보여주는 트레이스루트 traceroute라는 맥/리눅스Linux용 도구를 이용해보기로 했다.[24] 워싱턴에서 UCLA(캘리포니아대 로스앤젤레스 캠퍼스)의 웹사이트 'ucla.edu'로 가는 경로를 추적했다. UCLA의 서버는 로스앤젤레스에 있다. 따라서 인터넷상의 정보가 워싱턴에서 로스앤젤레스까지 전송되는 경로를 알아본 셈이다.

그 결과는 아래 그림과 같다. 각 경유지는 패킷을 다음 컴퓨터로 중계하는 컴퓨터다. 앞에서 말했다시피 컴퓨터 간의 이동을 '홉'이라

- 워싱턴(A)에서 출발한 패킷이 로스앤젤레스의 UCLA(H)에 도달하는 과정. 애슈번(B), 시카고(C), 애빌린(D), 덴버(E), 솔트레이크시티(F), 라스베이거스(G)를 거쳤다. 출처: 트레이스루트traceroute, 빙맵Bing Maps[25]

고 부른다. 홉은 우편물이 각지의 우체국을 거치는 것이나 우리가 비행기를 환승하는 것과 비슷하다.

패킷은 직선으로 날아가지 않았다. 케이블(다음 섹션에서 알아볼 것이다)을 타고 이동하기 때문에 지리적 제약을 받을 수밖에 없었다. 참고로 워싱턴에서 UCLA로 가는 우편물 역시 비슷한 경로를 밟을 수 있다.

물론 모든 패킷이 동일한 경로를 이용하진 않는다. 어떤 패킷은 외국으로 나갔다가 돌아오기도 하고 어떤 패킷은 엉뚱한 길을 한참 헤매다가 목적지에 도착하기도 한다.[26]

궁금한 사람은 온라인 트레이스루트[27]를 이용해 자신이 지정한 웹사이트까지 패킷이 이동하는 경로를 확인할 수 있다. IP주소만 입력하면 된다. 자신의 IP주소를 입력하거나[28] 23.4.112.131(매사추세츠주 소재의 mit.edu)이나 216.58.219.206(캘리포니아주 소재의 google.com) 등을 입력해보자.

지금까지 인터넷을 통해 정보가 이 컴퓨터에서 저 컴퓨터로 이동하는 과정을 알아봤다. 그런데 물리적 차원에서는 정보가 어떤 식으로 이동할까? 다음 섹션에서 알아보자.

월스트리트의 트레이더는 왜 산맥까지 뚫어가며 광케이블을 직선으로 깔았을까?

2008년에 대니얼 스피비Daniel Spivey라는 월스트리트의 트레이더 trader가 시카고상품거래소의 소재지인 시카고 사우스루프South Loop 와 나스닥Nasdaq 서버의 소재지인 뉴욕 외곽을 거의 직선으로 연결하는 약 1,300킬로미터의 광케이블을 설치했다. 스피비에게는 직선이 중요했다. 그래서 공사팀이 훨씬 쉬운 길, 우회로를 놔두고 펜실베이니아주의 앨러게니산지Allegheny Mountains를 뚫고 케이블을 깔아야 했다. 총공사비는 무려 3억 달러.[29]

도대체 왜, 굳이 직선이어야 했을까?

| 인터넷 케이블 |

먼저 케이블이 왜 중요한지 따져보자. IP를 통해 전송되는 정보는 장거리 지하 케이블을 타고 이동한다.[30] (인터넷은 테드 스티븐스의 말

처럼 긴 수송관의 집합체가 아니라 긴 케이블의 집합체다!)

이때 많이 쓰는 케이블이 광케이블이다. 버라이즌의 파이오스FiOS
가 광케이블을 사용하는 대표적인 인터넷 상품이다.[31] 광케이블은
유리로 제작되고 머리카락만큼 가늘다.[32] 그리고 광케이블로 바다를
만든다면 바닥이 다 보일 만큼 투명하다.[33]

컴퓨터는 모든 정보를 1과 0의 조합으로 저장한다. 미국인이 알
파벳 26자의 조합으로 글을 저장하는 것과 비슷하다. 컴퓨터가 다
른 컴퓨터로 정보를 전송하려면(TCP, IP, HTTP/HTTPS를 통해서) 이
1과 0의 조합이 케이블을 타고 이동해야 한다. 이때 컴퓨터는 그 조
합을 짧은 빛 신호로 전환한다. 예를 들어 빛을 0.01초간 켜면 1이
되고 0.01초간 끄면 0이 되는 식으로 전환할 수 있을 것이다. 이 빛
신호가 광섬유 케이블을 통해 전송된다. 광섬유는 투명한 유리로 만
들어졌기 때문에[34] 정보가 광속의 3분의 2에 달하는 엄청난 속도로
이동한다.[35]

그러니까 정보가 인터넷에서 순간이동을 하는 것처럼 보여도 실
제로는 장거리 지하 케이블을 통해 이동한다. 그리고 두 지점 간의
최단거리는 직선이므로 직선에 가까운 케이블을 이용할수록 인터넷
속도가 빨라진다. 초고속 인터넷을 싫어할 사람은 없겠지만 무려 산
맥까지 뚫어가며 케이블을 까는 사람은 어떤 사람일까? 이제부터 만
나보자.

| 초단타매매 |
초단타매매자들high-frequency traders은 소프트웨어의 힘을 빌려 미

국 금융의 양대 산맥인 뉴욕과 시카고에서 초고속으로 주식과 선물 같은 금융상품을 매매한다.[36] 두 도시의 거래소 사이에서 생기는 미소한 가격 차이를 이용해 수익을 올리는 매매법이다. 예를 들면 뉴욕에서 1달러에 매수한 주식을 시카고에서 1.01달러에 매도하는 식이다. 티끌 모아 태산이라고 이런 거래를 하루에 수백, 수천만 번씩 반복해서 큰돈을 챙긴다.[37] 이를 전문용어로 '차익거래'라고 하는데 먼저 잡는 사람이 임자인 만큼 눈 깜짝할 사이에 그 기회가 사라져버린다. 그 기회를 놓치지 않으려면 당연히 눈 깜짝할 사이에 거래가 가능한 인터넷 속도가 요구된다. 그래서 100만분의 1초라도 우위를 점하기 위해 목숨을 건다.[38]

초단타매매자들은 경쟁자들을 제치고 막대한 수익을 거두기 위해 세상에서 가장 빠른 인터넷망이 필요하다. 그런데 정보는 거대한 케이블을 타고 이동하므로 가장 직선에 가까운 케이블이 가장 빠르다.[39]

그러면 다시 처음의 질문으로 돌아가보자. 왜 대니얼 스피비는 어마어마한 돈을 부어가며 최대한 직선에 가까운 케이블을 깔았을까? 그 이유는 금융계의 양대 도시를 연결하는 인터넷 속도를 극대화해 초단타매매에서 우위를 점하기 위해서다. 스피비의 케이블은 역대 최고 기록을 갈아치웠다. 이 케이블은 뉴욕에서 시카고까지 단 13밀리초 만에 정보를 전송한다. 이전의 최고 속도보다 무려 3밀리 초나 빠르다.[40] 일반인이 보기에는 아주 미세한 차이 같아도 초단타매매자들은 이 케이블을 쓰기 위해 거액의 지출을 마다하지 않았다. 초기 가입자 200명이 지불한 비용이 도합 28억 달러에 이르렀다.[41]

광케이블의 전송 속도는 광속의 3분의 2라고 했다. 하지만 이 정도로도 성에 안 차는 트레이더들이 여전히 존재한다. 그래서 2014년에 한 회사에서 거대한 레이저건laser gun으로 허공에 정보를 발사해서 뉴욕과 시카고를 오가게 하는 실험을 시작했다. 빛은 유리보다 공기를 매개로 할 때 더 빨리 이동하므로 이 실험이 성공하면 정보가 훨씬 빠른 속도로 전송되고 아마도 그 속도를 이기기란 거의 불가능해질 것이다.[42]

하지만 지금으로서는 케이블이 최선이다. 그리고 우리가 케이블을 이용하는 한 대니얼 스피비처럼 속도에 집착하는 월스트리트 트레이더는 언제나 존재할 것이다.

2부

—

IT 업계의 핫이슈

5장

클라우드 컴퓨팅

멀리 갈 것 없이 2000년대 초반만 해도 블록버스터Blockbuster*
매장에서 영화를 빌리고, 베스트바이Best Buy** 매장에서 포토샵
Photoshop과 마이크로소프트 오피스를 구입하고, 회사의 거대한 전
산실에 업무용 파일이 저장됐다. 반면에 요즘은 넷플릭스로 온라인
에서 영화를 보고, 포토샵 등 각종 앱을 월구독제로 이용하고, 드롭
박스나 아마존 웹 서비스 등을 통해 원격지의 거대한 컴퓨터에 업무
용 파일을 저장한다.

그런데 이 같은 변화에는 한 가지 공통점이 있다. 바로 '클라우드
cloud'를 이용한다는 점이다. 물론 하늘에 떠 있는 구름을 말하는 것
은 아니다. 이제부터 그 클라우드란 게 무엇인지 알아보자.

구글드라이브와 우버의 공통점은?

차를 사면 유지비가 많이 든다. 연료비, 보험료, 수리비, 세금 같은
명목으로 해마다 8천 달러씩 나간다.[1] 하지만 여기저기 편하게 다니
려면 자가용은 필수다.

잠깐, 정말로 그럴까?

이제는 우버, 리프트Lyft, 집카Zipcar 같은 승차공유 앱으로 필요할
때만 차를 빌릴 수 있다. 탈 때만 돈을 내면 되기 때문에 평소에 운전

---

* 미국의 비디오 대여업체.
** 미국의 전자제품 유통업체.

을 많이 하지 않는다면 자가용보다 여러모로 낫다. 연간 주행거리가 15,000킬로미터 이하라면 차를 사는 것보다 우버를 이용하는 게 더 저렴하다.[2] 우버는 언제 어디서든 부를 수 있지만 자가용은 근처에 있을 때만 이용할 수 있다. 더군다나 우버는 내 차가 아니니까 수리, 주유, 도난에 신경 쓸 필요가 없다.[3]

그런데 이게 IT 업계의 변화와 무슨 상관일까? 현재 IT 업계는 자가용에서 우버로 넘어가는 것과 같은 전환점을 지나고 있다.[4]

| 기존 방식 vs 클라우드 컴퓨팅 |

기존에는 마이크로소프트 워드 같은 앱을 구입하고 노트북에 파일을 저장했다. 말하자면 차를 소유하는 것과 같았다. 마음대로 사용할 수 있는 대신 스스로 관리 책임을 져야 했다. 하드드라이브가 파손되거나 노트북을 분실하면 차가 고장나거나 도난당했을 때처럼 난감했다. 그리고 사용량에 상관없이 누구나 동일한 비용을 지불해야 했다. 워드로 글을 쓰는 전업 작가와 가끔 메모만 하는 사람이 똑같은 돈을 냈다.

그런데 2000년대 중반부터 웹브라우저에서 구글문서 같은 앱을 이용할 수 있게 되는 한편 구글드라이브Google Drive를 통해 온라인에 파일을 저장할 수 있게 됐다. 구글드라이브에 저장된 파일은 인터넷에 연결된 기기만 있으면 어디서든 이용할 수 있고, 구글문서는 구글 계정에만 로그인하면 브라우저나 휴대폰의 종류를 가리지 않고 작동한다. 그래서 노트북이 트럭 바퀴에 깔리는 불상사가 생겨도 다른 사람의 컴퓨터를 빌려서 로그인하면 아무 일 없었던 것처럼 파일을 열 수 있다. 비용은 필요한 만큼만 내면 된다. 구글드라이브는 기본적으로 15GB의 저장공간을 무료로 제공하고 몇 달러만 더 내면 용량을 추가할 수 있다.[5] 한마디로 우버와 같다. 어디서든 이용할 수 있고, 아무것도 소유할 필요가 없으며, 딱 필요한 만큼만 돈을 내고 쓰면 된다.

이렇게 앱과 파일을 개인의 컴퓨터가 아닌 온라인에 저장하는 새로운 방식을 '클라우드 컴퓨팅cloud computing'이라 부른다.[6] 마이크로소프트 워드와 하드드라이브가 기존의 방식을 대표한다면 구글문서와 구글드라이브는 클라우드 컴퓨팅의 대표 주자다.

말하자면 클라우드 컴퓨팅은 컴퓨터계의 우버다.[7] 이제는 자가용이나 컴퓨터를 소유하지 않고 인터넷만 연결되면 언제 어디서든 차량이나 파일을 이용할 수 있는 시대가 열렸다.

클라우드 컴퓨팅은 우리 주변에서 쉽게 접할 수 있다. 지메일이 대표적인 예다. 지메일 사용자는 마이크로소프트 아웃룩Outlook 같은 앱을 통하지 않고 웹에서 이메일을 읽고 쓴다.[8] 스포티파이 사용자는 음악을 다운받을 필요 없이 바로 인터넷에서 듣는다. 아이폰은 문자메시지와 파일이 애플의 아이클라우드에 저장되기 때문에 폰을 바꿔도 쉽게 복원된다. 이런 예는 찾으려면 얼마든지 찾을 수 있다.

클라우드 속에 있는 것은 실제로 어디에 존재할까?

브라우저로 구글드라이브에 접속하면 저장된 파일이 나타난다.

스포티파이에서 버튼을 탭하면 음악이 연주된다. 그런데 스프레드시트spreadsheet와 음악 등 모든 파일은 어딘가의 컴퓨터에 0과 1의 조합으로 존재한다. 그러면 우리의 컴퓨터에 없는 파일은 어디에 있는 걸까?

IT 전문가들에게 물으면 클라우드에 있다고 대답할 테지만 그런 말로는 의문이 해결되지 않는다.[9] 요즘 유행하는 이 클라우드란 말은 도대체 무슨 의미일까?

| 데이터센터 |

클라우드는 한마디로 남의 컴퓨터다. 구글드라이브에서 구글문서를 생성하면 모든 글자와 사진이 사용자의 컴퓨터가 아닌 구글의 컴퓨터에 저장된다. 지메일을 실행할 때도 메일을 처리하는 것은 사용자의 컴퓨터가 아닌 구글의 컴퓨터다.

여기서 '구글의 컴퓨터'란 구글 직원의 노트북을 가리키는 게 아니다. 사용자가 생성한 구글문서는 구글의 '서버'에 저장된다. 서버란 데이터를 저장하고 앱과 웹사이트를 구동하는 데 특화된 고성능 컴퓨터다. 연산 능력만 활용하기 때문에 보통은 키보드, 마우스, 스크린이 달려 있지 않고 아이튠스iTunes나 크롬 같은 앱도 깔려 있지 않다. 그리고 구글드라이브와 지메일 같은 서비스가 연중무휴로 돌아가야 하기 때문에 서버는 항상 전원이 켜져 있다(적어도 의도적으로 끄진 않는다).[10]

일반적으로 서버는 '데이터센터data center'라고 하는 거대한 건물에 여러 대가 가지런히 배치되어 있다. (서버의 집합체를 '서버팜server

farm'이라고 부른다.) 데이터센터는 아무 건물에나 만들 수 없다. 서버의 발열이 심하기 때문에 강력한 냉방 시스템이 필요하고 정전에 대비해 보조 발전기가 있어야 하기 때문이다.[11]

| 프론트엔드와 백엔드 |

서버는 앱과 웹사이트에 요구되는 다양한 연산 작업을 수행한다. 사용자가 구글문서에 접속해 문서를 열 때마다 구글은 서버에서 데이터를 불러와서 표시한다. 스포티파이의 음악 파일도 스포티파이가 임차한 서버에 저장되어 있다.[13] 사용자가 스포티파이에서 음악을 들으려고 하면 웹브라우저가 스포티파이 서버에 요청해서 받은 음악 파일이 재생된다.[14] 이때 스포티파이 앱이나 웹브라우저의 탭을 '프론트엔드frontend', 스포티파이의 서버를 '백엔드backend'라고

부른다.[15]

보통은 프론트엔드보다 백엔드의 보안성이 더 강하다. 프론트엔드는 사용자가 주 관리자이지만 백엔드는 앱 개발자가 주 관리자이기 때문이다. 그래서 비밀번호나 데이터베이스와 관련된 작업은 대부분 서버에서 수행되고[16] 사용자의 입력을 받는 인터페이스는 주로 프론트엔드에서 그려진다.[17] 예를 들어 지메일에서 메일 송수신, 검색과 관련된 코드는 구글 서버에서 작동되고, 사용자가 웹브라우저에서 클릭하는 버튼은 단순히 서버에 무엇을 하라고 전달하는 기능만 할 뿐이다.[18]

| 클라우드의 장단점 |

단순히 말해 클라우드 컴퓨팅은 멀리 떨어진 기업의 서버에서 파일을 저장하고 앱을 구동하는 것이다. 그 편리함은 이루 말할 수가 없다. 드롭박스를 쓰면 굳이 자신의 메일주소로 파일을 보낼 필요가 없고 고릴라가 노트북을 때려 부수어도 파일은 무사하다.[19] 하지만 위험성도 엄연히 존재한다.

첫 번째는 보안 문제다. 타인의 컴퓨터에 파일을 저장할 때 우리는 파일이 안전하게 보호될 것이라고 믿는다. 하지만 그런 믿음이 깨질 때도 있다. 2014년에 해커들이 드롭박스와 유사한 애플의 온라인 백업 서비스인 아이클라우드를 해킹해서 할리우드 배우들의 누드 사진이 유출되는 사건이 있었다.[20]

하지만 이후 애플은 아이클라우드의 보안성을 강화했고[21] 현재 대부분의 클라우드 업체는 막강한 보안을 자랑한다. 가령 구글 데이터센터에서는 하드드라이브를 폐기할 때 아무도 그 속의 데이터에 접근할 수 없도록 직원이 하드드라이브를 문자 그대로 '박살'낸다. 구글 데이터센터는 '전용 디지털 출입카드, 경보 장치, 차량 진입 방지 장치, 울타리, 금속탐지기, 생체인식 장치'로 침입자를 막는다. 바닥에는 007 영화에서나 볼 법한 '레이저빔 침입 감지기'까지 설치되어 있다.[22] 클라우드 업체들이 사용자의 정보를 안전히 보관하기 위해 이 정도로 공을 들이는 만큼 보통은 개인 컴퓨터보다 클라우드에 저장된 정보가 더 안전하다고 볼 수 있다.[23]

두 번째는 사생활 침해의 위험성이다. 타인의 컴퓨터에 파일을 저장할 때 우리는 부디 다른 사람이 접근할 수 없기를 바란다.[24] 그런 걱정은 당연하다. 미국 법원이 구글과 마이크로소프트의 서버에 저장된 메일을 확보하려고 했던 적이 한두 번이 아니기 때문이다.[25] 그때마다 마이크로소프트[26]와 구글[27]은 법원의 요구를 거부했다.

세 번째는 인터넷 접속과 관련이 있다. 트위터, 구글지도 등 주로 쓰는 앱이 모두 웹 앱이라면 인터넷에 접속할 수 없을 때(예: 비행기에 탔는데 와이파이 이용료가 말도 안 되게 비쌀 때)는 뭘 하려야 할 수가 없다.[28] 하지만 많은 앱이 오프라인에서도 작동하도록 개선되고 있다. 구글문서와 지메일만 해도 제한적이나마 오프라인에서 사용 가능하고[29] 여러 게임과 생산성productivity 앱*이 구글 크롬에서 실행되는 오프라인 버전을 제공한다.[30]

그러니까 위험 요소가 없진 않아도 그 편의성과 보안성을 생각하

---

* 문서 편집 앱, 메모 앱, 메일 앱, 일정 관리 앱 등 업무의 생산성을 향상하는 앱.

면 클라우드는 전반적으로 훌륭한 방식이다.

왜 포토샵을 소유할 수 없게 되었을까?

사진편집기의 대명사로 불리는 어도비 포토샵Adobe Photoshop은 1990년에 처음으로 등장했다. 당시에는 컴퓨터 가게나 취미용품점에서 플로피디스크floppy disk에 담긴 포토샵을 살 수 있었다.[31] 이후 매체가 CD로 바뀌었고 시간이 더 흐르자 온라인에서 바로 다운받을 수 있게 됐다.[32]

설치 방식이야 어떻든 간에 포토샵을 이용하려면 '영구 라이선스'를 구매해야 했다. 영구 라이선스란 소프트웨어가 영구적으로 사용자에게 귀속된다는 뜻이다.[33] 2012년에 출시된 포토샵 CS6의 정가

• 1990년에 출시된 포토샵 최초 버전의
  정품 박스와 플로피디스크

출처: 컴퓨터 히스토리ComputerHistory[35]

는 700달러였다.[34]

그런데 2013년에 어도비가 대전환을 선포했다. 포토샵을 포함한 '크리에이티브 제품군Creative Suite'을 더 이상 소유할 수 없게 된 것이다. 대신 포토샵을 무료로 다운받을 수 있게 됐지만 계속 사용하려면 크리에이티브 클라우드Creative Cloud라는 구독 서비스에 가입해서 매달 20달러씩 내야 한다.[36] 이처럼 '빌려 쓰는' 소프트웨어를 서비스형 소프트웨어software-as-a-service, 줄여서 사스SaaS라고 한다.[37] 차를 구입하지 않고 리스lease하는 것과 같다.

SaaS 포토샵을 사용하는 방법은 이렇다. 먼저 사용자가 포토샵을 다운받은 후 라이선스키license key(제품키)를 입력한다. 그러면 포토샵이 어도비 서버에 접속해 라이선스키의 유효성을 확인한다. 이렇게 유료 사용자인지 확인하는 작업이 매달 반복된다.[38] 예전 방식과 비교해보면 포토샵이 사용자의 컴퓨터에서 구동되는 것은 똑같고 클라우드를 통해 구독 인증을 한다는 점만 다르다.[39] 하지만 구독 기간이 만료되면 포토샵이 파업에 들어간다!

| 어도비의 이득 |

어도비가 포토샵을 구독형, 즉 서비스형 소프트웨어로 전환한 것은 현명한 선택이었다. 일단 이전보다 안정적인 매출이 나온다는 점에서 그렇다. 기존에는 몇 년에 한 번씩 새 버전을 출시할 때만 돈이 들어왔지만 이제는 매달 구독료가 들어온다.[40] 그리고 매달 라이선스를 확인하기 때문에 불법복제를 막는 것도 한결 수월해졌다.[41] 또한 포토샵이 주기적으로 인터넷에 접속하기 때문에 예전처럼 어쩌

다 한 번씩 대대적인 업그레이드판을 내놓는 게 아니라 수시로 업데이트를 제공하고 버그를 고칠 수 있게 됐다. 그래서 고객 만족도가 높아지고 보안 문제가 한층 신속하게 해결된다.[42] (이런 개발 방식을 '애자일 개발agile development'이라고 부른다.)

물론 이런 변화에 논란이 없었던 것은 아니다.

| 고객의 불만 |

처음에는 고객의 불만이 속출했다. 많은 사람이 어도비가 업그레이드를 강요하고 고객의 주머니를 털려고 혈안이 됐다고 비난했다.[43] 어느 유명 블로거는 "소프트웨어 역사상 최악의 야바위"라고 혹평했고[44] 소비자단체에서는 "약탈"이라는 표현까지 썼다.[45]

하지만 분노는 금세 잦아들고 사람들은 앞다투어 클라우드 포토샵을 이용하기 시작했다.[46] 그 덕분에 1년 만에 어도비의 매출이 70%나 증가했다.[47]

이런 인기의 비결은 무엇일까? 첫째, 구독형 서비스에 가입하면 추가 비용 없이 지속적으로 업데이트를 받을 수 있다.[48] 둘째, 신규 사용자가 포토샵을 이용하기가 더 쉬워졌다. 전에는 마지막 판매 버전을 기준으로 700달러를 주고 제품을 구입해야 했지만 이제는 1개월 무료 사용 기간이 주어지고 처음 1년 동안은 이용료가 240달러다.[49] 셋째, 크리에이티브 클라우드를 이용하면 추가 비용 없이 포토샵 파일을 클라우드에 저장해서 번거로운 과정 없이 어떤 기기에서나 편집할 수 있다.[50]

구독형 서비스가 초기 논란이 무색하게 어도비의 새로운 시도는 크

게 성공해서 1년 만에 주가가 2배로 상승하고 매출이 70% 올랐다.[51]

| 왜 이제서야? |

이 대목에서 포토샵을 구독형(서비스형) 소프트웨어로 제공하는 게 그렇게 이득이라면 진작 그렇게 하지 왜 22년(1990~2012년)이나 걸렸는지 궁금할 수도 있겠다. 그 이유는 두 가지다.

첫째, 서비스형 소프트웨어는 인터넷에 100% 의존한다. 다시 말해 인터넷에 접속할 수 있는 사람만 이용할 수 있다. 우리가 지금처럼 인터넷이 당연시되는 세상에 살게 된 것은 최근의 일이다. 1997년 가정에서 인터넷을 이용할 수 있는 미국인은 18%에 불과했으나 2011년에는 4배로 증가한 72%였다.[52] 바야흐로 소프트웨어를 인터넷에서만 판매해도 되는 시대가 열린 것이다.

둘째, 클라우드 플랫폼인 크리에이티브 클라우드를 개발하는 데 오랜 시간이 걸렸다. 2011년에 크리에이티브 클라우드가 출범한 후에야[53] 포토샵이 구독형으로 전환될 수 있었다.

| SaaS의 다른 예 |

지금까지 포토샵 위주로 말했지만 사실 이 비즈니스 모델은 이미 널리 보급되어 있다. SaaS는 서비스형 소프트웨어라는 이름에서 알 수 있듯이 고객에게 구독료를 받고 인터넷으로 소프트웨어를 제공하는 비즈니스 모델이다.[54] SaaS 앱은 주로 온라인에서 구동되지만 다 그렇진 않다. 포토샵만 해도 구독형 모델임에도 사용자의 컴퓨터에서 구동된다.[55]

그 밖에도 SaaS의 예는 얼마든지 찾아볼 수 있다. 드롭박스는 매달 몇 달러의 이용료를 받고 서버의 저장공간을 테라바이트 급으로 빌려준다.[56] 스포티파이는 월 이용료를 받고 무제한으로 음악을 제공한다.[57] 지메일의 경우, 개인은 무료지만 기업은 구글 워크스페이스Google Workspace 이용료를 내고 웹 기반 이메일 서비스를 무제한으로 이용할 수 있다.[58] 마이크로소프트 엑셀의 SaaS 버전이라고 할 구글 스프레드시트는 기본적으로 무료지만 한 달에 몇 달러를 내면 구글드라이브의 저장공간을 추가로 확보할 수 있다.[59]

이 같은 SaaS 앱들의 공통점은 무엇일까? 웹브라우저를 통해 이용할 수 있고 데이터가 다른 기업의 서버에 저장된다는 점이다. 바꿔 말하자면 SaaS는 클라우드에서 구동되는 앱의 다른 이름이다.[60]

그러면 처음의 질문으로 돌아가 보자. 왜 포토샵을 소유할 수 없게 되었을까? 포토샵이 SaaS로 진화해서 빌리는 것만 허용되기 때문이다. 평소에 자주 사용하는 앱들을 생각해보면 SaaS의 예를 더 많이 발견할 수 있을 것이다.

마이크로소프트는 왜 스스로 오피스를 비웃는 광고를 내보냈을까?

2019년에 마이크로소프트는 오피스 최신판인 오피스2019를 오피스365와 비교하는 이상한 시리즈 광고를 내보냈다.[61] 오피스 2019는 한번 구입하면 영구적으로 사용할 수 있지만 업그레이드가 안 되는 제품이고, 오피스365는 구독료를 내는 대신 꾸준히 업그레이드되고 추가 기능도 제공된다.

광고에는 쌍둥이가 등장한다. 둘이 똑같은 작업을 수행하지만 한 명은 2019년 버전 오피스 앱(예: 엑셀)을, 다른 한 명은 365 버전을 이용한다. 그리고 매번 365 버전을 쓰는 쪽이 365의 특수 기능 덕분에 일찍 작업을 끝내고 줄넘기를 하거나 채소를 썰거나 과일을 가는 모습을 보여주면서 광고가 끝난다.[62]

마이크로소프트는 왜 이런 식으로 자사의 제품을 조롱하는 광고를 내보냈을까?

| 세월 박제 버전 |

오피스2019에 포함된 워드, 파워포인트 등 마이크로소프트의 대표적 생산성 앱은 모두 '세월에 박제된frozen-in-time' 버전이다. 무슨 말인가 하면 한번 구입하면 영구적으로 소유할 수 있지만 업그레이드가 되지 않는 옛날 방식이라는 말이다.[63] 당시 오피스2019는 3년 주기로 출시되던 전통적 라이선스형 오피스의 오랜 계보를 잇는 최신판이었다. (2010년 이전의 오피스는 세월 박제 버전밖에 존재하지 않았다.)[64]

반면에 오피스365는 서비스형 소프트웨어다. 매년 이용료를 내는 대신 꾸준히 업그레이드되고 인공지능 보조 기능, 모바일 앱 전용 기능을 이용할 수 있으며 마이크로소프트의 클라우드 저장 시스템인 원드라이브OneDrive의 무료 공간이 제공된다.[65]

짐작하다시피 마이크로소프트의 광고는 오피스365가 오피스

2019보다 우월하다고 말하는 것이었다. 실제로 추가 기능과 지속적 업그레이드는 소비자에게 큰 이득이 된다. 하지만 마이크로소프트가 오피스365를 미는 진짜 이유는 자사에 큰돈이 되기 때문이다.[66] 오피스365가 세월 박제 버전보다 수익성이 좋다.[67] 그 이유는 아마도 오피스365는 고객이 일부러 취소하기 전에는 기본적으로 계속 이용료를 내는 방식인 반면에, 세월 박제 버전은 고객이 일부러 업그레이드(즉 재구매)하기 전에는 기본적으로 구버전을 계속 사용하는 방식이기 때문일 것이다. 말하자면 오피스365 사용자는 세월 박제 버전의 사용자와 반대로 계속 돈을 내는 게 기본이기 때문에 대부분의 사용자가 계속 돈을 낸다.

마이크로소프트의 입장에서 오피스365의 장점은 그뿐만이 아니다. 오피스365를 구독하는 기업에는 애저Azure 같은 다른 구독형 서비스도 추가로 판매하기가 한결 쉬워진다.[68] 더 나아가 기업용 메신저인 팀즈Teams를 비롯해 여타 클라우드 기반 생산성 도구 역시 사용하도록 유도함으로써 고객사를 마이크로소프트 생태계에 붙들어 매는 결과를 가져온다.[69]

| 왜 두 버전을 다 판매할까? |

그러면 당연히 생기는 의문이 있다. 오피스365가 그렇게 좋다면 왜 굳이 세월 박제 버전을 유지하는 걸까? 그 이유는 아무래도 여전히 구독형 소프트웨어에 반감을 가진 사용자가 존재하는 만큼[70] 강제로 고객을 전환하려다가 역풍을 맞을 수 있기 때문인 것 같다. '레거시legacy'* 오피스를 일거에 없애지 않고 서서히 폐기하면 당장 고

객의 불만이 터져 나오는 것을 막고 점진적으로 사용자를 수익성이 더 좋은 오피스365로 전환할 수 있다.

아마존 웹 서비스는 어떤 서비스일까?

지금까지 살펴본 구글문서, 스포티파이 같은 서비스형 소프트웨어는 소비자용 소프트웨어 시장에서 날로 인기가 높아지고 있다. 하지만 그것만으로 클라우드에 대한 설명을 끝낸다면 반쪽짜리 설명에 불과하다. 방대한 데이터와 사용자를 보유한 대기업과 IT 기업 역시 클라우드로 전환 중이기 때문이다.

대형 웹사이트나 앱을 구동하려면 대량의 데이터와 연산 작업을 처리하기 위한 고성능 서버가 필요하다. 하지만 서버 제품은 소비자용 노트북이나 휴대폰과 달리 가격이 저렴하지 않고 운용하는 것도 쉽지 않다. 직접 서버를 운용하려면 IP주소를 설정하고, 아파치 Apache 같은 복잡한 서버 소프트웨어를 설치하고, 발열을 관리하고 (생각만큼 간단치 않다[71]), 소프트웨어를 항상 최신 버전으로 유지해야 한다.[72] 때에 따라서는 서버 전담 인력이 필요할 수도 있다.[73] 한마디로 고생이다.

하지만 그런 번거로운 과정 없이 서버를 빌려서 쓴다면 어떨까? (굳이 차를 소유하지 않고 우버를 이용하는 것과 같다.) 그것을 가능케

✳ 구형 하드웨어나 소프트웨어.

하는 것이 바로 클라우드 컴퓨팅 서비스다.

클라우드 컴퓨팅 서비스 중에서는 아마존 서버를 빌리는 아마존 웹 서비스Amazon Web Services, AWS가 가장 유명하다.[74] AWS는 사실 여러 앱의 집합체인데 그중에서 가장 인기 있는 것은 일래스틱 컴퓨트 클라우드Elastic Compute Cloud, EC2와 심플 스토리지 서비스Simple Storage Service, S3다.[75] 간단히 설명하자면 EC2는 아마존 서버에서 앱의 코드를 실행할 수 있는 서비스이고[76], S3는 아마존 서버에 앱의 데이터를 저장할 수 있는 서비스다.[77]

아마존의 제품도 모두 AWS 상에서 구동된다. 우리가 상품을 구입하는 아마존닷컴 웹사이트만 해도 S3와 EC2 기반이다. 사실 아마존이 2000년에 AWS를 구축한 이유가 다름 아닌 자사의 소프트웨어 개발팀들이 공동으로 사용할 도구를 만들기 위해서였다. 이후 다른 기업들도 그런 도구에 대한 수요가 있을 것으로 판단해 2006년에 AWS라는 이름으로 서비스를 개시했다.[78] 요컨대 AWS로 앱을 개발하면 아마존의 방대한 시스템을 구축하는 데 사용된 도구를 그대로 빌려 쓰는 셈이다.

| 클라우드의 이점 |

앞에서 넌지시 말했지만 AWS로 서버를 빌리면 직접 서버를 운용할 때보다 훨씬 편하다. 아마존이 업데이트, 보안을 포함해 유지보수 문제를 전적으로 책임지기 때문이다. 고객은 아마존이 보유한 무수한 서버 중에서 필요한 만큼만 돈을 내고 빌려 쓰면 된다. 게다가 아마존의 서버가 워낙 많다 보니까 규모의 경제 효과가 생겨서 비용도

절감된다.[79] 그 효과는 실로 어마어마하다. 한 의료연구 스타트업은 자체 서버를 운용하려면 서버 구입에만 100만 달러가 필요했지만 AWS를 통해 월 25,000달러로 해결했다.[80]

AWS는 보안에도 강하다. 소니Sony, 타깃Target, 홈디포Home Depot 는 모두 AWS를 이용하지 않고 자체 서버를 운용하다가 해킹으로 고객 데이터가 유출되는 불상사를 겪었다.[81] (아마존과 홈디포 중에서 과연 어느 회사가 온라인 보안 전문가를 더 많이 보유하고 있을까?)

AWS의 또 다른 강점은 안정성이다. 기업은 웹사이트나 앱이 다운되면 바로 타격을 입는다. 하지만 AWS 같은 클라우드 컴퓨팅 서비스는 서버가 중단되지 않게 하는 기술력을 갖췄다. AWS는 세계 곳곳의 데이터센터에 앱과 데이터를 복사해두기 때문에 자연재해로 어딘가의 데이터센터가 파괴되거나 서버 몇 대가 다운되어도 문제없다.[82] 반대로 자체 서버를 운용할 때는 하나밖에 없는 데이터센터가 무사하기만을 빌어야 한다. 인베스토피디아Investopedia를 인용하자면 "만일 넷플릭스가 인사 자료, 콘텐츠, 데이터 백업본을 한곳에 집중시켜 놨는데 하필 그 지역에 허리케인 경보가 뜬다면 그야말로 난리가 날 것"이다.[83] AWS 같은 클라우드 플랫폼을 이용한다면 그럴 때도 크게 걱정할 필요가 없다.

| SaaS, IaaS, PaaS |

현재 AWS가 시장점유율 34%로 독보적이긴 하지만 경쟁자가 없진 않다. 비록 점유율이 3배 정도 차이나긴 해도 시장 2위인 마이크로소프트 애저가 엄연히 존재한다.[84] 그 밑에 구글클라우드 플랫폼도 있다.[85] 세 회사 모두 자사의 앱에서 사용되는 기술을 다른 앱 개발자들에게 제공한다. 예를 들어 구글클라우드 플랫폼을 이용하면 유튜브에 사용되는 기술을 똑같이 쓸 수 있다.[86]

앞에서 빌려 쓰는 웹 앱을 SaaS라고 부른다고 했다. 마찬가지로 클라우드 컴퓨팅 서비스의 줄임말도 존재한다. AWS, 애저, 구글클라우드 플랫폼처럼 앱 구동용 서버를 빌려주는 서비스를 서비스형 인프라infrastructure-as-a-service, 줄여서 IaaS('이아스'라고 발음한다)라고 한다.[87]

그리고 IaaS와 SaaS의 중간쯤에 있는 서비스형 플랫폼platform-as-a-service, 줄여서 PaaS('패스'라고 발음한다)라는 클라우드 서비스도 존재한다.[88] 일반적으로 PaaS는 데이터베이스, 고급 분석 도구, 운영 체제 등 유용한 기능이 함께 제공된다.[89] PaaS를 사용하면 클라우드에 웹사이트를 구축하기가 더욱더 쉬워진다. PaaS의 대표적인 예로는 AWS만큼 유명하진 않지만 헤로쿠Heroku라는 서비스가 있다. 헤로쿠는 코드만 전송하면 자동으로 웹사이트가 구축되기 때문에 훨씬 손이 덜 간다.[90] (IaaS인 AWS로도 웹사이트를 쉽게 구축할 수 있지만 PaaS는 더 쉽다.)

그러면 SaaS, IaaS, PaaS의 차이점은 무엇일까? 요리에 비유하자면 SaaS는 식당이다. 종업원에게 원하는 요리를 주문하면 가져다준다. IaaS는 임대형 주방이다. 공간만 빌려주기 때문에 재료와 조리도구를 가져와서 직접 조리해야 한다. PaaS는 SaaS와 IaaS의 사이에 있다. 재료와 레시피를 넘기면 대신 조리해준다.

정리해보자. 아마존 웹 서비스는 무엇인가? 한마디로 IaaS다. 물론 이렇게만 말하면 이해하기가 어려우니까 풀어서 설명하자면, 아마존 서버를 빌려서 직접 서버를 운용할 때보다 훨씬 저렴하고 쉽고 빠르게 앱을 출시할 수 있게 해주는 서비스라고 하겠다.

넷플릭스는 신작 공개일에 폭증하는 시청자를 어떻게 감당할까?

2015년 3월 어느 일요일, 넷플릭스가 초히트작 〈하우스 오브 카드House of Cards〉의 시즌3을 공개하자 전 세계에서 접속자가 몰리면서 넷플릭스의 데이터 전송량, 즉 트래픽traffic이 여느 일요일보다 30%나 증가했다.[91] 말이 30%지, 2015년에 넷플릭스가 전체 인터넷 트래픽 중 37%를 발생시켰다는 점을 고려하면 실로 어마어마한 규모였다.[92] (이런 일이 그때만 있었던 것은 아니다. 2015년 4월에 HBO가 〈왕좌의 게임Game of Thrones〉 시즌5를 공개했을 때는 트래픽이 무려 300%나 폭증했다.)[93] 그러면 넷플릭스는 그 어마어마한 트래픽을 무슨 수로 다 감당했을까?

먼저 넷플릭스가 어떻게 웹사이트를 운영하는지 보자. 2008년에 넷플릭스는 자체 서버를 운용했지만 이후 점진적인 이전 작업을 거쳐 2016년에 AWS로 완전히 이주했다.[94] 넷플릭스 입장에서 자체 서버보다 AWS가 좋은 이유는 크게 세 가지였다.

첫째 이유는 탄력성이다. 자체 서버를 운용했을 때는 최대사용량을 감당할 수 있을 만큼 서버를 보유해야 했다. 문제는 일시적으로 최대사용량이 발생하는 시간을 제외하면 서버 대부분이 유휴 상태라서 비용이 낭비된다는 점이었다.[95] 하지만 AWS 같은 클라우드 서비스를 이용하면 하루 중 앱의 사용량 변화에 맞춰 앱에 배정되는 컴퓨터 자원도 증가하거나 감소하기 때문에 딱 사용한 만큼만 비용이 나간다.[96] 이게 바로 탄력성이다.

비유하자면 점심때만 손님이 몰리고 나머지는 한가한 식당이 있다고 해보자. 모든 종업원의 근무 시간이 동일하다면 점심시간에 필요한 인원만큼 종업원을 고용해야 한다. 그러면 다른 시간에는 일이 없어서 노는 직원이 많이 생기고 그만큼 인건비가 낭비된다. 하지만 그때그때 필요에 따라 종업원의 근무 시간을 조정할 수 있다면 바쁠 때 더 부르고 한가할 때는 돌려보낼 수 있을 것이다. 그러면 인건비도 딱 필요한 만큼만 나간다.

탄력성으로 비용을 절감하는 것은 어느 앱이나 가능하지만, 넷플릭스는 특히 비용 절감 효과가 크다. 같은 하루라도 시간대별로 사용량이 어마어마하게 차이가 나기 때문이다. 오전 9시부터 오후 5시까지는 넷플릭스를 시청하는 사람이 많지 않지만 밤 10시쯤 되면 시청자가 급증한다.[97] 그래서 AWS는 온종일 동일한 양의 컴퓨터 자원을 넷플릭스에 배정하는 게 아니라 그때그때 배정량을 자동으로 조절한다.[98]

| 확장성 |

둘째 이유는 확장성이다. 넷플릭스가 탄력성만 보고 클라우드로 이주한 것은 아니다. 확장성도 크게 작용했다. AWS에서는 사용자 증가에 맞춰 앱이 신속하게 확장된다.(일시적인 확장이 아니라 월, 연 단위의 확장을 말한다.)[99] 넷플릭스 영상 시청량이 2007년부터 2015년까지 천 배 이상 늘어난 것을 감안하면 특히 중요한 부분이다.[100] 클라우드가 아니었으면 계속해서 서버를 확충해야 했겠지만 AWS가 자동으로 컴퓨터 자원의 배정량을 늘리기 때문에 넷플릭스 측에서 따로 손을 쓸 필요가 없었다.[101]

| 중복성 |

넷플릭스가 클라우드를 선택한 세 번째 이유는 직접 데이터센터를 보유하는 것보다 AWS가 안정적이기 때문이다.[102] 클라우드는 동일한 정보나 코드를 여러 곳에 복사해놓는다. 그래서 컴퓨터 몇 대가 고장이 나도 대체할 컴퓨터가 많다.[103] (우리 몸에 신장이 두 개씩 있어서 하나를 잃거나 기증해도 괜찮은 것과 같다.)[104]

이렇게 클라우드가 좋긴 해도 이전 작업이 간단치는 않았다. 넷플릭스가 AWS에 이주하기까지 꼬박 7년이 걸렸고 그 과정에서 데이터베이스를 포함해 시스템 전체를 완전히 재구축해야 했다.[105] 대단히 고생스러운 작업이었지만 그럴 만한 가치가 있었다.

다음번에 넷플릭스에서 드라마를 보게 된다면, 클라우드 이전을 결정한 엔지니어들에게 한번쯤 고마운 마음을 가지면 어떨까?

오타 하나로 인터넷의 20%가 다운된 이유는?

사건 발생일 2017년 2월 28일.[106] 아마존 엔지니어가 결제 시스템의 문제를 해결하기 위해 AWS 서버 몇 대를 중지시키는 명령어를 입력했다. 하지만 실수로 한 글자를 잘못 쳐서 상당수의 서버가 중지되는 바람에 S3를 재시작해야만 하는 사태가 발생했다.[107] 앞에서 말했지만, S3는 개발자가 사진, 영상 같은 파일을 클라우드에 저장할 수 있게 해주는 서비스다. 앱 개발자를 위한 대용량 드롭박스라고 생각해도 좋겠다.[108] 이후 4시간 동안[109] 미디엄Medium, 쿼라Quora,[110] 넷플릭스, 스포티파이, 핀터레스트Pinterest[111] 같은 인기 웹사이트를 포함해 전체 인터넷 중 약 20%가 다운됐다. 그 여파로 미국 증시에서 S&P 500 기업의 주가가 총 1억 5천 달러 이상 빠질 만큼 막심한 피해가 뒤따랐다.[112]

도대체 어떻게 된 일일까?

답은 간단하다. 다운된 웹사이트는 모두 AWS를 사용 중이었다.[113] 해당 웹사이트들은 아마존 서버에서 코드가 구동되고 모든 파일이 아마존 서버(구체적으로 말하자면 S3)에 존재했다. 그래서 AWS 서버가 다운되자 같이 다운돼 버린 것이다.

여기서 클라우드 컴퓨팅의 최대 약점을 알 수 있다. 업체의 서버가 다운되면 곤란해진다는 것이다.[114] 최고의 클라우드 업체들도 '업타임uptime(가동시간)' 100%를 보장하진 못한다.[115] AWS만 해도 2015년에 다운된 시간이 총 2시간 30분으로, 1년 중 약 99.97% 동안 가동됐다.[116] (세상에는 불확실한 것이 너무 많아서 서버의 다운 시점을 전부 예측하기란 불가능하고, 설령 가능하다고 해도 너무 큰 비용이 소요될 것이다.[117] 이것은 플로리다주의 디즈니월드Disney World에서 폭설에 대비하는 것과 같다. 실제로 눈이 온 적이 있긴 하지만[118] 플로리다에서는 매우 이례적인 일이었던 만큼 큰돈을 들여가며 대비할 필요는 없다.)

그러면 앱 개발자의 입장에서, 완전히 피할 수 없는 클라우드 서비스의 다운 사태에 대비해 무엇을 할 수 있을까? 자체 서버를 구축해서 앱을 구동하는 방법이 있다. 이를 전문용어로 '온프레미스 on-premise'라고 한다.[119] 자체 서버를 운용하면 타사에 의존할 필요가 없지만 오히려 손해일 수 있다. 일례로 기업용 이메일을 생각해보자. 마이크로소프트가 제공하는 기업용 이메일 시스템은 두 가지로 나뉜다. 오피스365를 이용하는 클라우드 시스템과 익스체인지 Exchange를 이용하는 온프레미스 시스템이다. 조사 결과를 보면 익스체인지의 다운율이 오피스365의 3.5배 정도로, 연간 다운 시간이 9시간 더 많았다.[120]

이렇게 온프레미스 시스템이 클라우드보다 못하다면 앱 개발자로서는 클라우드를 선택하고 가끔 다운되는 것을 불가피한 현실로 받아들이는 게 최선일 수도 있다. 아울러 AWS와 마이크로소프트 애저 같은 클라우드 서비스는 서버가 다운되는 즉시 고객에게 통보한 뒤 최대한 신속하게 사태를 해결하고 재발 방지를 위해 최선을 다해야 한다.[121]

실제로 아마존은 오타로 인한 AWS 다운이라는 초유의 사태에 어떻게 대응했을까? 당시 아마존은 AWS가 다운됐음에도 대시보드 dashboard*에는 아무 이상이 없는 것으로 표시돼 비판을 받았다. 문제의 원인은 대시보드 역시 AWS에서 구동되는 구조라서 AWS와 함께 다운됐기 때문이었다.[122] 이에 아마존은 오타로 인해 발생할 수 있는 피해가 최소화되도록 시스템을 개선하고 내친김에 시스템 전반의 보안성을 점검했다.[123]

그러면 다시 처음의 질문으로 돌아가서, 오타 하나로 인터넷의 20%가 다운된 이유는? 그 20%가 AWS에서 구동되고 있었고 치명적인 오타로 인해 AWS의 재시작이 필요해지자 다 같이 다운된 것이었다.

이런 허점이 있긴 해도 클라우드는 비용을 절감하고, 웹사이트의 안정성을 향상하고, 신속하게 시스템을 확장할 수 있는 좋은 수단이다. 그뿐만 아니라 소비자 입장에서도 편의성이 크게 향상된다. 요컨대 클라우드는 뜬구름 잡는 기술이 아니다.

✽ 사용자가 서비스 이용 현황을 보고 각종 설정을 할 수 있는 화면.

6장

빅데이터

인간은 가히 천문학적인 양의 데이터를 생성한다. 구글의 공동설립자 에릭 슈미트Eric Schmidt는 2010년에 "우리가 이틀간 생성하는 정보의 양이 문명의 태동기부터 2003년까지 생성된 정보의 양과 비슷하다"라고 했다.[1] 우리가 이틀마다 만드는 데이터가 5엑사바이트exabytes(EB), 즉 5조 기가바이트(GB)에 달한다는 말이다.[2] 지구상의 모든 사람이 날마다 512GB 용량의 아이폰을 가득 채운다고 보면 된다.[3] (더군다나 슈미트의 발언 시점은 이미 한참 전인 2010년이다!)

실로 어마어마한 양이다. 거대하고, 방대하고, 막대하다. IT 업계에서 쓰는 용어를 쓰자면 한마디로 '빅big'한 데이터다. 이제는 기업에서 이런 빅데이터Big Data를 이용해 기술과 전략을 개선하는 게 당연시되고 있다. 어느 애널리스트는 "정보가 21세기의 원유다"라고 말했다.[4] 그러면 도대체 빅데이터란 뭘까?

타깃은 어떻게 아버지보다 먼저 딸의 임신을 알았을까?

2012년에 미네소타주의 한 남성이 대형마트 타깃에서 보낸 우편물을 열어보고 깜짝 놀랐다. 그 속에 임산부 용품 할인 쿠폰이 들어 있었던 것이다. 더군다나 수취인이 10대 딸로 되어 있는 것을 보고 그는 분노를 참을 수가 없었다. 당장 가까운 타깃 매장으로 쳐들어가서 지점장을 불러다 놓고 순진한 애한테 임신을 권하다니 무슨 수작이냐며 노발대발했다. 지점장은 영문도 모르고 그에게 사과했다. 그것으로 모자라 며칠 뒤 다시 사과하려고 전화를 걸었다.[5]

그런데 웬걸, 이번에는 오히려 소녀의 아버지가 사과하는 것이었다. "딸애와 얘기해봤는데 같은 집에 산다고 다 아는 건 아닌가 봅니다. 예정일이 8월이래요. 미안하게 됐습니다."[6]

타깃이 아버지보다 먼저 딸의 임신 사실을 안 것이다![7] 아니, 그런 일이 어떻게 가능했을까? 답은 빅데이터에 있다.

대학 진학이나 취업처럼 인생에서 중요한 변화를 겪을 때면 사람은 새로운 구매 습관이 형성되기 때문에 유통업계에서는 어떻게든 그 기회를 잡으려고 한다.[8] 그래서 질레트Gillette는 18세 생일에 맞춰 소년들에게 무료 면도기를 보낸다.[9] 임신도 당연히 중요한 사건이다. 엄마가 되면 전에는 안 사던 아기 옷과 분유 같은 것에 수백 달러씩 쓰게 된다.[10] 그런데 미국에서는 대부분의 경우 출생 기록을 누구나 열람할 수 있기 때문에 아기를 낳은 부모에게 온갖 광고성 우편물이 쇄도한다. 그러니 업체 입장에서는 아기가 태어나기 전부터 움직일 필요가 있다. 타깃은 임부복과 임부 영양제 등이 필요해지는 임신 중기부터 예비 엄마들을 공략한다.[11]

그러자면 임신처럼 새로운 구매 습관을 형성하는 사건을 예측할 수 있어야 한다. 이를 위해 기업은 고객 데이터를 수집하고 그 안에서 패턴을 찾는다.[12] 예를 들어 가을이 되면 18세 자녀를 둔 부모들이 자녀의 대학 입학으로 인해 기숙사용 가구를 많이 구매하는 것으로 나타났다고 해보자. 그러면 가을 이사를 대비해 여름부터 18세 자녀를 둔 사람에게 가구와 학용품 쿠폰을 보내는 게 좋다. 그러면 같은 쿠폰을 무작위로 뿌릴 때보다 매출로 이어질 확률이 더 높다.

| 고객에 대한 이해 |

업체에서는 어떻게 그런 데이터를 수집할까? 보통은 결제 시에 고객의 '적립카드'를 스캔하는 방법을 쓴다. 이런 식으로 구매 습관을 데이터화하면 고객별로 맞춤형 혜택을 제시할 수 있다.[13] 하지만 미국의 양대 대형마트인 타깃[14]과 월마트Walmart[15]는 적립카드를 발급하지 않는다. 그 대신 신용카드에 고유 번호를 부여해 고객의 구매 내역을 데이터화하고 맞춤형 쿠폰을 지급한다. 타깃 내부에서는 이 번호를 '고객번호'라고 부른다.[16]

타깃은 고객번호로 구매 내역 외에도 많은 정보를 수집한다.

타깃의 고객데이터팀의 앤드루 폴은 "당사는 고객이 신용카드나 쿠폰을 사용할 때, 설문조사에 응할 때, 환불을 요청할 때, 고객센터에 전화를 걸 때, 당사의 이메일을 읽거나 웹사이트를 방문할 때 고객번호와 연계된 기록을 남긴다"라고 밝혔다.[17]

나이, 인종, 주소 같은 신상 정보도 고객번호와 연계된다. 그뿐만 아니라 타깃이 하려고 하면 고객의 주택 가격을 추산해서 소득을 추정하거나, 공개된 기록을 이용해서 고객이 언제 결혼했고, 언제 자녀를 낳았고, 언제 이혼했는지까지 알아내는 것도 가능할 것이다.[18]

| 임신 예측 |

짐작하다시피 타깃은 고객번호로 방대한 정보를 수집한다. 이 데이터에서 패턴을 찾으면 고객의 행동을 예측할 수 있다. 일례로 타깃은 여성이 갑자기 무향 로션을 많이 구매하면 몇 달 후 출산하는 경우가 많으므로 그런 구매 패턴을 보이는 여성이라면 임신 중기일 확

률이 높다는 사실을 알아냈다. 임신부들은 아연, 칼슘, 마그네슘 같은 영양제도 많이 샀다.[19]

이를 토대로 각 고객의 '임신 예측 점수'를 계산하기 위한 약 25개의 구매 습관이 규명됐다. 이 '예측 분석' 기법으로 타깃은 87%의 정확도로 임신을 예측할 뿐만 아니라 경우에 따라서는 대략적인 출산일까지 예측 가능하게 되었다.[20] 앞에서 언급한 미네소타주의 사례처럼 부모보다 타깃이 먼저 딸의 임신 사실을 알 수도 있다!

이런 기술 덕분에 타깃은 육아 부문이 급성장하면서 회사의 전체 매출도 상승했다.[21] 하지만 타깃처럼 소비자를 직접 상대하는 기업은 이런 정보를 활용할 때 자칫 '소름'을 유발하지 않도록 선을 잘 지켜야 한다. 당연한 말이지만 많은 부부가 자신들도 임신 사실을 안 지 얼마 안 됐는데 난데없이 타깃에서 임신 용품 쿠폰이 날아오자 경악했다. 아예 타깃에 발길을 끊는 사람도 생겼다. 그래서 타깃은 좀 더 은근한 방법을 쓰기로 했다. 예를 들면 똑같이 임부용 비타민 쿠폰을 보내더라도 과자 쿠폰과 드라이어 광고와 함께 보냄으로써 무작위로 보낸 것 같은 느낌이 들게 하는 것이었다.[22]

이제 고객이 원하는 것을 어림짐작하는 시대는 끝났다. 객관적인 수치로 냉철하게 고객을 분석하는, 바야흐로 빅데이터의 시대다.

구글 같은 대기업은 어떻게 빅데이터를 분석할까?

말했다시피 타깃은 수많은 고객에 대한 데이터를 확보하고 있다.[23] 그러면 어떤 식으로 이 데이터를 분석해서 임신 예측 점수 같은 수치를 도출할까? 직원이 엑셀 파일을 열어서 분석하진 않는다. 데이터가 너무 방대해서 아무리 고성능 컴퓨터라고 해도 한 대로는 분석은커녕 저장조차 무리다.[24] 사칙연산밖에 안 되는 계산기로 500자리 수 두 개를 곱한다고 생각해보자. 아무리 계산기가 좋아도 한 대로는 무리다.

그렇다고 그 데이터를 다 처리할 수 있을 만큼 강력하고 거대한 슈퍼컴퓨터를 만들자면 돈이 너무 많이 들어간다. 그래서 쓰는 방법이 데이터를 분할해서 표준 크기의 저렴한 컴퓨터들에 배정하는 것이다. 이 컴퓨터들이 일제히 데이터 분석에 돌입해 마지막 한 대까지 작업을 완료하면 결과를 취합해 최종적인 답이 도출된다.[25]

쉽게 말하자면 한 도시의 인구를 일일이 센다고 생각해보자. 혼자서 다 돌아다니면서 세려면 시간이 너무 오래 걸린다. 그래서 동네마다 친구를 한 명씩 투입해서 몇 사람이 사는지 세어 달라고 한다. 친구들이 각각 주민 수를 알려주고 마지막 한 명까지 통보를 마치면 이제 그 수를 다 합해서 답을 구하면 된다.[26] 이렇게 하면 친구들이 훨씬 작은 규모의 작업을 '병렬'로 수행하기 때문에 혼자 셀 때보다 속도가 훨씬 빠르다. (실제로 로마제국에서 썼던 인구조사법이다!)[27]

| 맵리듀스 |

구글은 이 전략을 토대로 그 유명한 '맵리듀스MapReduce' 알고리즘을 탄생시켰다.[28] '맵' 단계는 친구들이 각 동네 주민을 세는 것에 해당하고 '리듀스' 단계는 친구들이 통보한 결과를 취합하는 것이라

고 보면 된다.

인기 있는 빅데이터 도구인 하둡Hadoop도 맵리듀스를 이용한다.[29] 하둡은 슈퍼컴퓨터가 아니라 표준 크기의 서버들에 데이터를 분산해서 고속으로 처리한다. 컴퓨터들을 물리적으로 연결할 필요가 없다는 것과 더 많은 데이터를 처리하려면 컴퓨터만 추가하면 된다는 게 장점이다.[30] 그래서 업계 표준으로 빠르게 부상 중이다. 타깃[31] 외에도 넷플릭스,[32] 이베이eBay,[33] 페이스북[34] 등 많은 기업이 하둡을 이용한다. 2020년이면 《포춘Fortune》 선정 세계 500대 기업 중 80%가 하둡을 이용할 것이란 예측도 있었다.[35]

정리하자면 빅데이터 분석은 엑셀로 감당하지 못할 만큼 복잡하기 때문에 전문적인 기술을 이용해야 한다. 빅데이터 분석은 고도의 정밀성을 요구하고 그 중요성이 매우 크기 때문에 데이터과학data science이라는 새로운 연구 분야를 탄생시키기까지 했다.[36]

아마존에서는 왜 10분마다 가격이 바뀔까?

아마존에서 사고 싶은 물건이 있는데 가격이 마음에 들지 않는다면? 10분만 기다려보자. 더 좋은 가격이 나올 수도 있으니까.

아마존은 하루에 무려 250만 번씩 상품 가격을 변경한다.[37] 상품 가격이 평균 10분마다 바뀐다.[38] 월마트와 베스트바이보다 50배쯤 높은 빈도다![39] 수시로 가격이 달라지니까 방금 물건을 샀는데 그사이에 가격이 떨어져서 불쾌해하는 고객도 생긴다.[40] 하지만 이 전략

으로 아마존은 수익이 25%나 상승했다.[41]

어떻게 그렇게 빈번하게 가격을 바꿀 수 있을까? 한마디로 방대한 데이터 덕분이다. 아마존에는 총 15억 개의 상품이 등록되어 있고 2억 명의 사용자가 존재한다. 상품과 사용자에 대한 데이터를 모두 합하면 10억 기가바이트에 달한다.[42] 그 데이터를 500기가바이트 하드드라이브에 나눠 담아서 하나씩 쌓으면 에베레스트산보다 여덟 배쯤 높은 탑이 만들어질 것이다.[43] 그야말로 '빅' 데이터다.

이 데이터를 토대로 아마존은 10분마다 고객의 쇼핑 패턴, 경쟁사의 가격, 자사의 이윤과 재고 등등 셀 수 없이 많은 요인을 분석해서 새로운 가격을 책정한다.[44] 이렇게 항상 경쟁력 있는 가격을 제시하니까 더욱더 많은 이윤이 남는다.[45]

이때 아마존이 중요시하는 전략이 있다. 바로 인기 상품은 경쟁사보다 싼 가격에 팔고 비인기 상품은 높은 가격에 파는 것이다. 가령 잘 나가는 책은 가격을 깎고 안 나가는 책은 가격을 올린다. 그 이유는 사람들은 대부분 보편적인 상품의 가격만 검색하기 때문이다. 그 결과 사람들은 아마존에 최저가라고 표시된 상품들을 보고 아마존의 다른 모든 상품도 최저가로 판다고 착각한다. 그래서 아마존을 자주 이용하다 보면 보편적이지 않은 상품을 경쟁사보다 비싼 가격으로 구입하게 된다.[46]

| 데이터 기반 추천시스템 |

아마존은 그 밖에도 다양한 방법으로 고객 데이터를 이용해 지갑을 열게 만든다. 예를 들면 다른 고객의 구매 이력까지 동원해 수많

은 상품을 추천한다. 멀리 갈 것 없이 '귀하의 검색 기록을 바탕으로 선택됨Inspired by Your Browsing History', '이 품목을 구매한 고객이 함께 구매한 품목Customers Who Bought This Item Also Bought' 섹션만 봐도 알 수 있다.[47] 심지어는 고객이 킨들Kindle 전자책에서 하이라이트 표시한 구절을 근거로 무엇을 구매할지 예측하기까지 한다.[48]

그 비결은 이전에 해당 상품을 구입한 고객들의 구매 이력에서 패턴을 찾는 것이다. 예컨대 수많은 고객이 땅콩버터, 젤리, 식빵을 같이 샀다고 해보자. 그러면 아마존은 이 패턴을 감안해서 땅콩버터와 식빵을 사려는 사람에게 젤리도 함께 사길 권한다.[49]

아마존의 예측은 단순히 상품을 추천하는 것에 그치지 않는다. 아마존은 '예측 배송 모델Anticipatory Shipping Model'이라는 특허 기술을 보유하고 있다.[50] 고객이 어떤 상품을 구입할 것이라고 예측되면(타깃이 고객의 출산을 예측한 것처럼) 아마존은 해당 상품을 고객의 주소지에서 가까운 물류창고로 미리 보내서 마침내 고객이 주문을 넣는 순간 신속하고 저렴하게 배송되게 한다.[51]

보다시피 빅데이터는 어마어마한 경제적 가치를 자랑한다. 《뉴욕타임스》가 빅데이터를 좋은 의미에서 '금'에 비유한 이유다.[52]

기업이 많은 데이터를 소유하는 게 좋은 걸까, 나쁜 걸까?

기업이 빅데이터를 이용해 효율을 높인다고 뭐라고 하는 사람은 없다. UPS가 트럭의 센서에서 확보한 데이터로 배송 경로를 최적화함으로써 5천만 달러의 비용을 절감했을 때 아무도 비난하지 않았다. (오히려 연료를 아낀다고 칭찬을 하면 칭찬을 했다!)[53]

그러나 타깃이 고객 데이터를 대량으로 수집하는 것처럼 기업이 개인정보를 수집하는 것에 대해서는 논란이 있다.[54] 빅데이터를 통해 기업은 타깃광고와 상품추천으로 큰돈을 벌 수 있다. 구글과 페이스북은 매출의 대부분이 타깃광고에서 나오고[55] 넷플릭스는 추천시스템을 통해 사용자의 이탈을 방지함으로써 연간 10억 달러가 절감된다고 한다. (신규 사용자를 유치하려면 큰돈이 들어간다.)[56] 하지만 이게 과연 소비자에게도 도움이 될까?

타깃광고와 상품추천이 소비자에게도 유익한 면이 있긴 하다. 타깃이 맞춤형 쿠폰을 발행해 수익을 올리는 것은 사실이지만 그런 쿠폰 덕분에 소비자도 시간과 돈을 아낄 수 있다. 넷플릭스가 사용자의 시청 행위에 대해 충격적일 만큼 많은 정보를 수집하긴 하지만 넷플릭스의 추천시스템은 굉장한 인기를 끌고 있다.[57]

하지만 또 한편에서는 대기업이 고객의 개인정보를 과도하게 수집한다고 규탄하는 목소리도 존재한다.[58] 타깃은 고객 데이터로 결혼 여부, 주소, 추정 소득 등을 파악하는데 이런 정보를 생판 모르는 사람에게 함부로 말해줄 사람은 별로 없을 것이다.[59] 더군다나 그렇게 많은 개인정보를 보유한 기업이 해킹을 당하면 위험천만한 사태가 초래될 수 있다. 2013년에 타깃 고객 4천만 명의 신용카드 번호와 7천만 명의 이름, 메일주소, 집주소 등 개인정보가 탈취됐다. 당연히 이 7천만 명은 신분이 도용될 위험성이 커졌다.[60] 타깃만이 아니다. 2013년에 야후Yahoo의 30억 개 계정이 전부 해킹당해서 생년월일과 전화번호가 해커의 손에 넘어갔고[61] 2017년에는 개인신용평가회사 에퀴팩스Equifax가 해킹당해서 미국인 1억 4,300만 명의 사회보장번호social security number가 유출됐다.[62]

많은 기업이 고객의 신원을 보호하기 위해 익명으로 데이터를 저장한다고 항변한다. 하지만 익명화된 데이터도 역추적을 통해 신원을 확인하는 이른바 '신원복원'이 가능하다.[63] MIT 연구 결과 4건의 신용카드 결제 기록에서 날짜와 위치만 확보해도 실험 참가자 중 90%의 신원을 파악할 수 있었다.[64] 또 다른 연구에서는 넷플릭스와 영화 정보 사이트 IMDb의 익명 데이터를 조합해 사람들의 신원을 복원했다.[65]

그래서 빅데이터가 사회에 유익한 것일까, 해로운 것일까? 많은 기술이 그렇듯이 이 또한 이분법적으로 말할 수는 없다. 빅데이터는 기업의 효율성과 상품의 유용성을 키우는 한편으로 개인정보와 관련된 문제를 일으킬 수 있다. 하지만 호불호를 떠나서 빅데이터는 앞으로 더욱더 '빅'해질 것이다.

7장

해킹과 보안

한때 자칭 나이지리아 왕자가 '거금'을 인출해야 하는데 편법을 쓸 수 있게 도와주면 수수료로 얼마를 떼어주겠다는 메일로 돈을 털어가는 수법이 성행했다.[1] 하지만 요즘 해커들은 훨씬 영악하다.

온라인 악당들의 최신 수법은 무엇이고 우리는 어떻게 대응해야 할까?

범죄자가 컴퓨터를 '인질'로 잡는 법?

2017년 5월, 워너크라이WannaCry라는 악성코드malware로 인해 150개국의 수많은 컴퓨터가 작동불능이 되면서 총 40억 달러의 손실이 발생한 것으로 추정됐다.[2] 영국에서는 국민보건서비스National Health Service가 타격을 입어 환자의 생사가 걸린 수술이 여러 건 취소됐다.[3] 워너크라이는 컴퓨터를 감염시켜 사람에게 손실을 입히는 '악성코드' 중에서도 최신종인 랜섬웨어ransomware의 일종이었다.

| 랜섬웨어 |

워너크라이 같은 랜섬웨어는 컴퓨터에 침투해서 파일을 이용할 수 없게 잠가버린 뒤 돈을 내놓지 않으면 절대 풀어주지 않겠다고 협박하는 소프트웨어다.[4]

랜섬웨어는 주로 이메일 첨부파일[5]이나 인터넷에서 다운받은 위험한 파일[6]을 통해 컴퓨터에 들어온다. 그리고 대부분은 운영체제의 허점을 이용해 공격용 코드를 실행한다.[7] 워너크라이의 경우에는 마이크로소프트 윈도우의 버그를 악용했다. 여담이지만 이 버그를 최초로 발견한 것은 미국국가안보국National Security Agency, NSA이다.[8] 비유하자면 집을 지을 때 잘못 설치한 자물쇠 하나를 용케 알고서 도둑이 기어들어 오는 것이다.

컴퓨터에 침입한 랜섬웨어는 모든 개인 파일을 암호화한다. 파일의 내용을 뒤죽박죽으로 변조해서 사용자는 물론이고 앱조차도 이해할 수 없게 만든다. 그런데 암호화를 할 때는 반드시 그 암호를 해독할 수 있는 '키key'가 존재한다.[9] 이 키를 확보하면 파일을 원상복구할 수 있다. 예를 들어 'Meet me on the lawn(잔디밭에서 만나).'를 'Zrrg zr ba gur ynja'로 암호화했다고 해보자. 그냥 봐서는 무슨 말인지 알 수 없다. 하지만 모든 글자를 13칸 뒤로 미는 해독법('a'는 'n'이 되고 'b'는 'o'가 되고 'c'는 'p'가 되는 식)을 알고 나면 다시 'Meet me on the lawn'으로 복원할 수 있다.

• 골든아이GoldenEye 랜섬웨어에 감염된 컴퓨터 화면.　　　　출처: 위키미디어[11]

```
You became victim of the GOLDENEYE RANSOMWARE!

The harddisks of your computer have been encrypted with an military grad
encryption algorithm. There is no way to restore your data without a spe
key. You can purchase this key on the darknet page shown in step 2.

To purchase your key and restore your data, please follow these three ea
steps:

1. Download the Tor Browser at "https://www.torproject.org/". If you nee
   help, please google for "access onion page".
2. Visit one of the following pages with the Tor Browser:

   http://golden        .onion/v
   http://golden        .onion/v

3. Enter your personal decryption code there:


If you already purchased your key, please enter it below.

Key: _
```

랜섬웨어는 이렇게 모든 파일을 암호화한 뒤 키를 받고 싶으면 돈을 내놓으라고 한다. 물론 요구에 응하지 않으면 키를 완전히 폐기해서 영영 파일을 복구할 수 없게 만들 것이란 협박도 잊지 않는다.[10]

이때 해커들은 돈을 어떻게 받을까? 벤모 같은 송금 앱으로는 안된다. 그랬다가는 정체가 탄로나서 잡힐 수 있기 때문이다. 해커들은 비트코인Bitcoin이라는 온라인 가상화폐로 돈을 보내라고 요구한다.[12] 비트코인은 벤모의 익명 버전이라고 보면 된다. 누구든 돈을 보내고 받을 수 있지만 ID 대신 '비트코인 주소'라는 익명의 코드를 이용한다.[13]

파일에 걸린 암호를 풀려면 비트코인이 필요하므로 은행에서 달러를 유로로 환전할 때처럼 달러 혹은 일반 화폐를 비트코인으로 바꿀 수 있는 온라인 환전소에 접속해야 한다.[14] 달러를 유로로 환전할 때처럼 비트코인도 '환율'이 존재하는데 이 가상화폐는 환율의 변동 폭이 아주 크다.[15] 워너크라이는 300달러 상당의 비트코인을 몸값으로 요구했다.[16]

환전을 했으면 이제 '지갑wallet'이라고 하는 특별한 앱을 통해 비트코인을 해커에게 보내야 한다. 그러면 해커는 암호를 푸는 키를 보내줄 테니 안심하라고 할 것이다.[17]

하지만 불행하게도 랜섬웨어의 피해자가 됐다면 돈을 보내지 않기를 권한다. 해커에게 돈을 보내면 거대한 온라인 범죄 산업[18] 혹은 적성국에 자금을 대는 결과가 발생할 수 있다. 워너크라이만 해도 NSA에서 북한 정부를 배후로 지목했다.[19]

| 해커의 직업정신 |

랜섬웨어에 돈이 걸려 있다 보니 웃지 못할 현상이 나타나기도 한다. 해커들은 신원이 드러나지 않기 때문에 돈만 받고 해독키를 안보낼 수도 있다.

하지만 랜섬웨어 장사를 크게 하는 해커들은 실제로 키를 보내준다. 왜 그럴까? 사람들이 계속 돈을 보내줘야만 자기들도 수익이 생기기 때문이다. 어차피 해커가 파일을 안 풀어줄 것이라고 생각하면 누가 돈을 보내겠는가?[20]

그래서 뜻밖에도 해커들의 고객 지원이 상당한 수준이다. 일부는 콜센터와 온라인 채팅까지 운영한다.[21] 디자이너를 고용해 멋진 웹사이트를 만들기도 한다.[22] 피해자에게 '신뢰'를 줘야만 하기 때문이다.[23] 신뢰란 말이 남의 생계를 볼모로 잡고 돈을 뜯어내는 족속에게 어울리는지는 모르겠지만 말이다.

| 해커들의 주목표 |

해커들이 노리는 최고의 먹잇감은 기업, 병원, 정부 등 대형 조직이다.[24] IT 부서에서 구형 소프트웨어와 운영체제를 제때 업데이트하지 않는 경우가 허다하기 때문이다. 구형 운영체제는 애초에 업데이트 자체가 적기 때문에 랜섬웨어에 특히 더 취약하다.[25]

이런 문제를 해결하기 위해 마이크로소프트는 악성코드를 차단하기 위한 보안 업데이트를 신속하게 배포한다. 워너크라이 때는 문제가 되는 윈도우 버그를 찾아서 무료로 업데이트를 제공했다.[26] 이 업데이트는 선택적으로 설치할 수 있었는데, 윈도우 사용자에게 강제

로 설치되는 보안 업데이트도 존재한다.[27]

대형 조직이 랜섬웨어에 맞서기 위해 사용하는 또 다른 방법은 주기적으로 파일을 클라우드에 백업하고[28](해커가 파일을 암호화해도 되살릴 수 있도록[29]) 인터넷에서 다운받은 파일을 반드시 백신 소프트웨어로 검사하는 것이다.[30] 하지만 최고의 수비는 역시 사전에 대비를 철저히 하는 것이다.

그래서 일부 조직에서는 전통적인 운영체제를 배제하기 시작했다. 파일 다운로드, 앱 설치 등을 통해 악성코드가 침투할 수 있는 곳, 즉 '공격노출면attack surface'이 너무 많기 때문이다.[31] 최근 보안에 민감한 조직에서는 구글의 크롬OS가 인기다. 크롬북Chromebook의 운영체제인 크롬OS는 사실상 웹브라우저에 불과하고 기존의 운영체제처럼 설치 파일(악성코드의 최대 침투로)로 앱을 설치하는 방식이 아니다. 그리고 각 탭이 '샌드박스sandbox'에서 돌아간다. 즉, 웹페이지의 내용이 컴퓨터의 다른 부분을 건드리지 못한다.[32] 하지만 크롬OS도 앱스토어에 악성코드가 내장된 앱이 존재하는 등 보안상 허점이 있고, 악성코드 공격 외에 피싱 같은 사기 수법이 완전히 사라지진 않을 것이다.[33]

온라인에서 마약과 도난 신용카드 번호는 어떻게 거래될까?

2013년 미국 정부가 실크로드Silk Road라는 웹사이트를 폐쇄했다.[34] 실크로드는 마약, 위조 여권, 총기, 살인 청부 등이 거래되는 지하세계의 아마존이었다.[35] 2년간 10억 달러 이상의 밀거래가 성행했지만 검거된 판매자와 구매자는 극소수에 불과했다.[36] 하지만 실크로드가 폐쇄된 뒤 오히려 불법 온라인 거래소가 들불처럼 번졌다.[37]

이런 불법 시장은 어떻게 운영되고 어떤 식으로 거래가 이뤄질까? 그리고 왜 공권력이 이런 것들을 끝장내지 못하는 걸까? 지금부터 알아보자.

| 딥웹과 다크웹 |

짐작하다시피 실크로드와 그 후예들의 운영 방식이 아마존과 완전히 똑같진 않다. 아마존처럼 모든 거래에 실명이 사용되면 경찰이 손쉽게 추적할 수 있기 때문이다. 그래서 모든 거래가 익명으로 행해진다.[38] 각 컴퓨터의 고유한 IP주소도 쉽게 추적되기 때문에 실크로드는 완벽한 익명성을 보장하기 위해 사용자와 웹사이트 간에 오가는 정보를 전부 변조했다.[39]

하지만 우리가 평소에 사용하는 '일반' 인터넷은 그런 식으로 작동하지 않는다. 그래서 실크로드를 위시한 불법 거래소는 '딥웹deep web'과 '다크웹dark web'을 적극적으로 이용한다. 딥웹과 다크웹은 서로 연관된 개념이다.[40]

먼저 딥웹에 대해 알아보자. 딥웹은 구글 검색으로 찾을 수 없는 인터넷상의 정보를 아우르는 개념이다. 우리는 종종 다른 웹페이지를 통해 그런 웹페이지에 접속한다. 예를 들어 우리가 보는 친구의 페이스북 게시물은 검색 결과에 나타나지 않는다.[42] 구글드라이브

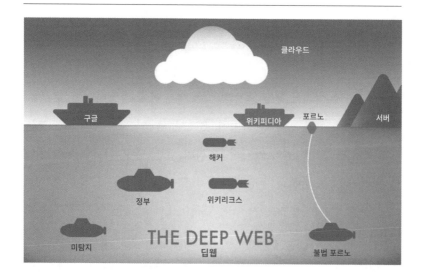

파일, 의료 기록, 법률 문서도 마찬가지다.[43] 일각에서는 구글에서 검색 가능한 '클리어clear' 웹보다 딥웹이 500배는 더 클 것으로 추정하기도 한다.[44]

하지만 딥웹만 갖고는 실크로드를 논할 수 없다. 다크웹을 봐야 한다. 다크웹은 딥웹 중에서도 통신 암호화, IP주소 익명화가 가능한 특수 소프트웨어로만 접속할 수 있는 웹사이트들이다.[45] 다크웹 사이트는 모두 '.onion'으로 끝나는 길고 이상한 URL을 갖고 있고 특수 소프트웨어를 이용하지 않는 접속자는 무조건 차단한다.[46] 실크로드와 같은 종류의 불법 거래소는 다크웹을 이용해 추적을 방지한다.[47] 다크웹 사이트는 서버의 소재지조차 파악할 수 없기 때문에 폐쇄하기가 굉장히 어렵다. 하지만 종종 프로그래밍 오류로 서버의 IP

주소가 노출되기도 한다. 실크로드도 그렇게 망했다.[48]

| 토르를 이용한 다크웹 접속 |

누구나 다크웹에 접속할 수 있다. (다크웹에서 불법적인 행위가 많이 발생하지만 접속 자체는 불법이 아니다.) 다크웹에 접속하려면 토르Tor라고 하는 특수한 암호화·익명화 소프트웨어가 필요하다.[49] 토르는 'The Onion Router'의 약자다. 우리가 일반 웹사이트에 접속할 때는 우리가 쓰는 컴퓨터의 정체와 우리가 목표로 하는 웹사이트가 공개된다. 그렇기 때문에 누가 어떤 웹사이트에 접속 중인지 쉽게 추적 가능하다.[50]

하지만 토르는 다르다. 이해를 돕도록 비유로 설명해보겠다. 시애틀에 사는 세라가 필라델피아의 윌리엄에게 감자칩을 보내려고 한다. 평소대로라면 상자에 자신과 윌리엄의 주소를 써서 보낼 것이다. 그러면 누가 봐도 세라가 윌리엄에게 보내는 우편물임을 알 수 있다. 하지만 만약에 감자칩이 불법 식품으로 지정돼서 아무도 모르게 보내야 한다면?

이때는 상자 안에 상자를 넣으면 된다. 가장 바깥쪽 상자(상자1)에는 시애틀 집주소와 덴버의 우체국 주소를 적는다. 상자2에는 덴버의 우체국 주소와 시카고의 우체국 주소를 적는다. 상자3에는 시카고의 우체국 주소와 필라델피아에 있는 윌리엄의 집주소를 적는다. 감자칩은 상자3에 넣는다. 그리고 상자1에 "개봉 후 안에 있는 상자를 발송하시오"라고 적는다. 상자2에도 마찬가지다.

이제 세라가 시애틀에서 이 우편물을 부친다. 우편물이 덴버에 도착하면 우체국 직원이 친절히 상자1을 개봉한 후 상자2를 부친다. 상자2가 시카고에 도착하면 역시 직원이 개봉 후 상자3을 부친다. 그렇게 상자3이 윌리엄의 집에 도착한다.

복잡하긴 해도 중간 과정이 완전히 익명화되는 방식이다. 우체국 직원들은 세라가 윌리엄에게 감자칩을 보냈다는 사실을 알 수 없다. 시애틀에서는 세라가 덴버로 뭔가를 보냈다는 것만 알 수 있고, 덴버에서는 세라가 시카고로 뭔가를 보냈다는 것만 알 수 있다. 그리고 시카고에서는 덴버에 사는 누군가가 윌리엄에게 뭔가를 보냈다고만 생각할 것이다.

이게 바로 토르의 작동 원리다. 토르는 통신을 다중으로 암호화하고 다수의 '중개' 컴퓨터를 경유해서 전송한다. 각 컴퓨터는 직전과

• **토르는 무작위로 선정된 여러 대의 중개 컴퓨터를 통해 인터넷 통신을 전달하기 때문에 사용자의 방문 이력을 추적하는 것이 거의 불가능하다.**

출처: 전자 프런티어 재단Electronic Frontier Foundation[53]

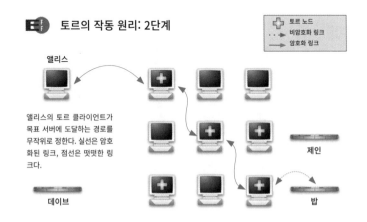

토르의 작동 원리: 2단계

토르 노드
비암호화 링크
암호화 링크

앨리스

앨리스의 토르 클라이언트가 목표 서버에 도달하는 경로를 무작위로 정한다. 실선은 암호화된 링크, 점선은 떳떳한 링크다.

제인

데이브

밥

직후의 컴퓨터만 인식할 수 있다.[51] 그래서 토르로 전송되는 통신을 추적하기란 거의 불가능하다. 천하의 NSA조차 쩔쩔맨다고 한다.[52]

비영리단체인 토르 프로젝트에서 모질라 파이어폭스를 개조한 토르 브라우저를 무료로 배포한다.[54] 토르 브라우저를 다운받으면 누구나 다크웹에 발을 들일 수 있다.[55]

| 암시장을 탐색(그리고 폐쇄)하는 방법 |

말했다시피 대부분의 다크웹 URL은 일부러 기억하기 어렵게 만들어진다. 비영리 탐사보도매체 프로퍼블리카ProPublica의 다크웹 URL은 propub3r6espa33w.onion이다.[56] (이처럼 합법적인 웹사이트도 다크웹을 이용한다!)

다크웹 URL은 기억하기가 어렵고 다크웹의 성격상 검색엔진이 존재할 수도 없기 때문에 다크웹을 이용하는 사람들은 히든위키The Hidden Wiki라는 웹사이트에서 탐색을 시작한다. (사실 히든위키는 공식 웹사이트가 없고 동일한 이름을 쓰는 웹사이트가 다수 존재한다.) 히든위키에는 다크웹 URL들이 수록되어 있어 필요한 웹사이트를 찾을 수 있다.[57]

그렇게 해서 실크로드 같은 암시장에 접속하면 아마존처럼 판매자 프로필, 상품 이미지, 구매자 후기 등이 존재한다(물론 판매되는 상품은 아마존과 전혀 다르겠지만).[58]

암시장에서는 익명성을 보장하기 위해 비트코인 같은 가상 화폐를 통해 거래가 이뤄진다. 그러다 보니 바로 돈을 지불할 때보다 복잡한 과정을 거쳐야 한다. 구매자가 중앙에 존재하는 '에스크로

escrow' 계정에 돈을 보내면 그곳에 돈이 보관되어 있다가 구매자가 물건을 받았다고 하면 비로소 판매자에게 전달된다.[59]

실크로드는 이렇게 오로지 웹사이트를 통해서만 거래가 가능하고 에스크로 계정에 항상 거액이 예치되어 있었다. 그런데 이처럼 중앙집중화된 시스템이 실크로드의 아킬레스건으로 작용했다.[60] 실크로드 창시자도 사람이기에 프로그래밍에 실수가 있었는데, 2013년에 FBI가 그 틈을 파고들어 서버의 소재지를 파악하고 압수수색에 들어갔다. 압수된 서버들에서 실크로드 웹사이트를 구동하는 코드와 에스크로 계정에 보관 중인 비트코인에 대한 데이터가 확보되면서 실크로드는 즉각 폐쇄됐다. 공권력의 압승이었다.[61]

그러나 유감스럽게도 많은 모방 사이트가 여기저기서 불쑥불쑥 튀어나오면서 암시장을 폐쇄하려는 정부의 노력이 두더지 잡기 게임과 같은 양상이 됐다.[62] 실크로드가 폐쇄된 직후에 실크로드2라는 사이트가 등장했다. 2014년에 실크로드2가 폐쇄됐지만 얼마 뒤 알파베이AlphaBay가 출현했다. 알파베이는 2017년 7월에 서버가 압수됐다.[63] 하지만 보안 전문가들은 서버 압수가 불가능한, 다시 말해 훨씬 더 위험한 암시장이 조성되고 있을 가능성을 우려한다.

| 무적의 암시장? |

오픈바자OpenBazaar는 2017년에 다크웹에 합류한 온라인 거래소다.[64] 중앙서버(즉 아킬레스건)가 있었던 실크로드와 달리 오픈바자는 완전히 탈중앙화되어 있다. 모든 거래가 판매자와 구매자 간에 직접 처리된다. 비유하자면 마트가 아니라 벼룩시장이다. 벼룩시장은

탈중앙화되어 있다. 판매자와 구매자가 직접 돈을 주고받는다. 반면에 마트는 중앙화되어 있다. 마트에서 판매자의 물건을 받아서 구매자에게 판다. 마트가 파괴되면 아무도 물건을 사고팔 수 없다. 하지만 벼룩시장을 와해하려면 모든 판매자를 잡아야 한다. 실크로드가 마트였다면 오픈바자는 벼룩시장이다.

오픈바자의 사용자는 중앙화된 웹사이트에 접속하는 게 아니라 다른 사용자와 대화를 가능하게 해주는 소프트웨어를 이용한다. 이를 통해 판매자와 구매자가 만나서 가격을 조율하고 직접 거래한다.[65] 오픈바자는 중앙서버와 에스크로 계정이 없고 만일 분쟁이 발생하면 구매자와 판매자가 제3자를 선정해서 해결해야 한다.[66]

요컨대 오픈바자는 중앙통제소가 존재하지 않기 때문에 공권력이 오픈바자를 폐쇄하려면 오픈바자 소프트웨어를 구동하는 모든 컴퓨터를 압수해야만 한다. 따라서 오픈바자를 파괴하는 것은 불가능에 가깝다.[67] 오픈바자의 창시자들은 판매되는 품목을 규제하지 않겠다는 입장이다.[68] 어차피 고도로 분산된 시스템이기 때문에 애초에 규제가 불가능하다.[69] 오픈바자는 단순히 급진적인 움직임이 아니라 위험한 움직임이다.

| 다크웹의 합법적 이용 |

다크웹에서 자행되는 범죄에 대해 듣다 보면 다크웹이 무조건 불법이라고 생각하기 쉬운데, 실은 합법적으로 사용되고 있다. 엄밀히 말해 다크웹은 익명으로 인터넷을 탐색하는 수단일 뿐이다.[70]

양지에 있는 웹사이트 중 일부가 사용자를 보호하기 위해 다크웹사이트도 제공하기 시작했다. 일례로 페이스북은 2014년에 중국처럼 페이스북이 금지된 국가에서 반정부 인사들이 이용할 수 있도록 다크웹 사이트를 개설했다.[71] 앞에서 말한 탐사보도매체 프로퍼블리카도 2016년에 이용자가 정부의 검열을 피하거나 타깃광고를 위해 인터넷 이용 내역을 추적하는 소프트웨어를 우회할 수 있도록 다크웹 사이트를 만들었다.[72]

다크웹 접속용 소프트웨어인 토르 역시 개인정보보호 기능을 강화한 웹브라우저에 불과하다.[73] 토르 프로젝트 측은 익명성을 보장하는 토르가 다음과 같이 다양한 사람에게 힘을 실어줄 것이라고 주장한다.

"사람들은 웹사이트가 자신과 가족을 추적하는 것을 막기 위해 토르를 이용하고, 인터넷 업체에서 접속을 금지한 뉴스 사이트, 메신저 등에 접속하기 위해 토르를 이용합니다. (…) 또한 강간이나 학대 피해자, 질병 보유자의 채팅방과 게시판에 접속하는 것처럼 사회적으로 민감한 사안에 대한 대화를 나누기 위해 토르를 이용합니다. (…) 언론인들은 내부고발자나 반정부 인사를 더 안전하게 취재하기 위해 토르를 이용하기도 하죠."[74]

끝으로 비트코인에 대해 말하자면, 다크웹에서 많이 사용되긴 하지만 다크웹에 속하진 않는다. 비트코인은 합법적인 용도로도 다양하게 사용되는 독립된 기술이다. 비트코인 찬성론자들은 비트코인이 구매자와 판매자의 신원을 보호해주고[75] 정부 소유가 아니기 때문에 정치적 압력에서 비교적 자유롭다고 주장한다.[76] 하지만 비트코인이 지금처럼 일반인이 사용하기 어려운 화폐로 남아 있다면 여전히 범죄자들만 애용할 것이라는 지적도 있다.[77]

정리하자면 비트코인, 토르, 다크웹은 모두 불법적인 기술이 아니다. 불법적인 행위에 많이 사용되고 있을 뿐 좋은 일에도 얼마든지 활용될 수 있다.

와츠앱은 어떻게 와츠앱도 읽을 수 없게 메시지를 암호화하는 걸까?

우리가 트위터에 로그인할 때, 지메일에서 메일을 보낼 때, 아마존에서 물건을 살 때는 다른 사람이 민감한 정보를 엿보지 못하게 통신이 암호화돼야 한다.[78] 그런 목적으로 존재하는 기술이 사용자의 컴퓨터와 웹사이트의 서버 간에 오가는 정보를 자동으로 암호화하는 HTTPS다.[79]

하지만 여기에도 반전이 있다. 이렇게 암호화되어 전송된 정보를 서버에서는 해독할 수 있다는 것이다.[80] 물론 그런 게 필요할 때도 있다. 아마존에서 결제가 처리되려면 고객의 신용카드 번호를 해독할 수 있어야 한다. 기업이 이렇게 개인정보를 해독해서 소비자의 공분을 사는 경우도 있다. 일례로 구글은 사용자가 지메일에서 주고받은 메일을 읽고 타깃광고를 표시하다가 2017년에야 중단했다.[81] 그뿐만 아니라 기업이 해독한 사용자의 정보를 정부가 강제로 취득할 수

있다는 위험도 존재한다.[82]

그래서 메신저 앱인 와츠앱이 2014년에 '종단간 암호화end-to-end encryption'를 도입했을 때 열렬한 환영을 받았다. 종단간 암호화는 송신자와 수신자만 메시지를 해독할 수 있는 기술이다. 따라서 와츠앱은 물론이고 모회사인 페이스북조차도 사용자의 메시지를 읽을 수 없다![83] 개인정보를 중시하는 사람들에게는 희소식이었다.[84] 그렇다면 이처럼 강력한 암호화는 구체적으로 어떻게 구현될까?

| 자물쇠 걸린 메시지 |

종단간 암호화를 설명하기 위해 비유를 들어보겠다. 우체국에서 모든 우편물을 허락 없이 개봉하는 이상한 나라가 있다. 하지만 멀리 물건을 보내려면 울며 겨자 먹기로 우체국을 이용할 수밖에 없다. 그

• **와츠앱의 종단간 암호화 개념도.**   출처: 와이어드Wired[85]

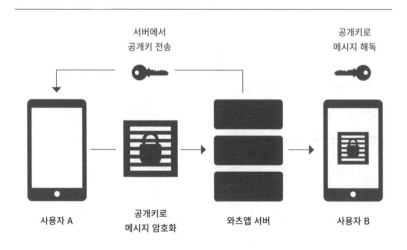

서버에서   공개키로
공개키 전송   메시지 해독

사용자 A   공개키로   와츠앱 서버   사용자 B
             메시지 암호화

래서 이 나라 사람들은 지정된 수신자가 아니면 누구도 우편물을 개봉할 수 없게 하는 묘안을 찾아냈다.

이런 식이다. 먼저 각 사람이 열쇠를 하나씩 만들고 그 열쇠로만 열 수 있는 자물쇠를 수백 개 만든다. 그리고 열쇠는 집 안에 안전하게 보관하고 자물쇠는 전국의 철물점에 배포한다.

자, 이 나라에 사는 제임스가 마리아에게 우편물을 보낸다고 해보자. 제임스는 근처 철물점에서 마리아의 자물쇠를 사서 우편물에 부착한다. 우체국에서는 당연히 우편물을 개봉하려고 든다. 하지만 열쇠가 없기 때문에 불가능하다. 물론 마리아는 그 자물쇠의 유일한 열쇠를 갖고 있으므로 우편물을 개봉할 수 있다.

이 방식은 지정된 수신자만 우편물을 개봉할 수 있으므로 보안성이 우수하다. 그리고 미리 수신자와 상의할 필요 없이 철물점에서 자물쇠를 사서 바로 우편물을 부치면 되니까 편의성도 좋다.

종단간 암호화가 바로 이런 원리로 작동한다. 이때 쓰이는 기술을 '비대칭 암호화asymmetric encryption' 혹은 '공개키 암호화public key cryptography'라고 부른다.[86] 모든 사용자에게 '공개키public key(앞의 비유에서 자물쇠에 해당)'와 '개인키private key(비유에서 개인 열쇠에 해당)'가 지급된다. 모든 메시지는 수신자의 공개키를 이용해 암호화되고 수신자의 개인키를 갖고 약간의 연산을 거쳐야만 해독할 수 있다.[87] 암호화와 해독은 모두 사용자의 장치에서 이루어지기 때문에 와츠앱 팀이 메시지를 해독하는 것은 절대 불가능하다.[88]

| 양날의 검 |

종단간 암호화는 개인정보를 중시하는 사람에게 반가운 기술이다.[89] 특히 정치적 검열을 피해 취재원과 더 안전하게 대화할 수 있기 때문에 언론계의 관심이 뜨겁다.[90] 시리아 같은 압제 정권의 반정부 인사들은 이미 정부의 감시망을 피하려고 와츠앱 같은 종단 간 암호화 메신저를 이용하기 시작했다.[91]

하지만 강화된 보안성은 테러리스트들에게도 도움이 될 수 있다. 실제로 2015년 프랑스 파리 테러를 자행한 일당이 와츠앱 같은 암호화 메신저를 이용했다.[92] 이런 경우에 당국이 핵심 물증인 메시지를 확보하지 못해서 유죄 선고를 내리기 어렵다.[93]

그뿐만 아니라 2018년 인도에서 와츠앱을 통해 유포된 가짜뉴스로 인해 집단 폭행 살인 사건이 빈발했을 때도 와츠앱의 종단간 암호화가 집중포화를 맞았다. 종단간 암호화를 거친 메시지는 발신자와 수신자만 읽을 수 있기 때문에 페이스북과 인도 경찰이 가짜뉴스의 유포를 막기는커녕 유포자를 색출하는 것조차 어려웠다.[94] (이후 페이스북은 와츠앱에 팩트 체크 기능을 추가하고[95] 사용자가 받은 메시지를 다른 사용자에게 그대로 전달하는 기능에 제약을 걸었다.[96] 하지만 경찰이 메시지의 최초 유포자를 알 수 없기는 마찬가지다.)

하지만 한 가지만큼은 확실하다. 좋든 싫든 간에 종단간 암호화가 앞으로도 널리 사용되리란 사실이다.

FBI는 왜 애플에 아이폰 해킹을 요구하는 소송을 걸었을까?

2015년에 캘리포니아주 샌버나디노San Bernardino에서 다수의 사망자를 낸 총격 사건이 발생했다. 그 뒤 2016년에 FBI는 애플 측에 피의자 중 한 명이 소지했던 아이폰의 잠금을 해제할 수 있도록 협조를 요청했다.[97] 이미 애플은 2008년부터 2016년까지 70회 이상 정부기관의 아이폰 잠금 해제에 협조했으나[98] 이번에는 응하지 않았다. 그러자 FBI는 애플을 상대로 소송을 제기했다.[99] 왜 FBI와 애플이 법정까지 가야 했을까? 한마디로 암호화 때문이다.

이전에 애플은 비밀번호 시스템을 우회해서 아이폰 내부의 파일을 FBI에 제공했다.[100] 그런데 그 70여 개의 휴대폰은 모두 iOS 7 이하 버전이 깔려 있었던 반면에 샌버나디노 사건의 휴대폰에는 iOS 9가 설치되어 있었다.[101] 문제는 iOS 8에서 비밀번호를 강제로 우회하는 기능이 삭제되어 애플조차도 잠금을 뚫을 수 없을 만큼 아이폰의 보안이 강화된 것이었다.[102]

iOS 8부터는 단순히 사용자가 입력한 비밀번호와 휴대폰에 저장된 비밀번호가 일치하는지 확인하는 방식을 사용하지 않는다. 일단 사용자가 입력한 비밀번호를 각 폰의 내부에만 존재하는 256비트의 고유코드(UID)와 혼합한다. 그리고 이 혼합 코드를 역시 휴대폰 내부에 저장되어 있는 원본 혼합 코드와 비교한다. 이때 원본 코드를 '해시hash'라고 부르는데 해시는 역추적이 불가능하다. 그래서 저장된 비밀번호를 모르면 잠금을 뚫을 수 없다.[103]

FBI처럼 휴대폰의 비밀번호를 모를 때 유일하게 쓸 수 있는 방법은 비밀번호를 마구잡이로 입력하는 것이다. 이를 전문용어로 브루트포스brute force라 한다.[104] 하지만 애플은 이 또한 어렵게 만들었다. 외부에서 휴대폰의 UID를 추출할 수 없으므로 비밀번호를 입력하려면 잠금화면에서 직접 번호를 탭하는 수밖에 없다.[105] 더군다나 아이폰은 잠금 해제를 10번 실패하면 내부의 데이터가 인정사정없이 삭제된다.[106]

FBI로서는 곤혹스러울 수밖에 없었다. 무작위로 비밀번호를 입력하는 것 말고는 잠금을 해제할 방법이 없는데 그 기회마저 10번뿐이라니.[107] 애플에 UID 기능을 해제해 달라고 요청할 수도 없었다. 애초에 물리적으로 불가능했다. 하지만 방법이 아주 없진 않았다. FBI는 애플에 10회라는 제한이 없고 비밀번호를 컴퓨터 프로그램으로 입력할 수 있는 브루트포스용 iOS를 제작해줄 것을 요구했다.[108] 그러나 애플은 그런 강압적 명령은 자사에 대한 언론의 자유 침해라며 거절했다.[109]

이에 FBI와 애플의 격렬한 소송전이 벌어졌다.[110] IT 업계에서는 FBI가 승소하면 정부가 강제로 암호화된 데이터를 취득하는 나쁜 선례가 남을 것이라고 우려했다.[111] FBI가 원하는 것은 물론 증거 확보였다.

FBI와 애플의 법적 분쟁은 FBI가 애플의 도움 없이 피의자의 아이폰을 뚫으면서 유야무야됐다.[112] FBI가 무슨 수를 썼는지는 아직도 알려지지 않았다. 그 방법을 공개하라는 소송이 몇 건 있었지만 정부는 기밀이라는 이유로 여전히 함구 중이다.[113]

보안 시스템에 대한 수사 당국의 대응은 여전히 논란거리다. 아이폰X에 안면인식을 통한 잠금 해제 기능이 도입됐을 때 많은 사람이 앞으로 경찰이 용의자의 얼굴에 폰을 가져다 대기만 해도 보안이 완전히 뚫릴 수 있다고 우려했다.[114]

해커는 어떻게 가짜 와이파이 네트워크로 개인정보를 탈취할까?

미국에서 스타벅스Starbucks에 들어가서 메일을 보내려고 와이파이를 켜면 'Free Wi-Fi by Starbucks', 'Google Starbucks', 'Free Public Wi-Fi'라는 공개 네트워크가 잡힌다. 이 중에서 어디에 접속해야 할까?

셋 중에서 'Google Starbucks'만 스타벅스에서 제공하는 와이파이 네트워크다.[115] 다른 것을 선택하면 문제가 생길 수 있다. 해커들이 진짜처럼 보이는 가짜 와이파이 네트워크를 만들어서 사람들을 유인하는 경우가 많기 때문이다.[116] 해커가 만든 네트워크에 접속하면 해커의 공유기가 사용자와 웹사이트 사이에 앉아서 오가는 정보를 모두 읽을 수 있다.[117]

더 영악한 해커들은 컴퓨터가 이전에 접속했던 네트워크와 똑같은 이름의 네트워크에 자동으로 접속한다는 허점을 노린다. 컴퓨터의 네트워크 리스트를 읽어서 자신의 공유기가 전에 접속했던 네트워크인 척하게 만드는 것이다. 그러면 컴퓨터는 멋도 모르고 가짜 네트워크에 자동으로 접속한다.[118] 사용자가 아무것도 안 했는데 악성 네트워크에 접속되는 것이다!

해커는 자신의 네트워크에 접속한 사람이 웹사이트나 앱과 주고 받는 통신을 모조리 읽고 조작할 수 있다.

| HTTPS 우회 |

'잠깐, HTTPS를 쓰면 모든 통신이 암호화되잖아?'라고 생각할 수 도 있다. 맞는 말이다. HTTPS를 쓰면 해커가 어떤 정보도 읽을 수 없으니까 안전하다.[119] 하지만 여기도 반전이 있다.

2009년에 한 연구자가 SSL스트립SSLStrip이라는 소프트웨어를 공 개했다.[120] SSL스트립은 사용자의 컴퓨터를 속여서 HTTPS가 아닌 HTTP로 서버와 통신하게 만들었다.[121] 일부러 주소창에 초록색 자 물쇠 아이콘과 'https'라는 문구가 표시되는지 확인하지 않는 이상 감쪽같이 속아 넘어가기 쉬웠다. 다행히도 이제는 SSL스트립 해킹 이 의심되면 웹브라우저가 사용자에게 주의를 준다. 보통은 주소창 의 'https://'에 빨간 사선을 긋는 식으로 경고를 표시하고, 그 외에 "현재 보고 있는 사이트는 접속하려고 했던 사이트가 아닐 수 있습 니다!"라는 메시지를 출력하기도 한다.[122]

하지만 만약에 해커가 SSL스트립을 사용했는데 사용자가 알아차 리지 못한다면? 당연히 HTTPS가 아닌 HTTP로 웹사이트나 앱에 접속하게 된다. 그게 얼마나 위험한지 예를 들어 설명해보겠다.

| 중간자공격 |

세라가 뱅크오브아메리카Bank of America의 온라인 뱅킹을 이용한다고 해보자. 세라가 로그인할 때 브라우저는 https://bankofamerica.com으로 아이디와 비밀번호를 전송한다. 그 메시지를 편의상 "Hi, I'm SarahTheGreat and my password is OpenSesame(안녕, 나는 SarahTheGreat이고 비밀번호는 OpenSesame야)"라고 하자. bankofamerica.com은 보안 프로토콜인 HTTPS를 이용하기 때문에 이 메시지는 암호화를 거친 뒤 전송된다. 이를 해독해서 세라의 아이디와 비밀번호를 인식할 수 있는 것은 뱅크오브아메리카뿐이다. 설령 해커가 세라의 메시지를 입수한다고 해도 그 내용은 'Uv, V'z FnenuGurTerng naq zl cnffjbeq vf BcraFrfnzr'처럼 알아들을 수 없는 문자열일 것이다.[123]

하지만 세라가 스타벅스에 가서 해커가 만든 가짜 와이파이에 접속했다고 해보자. https://bankofamerica.com을 열면 해커의 공유기가 SSL스트립을 이용해 http://bankofamerica.com을 대신 연다. HTTPS 대신 HTTP를 쓰게 만드는 것이다. 고작 한 글자 차이지만 이제 세라는 HTTP로 접속됐기 때문에 은행 사이트와 주고받는 정보가 암호화되지 않는다.[124] 로그인 시 "Hi, I'm SarahTheGreat and my password is OpenSesame"라는 메시지가 전송되면 해커의 공유기가 그 내용을 있는 그대로 읽을 수 있다![125] 이제 세라가 아닌 해커가 똑같은 메시지를 전송해도 은행 사이트는 눈치채지 못한다. 아이디와 비밀번호가 맞으니까 해커를 순순히 입장시킬 뿐이다.[126]

이런 수법을 '중간자공격man-in-the-middle attack'이라고 부른다.[127] 세라로 하여금 암호화가 안 되는 HTTP로 접속시킨 뒤부터 해커는 세라와 뱅크오브아메리카 사이에서 모든 통신을 '엿들을' 수 있다. 암호화되지 않은 비밀번호를 입수해서 세라의 계정에 로그인하면 예금을 다 자기 계좌로 송금해버리는 것도 가능하다.

온라인 뱅킹만 위험한 게 아니다. 해커는 중간자공격을 통해 다른 사람의 계정으로 온라인쇼핑몰, 이메일, SNS 등에 접속해서 걷잡을 수 없는 피해를 초래할 수 있다.[128]

중간자공격이 항상 돈벌이용으로만 사용되는 것은 아니다. 2013년에 안 그래도 민간인 사찰 혐의로 오랫동안 비판을 받아온 NSA가 중간자공격을 통해 사람들을 google.com을 가장한 사이트로 접속시켜 통신을 감청했다는 보도가 나와서 큰 파장이 일었다.[129]

│ 안전장치: VPN │

중간자공격이 통하는 이유는 공개 와이파이 네트워크가 근본적으로 보안성이 약하기 때문이다.[130] 그래서 전문가들은 안전을 위해 가상사설망 Virtual Private Network, VPN을 이용하라고 한다. VPN은 사용자와 웹사이트 사이에서 일종의 종단간 암호화를 수행해서 공유기가 사용자를 공격할 수 없게 막는다.[131] 사용자와 웹사이트를 연결하는 '보안 터널'을 만든다고 보면 된다.[132] 간단히 말해 VPN은 공개 네트워크를 비공개 네트워크로 전환한다.[133]

시중에 무료나 저렴한 VPN이 많이 나와 있다.[134] 공개 와이파이 네트워크를 이용할 때는 반드시 VPN을 이용하길 권한다!

정리해보자. 해커는 어떻게 가짜 와이파이 네트워크로 개인정보를 탈취할까? 사용자가 가짜 네트워크에 접속하면 해커는 SSL스트립을 이용한 중간자공격으로 감쪽같이 비밀번호를 비롯한 개인정보를 도둑질한다. 방금 말했다시피 중간자공격에 대한 최선의 방어 수단은 VPN을 이용하는 것이다.

8장

하드웨어와 로봇

지금까지는 주로 소프트웨어에 대한 이야기였다. 하지만 아무리 근사한 앱도 휴대폰, 태블릿, 컴퓨터, 스마트워치, 스마트안경 같은 하드웨어가 없으면 무용지물이다. 소프트웨어처럼 하드웨어도 발전에 발전을 거듭하고 있다. 이제는 신용카드 대신 휴대폰으로 결제하고[1] 선글라스로 동영상을 촬영하며[2] 로봇이 대신 전쟁을 수행하는 시대다.[3]

이번 장에서는 이 경이로운 기계들의 작동 원리를 알아보려 한다.

바이트, KB, MB, GB가 뭘까?

우리는 128GB 아이폰을 구매하고, 50MB짜리 앱을 다운받고, 15KB짜리 문서를 편집한다. 여기에 쓰인 것은 모두 디지털 공간이나 파일의 크기를 가리키는 단위다. 그러면 KB, MB, GB는 구체적으로 무엇을 의미할까?

가장 기본이 되는 것부터 이야기해보자. 정보는 어떻게 기록될까? 영어권 사람들은 알파벳 26자와 숫자 10개를 조합해 단어와 수를 만든다. 하지만 컴퓨터가 사용하는 것은 0과 1뿐이다. 글, 그림, 영상 등 모든 정보가 오로지 0과 1의 조합으로 저장된다. 이때 한 개의 0이나 1을 '비트(bit)'라고 부른다. 그런데 비트는 너무 작은 단위라서 그대로 쓰기에는 불편하기 때문에 8비트를 가리키는 '바이트(byte, B)'라는 단위가 대신 사용된다.[4] 예를 들어 우리가 말하는 166이라는 수는 이진법으로 나타내면 10100110인데, 그 크기는

8비트, 즉 1바이트다.

바이트는 파일 크기를 측정하는 단위다. 평균적으로 사진은 300~700만 바이트,[5] 안드로이드나 iOS 앱은 3,800만 바이트,[6] 초고화질 영상은 250억 바이트[7] 정도 된다.

이처럼 파일의 크기가 무척 큰 경우도 있기 때문에 거리를 잴 때 센티미터(cm), 미터(m), 킬로미터(km)를 이용하는 것처럼 파일의 크기를 잴 때도 여러 단위가 존재한다. 1,000바이트를 킬로바이트(kilobyte, KB), 100만 바이트를 메가바이트(megabyte, MB), 10억 바이트를 기가바이트(gigabyte, GB)라고 부른다.[8] 다시 말해 사진은 평균 3~7MB, 앱은 38MB, 초고화질 영상은 25GB다.

KB, MB, GB라는 '표준' 단위 외에 테라바이트(1조 바이트, terabyte, TB), 페타바이트(1,000조 바이트, petabyte, PB), 엑사바이트(무려 100경 바이트, exabyte, EB)도 존재한다.[9] 이런 단위도 종종 요긴하게 쓰인다. 예를 들어 2013년에 발생한 인터넷 트래픽의 총합은 5엑사바이트로, 환산하면 자그마치 50억GB, 즉 500경 바이트다.[10]

컴퓨터와 휴대폰의 CPU, 램 같은 사양은 무엇을 의미할까?

맥북, 갤럭시 같은 컴퓨터나 휴대폰을 사려고 보면 '사양'이라는 항목에 제품의 성능과 속도를 말해주는 수치가 잔뜩 등장한다.[11] 아이폰7의 32GB 저장공간 같은 것은 간단한 사양이다.[12] 하지만 무슨 외계어 같은 사양도 존재한다. '쿼드코어 인텔 코어 i9'은 무엇이고 '512GB 온보드 SSD'는 또 무엇이란 말인가?[13]

보기만 해도 머리가 복잡해진다. 사실 이런 사양에 대해 자세히 이야기하자면 책 한 권 분량은 나올 테지만 여기서는 그중에서도 가장 중요한 것, 즉 모든 컴퓨터 장치(노트북, 태블릿, 휴대폰, 스마트워치 등 사용자의 조작에 반응하는 화면을 탑재한 모든 장치)에 공통으로 존재하는 부품들에 대해서 알아보기로 하자.

| 중앙처리장치 |

첫 타자는 '두뇌'에 해당하는 중앙처리장치Central Processing Unit, CPU다.[14] 우리가 사용하는 기기가 화면에 표시할 내용을 정하고, 인터넷에 접속하고, 수치를 계산하는 등 각종 기능을 수행하려면 연산 작업이 필요한데, 작은 사각형 칩인 CPU가 모든 연산을 도맡아 처

• **인텔 CPU 칩의 내측.**　　　　　　　　　출처: ©Eric Gaba[15]

리한다.

　CPU는 개별적으로 연산을 수행하는 '코어core'들의 집합체다.[16] 코어가 많을수록 속도가 빠르고 동시에 더 많은 작업을 처리할 수 있다.[17] 네 사람이 동시에 제설 작업을 하면 혼자일 때보다 네 배 빠른 것과 같다. 일반적으로 코어가 많은 CPU를 장착한 기기일수록 영상 편집, 현란한 게임, 복잡한 수치 계산처럼 방대한 연산이 필요한 작업을 더 효과적으로 수행한다.

　CPU에는 초당 수행 가능한 계산의 횟수를 나타내는 클럭clock 속도가 존재한다.[18] 클럭 속도는 보통 기가헤르츠(gigahertz, GHz) 단위로 표시하는데 1GHz는 1초에 10억 회의 계산이 가능하다는 뜻이다.[19] 이론상으로는 클럭 속도가 높을수록 빠른 CPU다. 하지만 요즘은 클럭 속도로 CPU를 비교하지 않는다. 클럭 속도 외에도 CPU 속도를 결정하는 요인이 많고 CPU 브랜드가 다르면 사실상 클럭 속도를 비교할 수 없기 때문이다.[20]

　두 개의 CPU 중 무엇이 우위에 있는지 대략적으로나마 알려면 시리즈 번호series number를 비교하는 방법이 있다. 인텔 CPU에는 i3, i5, i7, i9 같은 번호가 붙는다.[21] 보통은 번호가 높은 제품(예: i9)이 낮은 제품(예: i3)보다 속도와 성능이 우월하다.[22]

　그러면 최고의 CPU는 무엇일까? 용도에 따라 달라진다. 강력한 CPU일수록 가격이 비싸고 전력을 많이 소모한다.[23] 그래서 단순히 페이스북을 보고 메일을 보내는 용도로는 강력한 CPU를 쓸 필요가 없다. 마트에 장 보러 가는데 페라리를 끌고 갈 필요가 없는 것처럼 말이다.

참고로 CPU 칩의 종류는 대표적으로 ARM과 인텔이 있다. 기존에는 x86으로 알려진 인텔칩이 더 강력한 반면에 ARM 칩은 더 저렴하고 전력 소모가 적었다. 그래서 컴퓨터에는 인텔칩이 들어가고 휴대폰에 ARM 칩이 사용됐다. 하지만 ARM 칩의 성능이 꾸준히 향상돼서 이제는 그 경계가 허물어지고 있다.[24] 일부 크롬북에 ARM이 탑재됐고 애플은 2020년부터 맥북의 CPU를 인텔에서 ARM으로 전환하기 시작했다.[25]

| 저장장치: 장기 기억 |

우리가 쓰는 기기에는 사진, 앱, 문서 등이 저장된다. 그래서 장기 저장장치가 필요하다.[26] 그러면 먼저 컴퓨터에서 사용되는 저장장치의 종류에 대해 알아보자. (휴대폰과 태블릿의 저장장치에 대해서는 바

• 하드드라이브. 하드드라이브는 대부분 지름 2.5인치나 3.5인치 규격이다.[28]   출처: 위키미디어[29]

로 뒤에서 이야기할 것이다.)

디지털 데이터를 저장하는 용도로 오랫동안 사용된 장치는 하드드라이브hard drive, HDD다. 하드드라이브는 자성磁性 물질로 코팅된 원형 철판과 길쭉한 암arm으로 구성되어 있어 철판이 회전하면 암이 움직이며 코팅층에 정보를 기록하거나 기존에 기록된 정보를 읽어 들인다.[27]

그러다 최근에 솔리드스테이트드라이브solid-state drive, SSD가 등장했다. SSD는 움직이는 부품 없이 '셀'이라고 하는 작은 칸이 무수히 배열된 구조다.[30] 각 셀에 0이나 1이 저장된다.[31] (비유하자면 와플 표면에 있는 칸마다 원하는 시럽을 붓는 것과 같다.) SSD는 단순히 셀을 모아놓은 집합체에 불과하기 때문에 내부에서 움직이는 부품이 없다. 이게 왜 중요한지는 잠시 후에 설명하겠다. 이런 기술을 '플래시

• 솔리드스테이트드라이브.
  보다시피 움직이는 부품이 없다.

  출처: 위키미디어[33]

메모리flash memory'라고 부르며, SSD 외에도 우리 주변에서 흔히 볼 수 있는 USB드라이브, SD카드 역시 플래시 메모리다.[32]

| HDD vs SSD |

그러면 둘 중에서 무엇이 더 좋은 저장장치일까? 하드드라이브는 파손되기 쉬운 원판과 암이 움직이는 구조이기 때문에[34] 더 빨리 망가지고(일반적인 용도로 쓴다고 해도 그렇다) 소음이 발생하며 무겁고 전력을 많이 소모한다.[35] 반면에 SSD는 움직이는 부품이 없기 때문에 훨씬 튼튼하고 조용하고 가볍고 효율적이다.[36] 더군다나 하드드라이브는 원판을 회전시켜서 정보를 찾지만 SSD는 전기 신호만 쏘면 되기 때문에 SSD가 속도도 훨씬 빠르다.[37]

한마디로 SSD의 압승이다. SSD가 경량성, 정숙성, 내구성, 효율성에서 모두 앞선다.[38] 그나마 바이트당 가격만큼은 하드드라이브가 더 저렴했지만 요즘은 SSD도 매년 가격이 떨어지고 있어서 그것도 옛말이 되어가고 있다.[39] 2012년에는 1TB SSD가 1천 달러가 넘는 가격에 팔렸지만 지금은 150달러가 안 된다. 현시점에서는 하드드라이브와 SSD의 바이트당 가격이 대동소이하다.[40]

이런 까닭에 예전에는 컴퓨터에서 하드드라이브가 대세였지만 이제는 SSD가 보편화되고 있다. 맥북[41]이나 마이크로소프트 서피스Surface[42]는 아예 SSD 모델만 출시되고 하드드라이브 모델은 더이상 나오지 않는다.

한편으로 휴대폰, 태블릿, 카메라에서는 플래시 메모리만 사용된다.[43] (SSD도 노트북용으로 설계된 특수한 플래시 메모리다.)[44] 하드드라이브가 배제되는 이유 중 하나는 회전판을 아무리 축소한들 요즘 쓰는 휴대 기기에 들어갈 만큼 작게 만들 수 없기 때문이다.[45] 그래서 소형 기기에는 플래시 메모리가 사용될 수밖에 없다. 더욱이 플래시 메모리는 작고 에너지 효율이 좋은 데다 떨어져도 쉽게 망가지지 않기 때문에 휴대 기기에 적합하다.[46]

| 램: 단기기억 |

랜덤 액세스 메모리random-access memory, 줄여서 램RAM은 기기의 단기기억이다. (인간도 단기기억이 있다. 휴대폰 번호를 입력하기 전에 잠시 기억하는 것이 쉬운 예다.[48]) 우리가 앱을 실행하고, 브라우저 탭을 열고, 워드 문서를 열면 컴퓨터는 우리의 모든 행위를 기억하기 위해 램을 소비한다.[49] 그런데 램은 휘발성이 있다. 앱을 재시작하면 앱에 배정됐던 램이 깨끗이 지워진다. 그래서 워드 문서를 저장하지

• SD카드도 플래시 메모리로, 휴대폰이나 태블릿에
  사용되는 저장장치와 동일한 범주에 속한다.
  출처: 매셔블Mashable[47]

않고 닫으면 내용이 날아가 버린다. 기기를 재시작하면 전체 램이 초기화된다. 그래서 휴대폰이나 컴퓨터를 완전히 껐다가 켜면 아무 앱도 구동되지 않는다.[50]

그러면 왜 램과 저장장치가 모두 필요할까? 책상에서 수학 과제를 하는데 참고해야 할 책이 많다고 해보자. 모든 책을 책장(저장장치)에 꽂아두면 필요할 때마다 일어나서 꺼내와야 한다. 느리고 비효율적이다. 하지만 참고서를 모두 책상 위에 펼쳐놓으면 필요할 때 쓱 보면 그만이다. 그게 바로 램이다. 그런데 펼쳐놓은 책이 늘어날수록 책상이 어수선해지다가 결국에 가서는 더는 책을 둘 공간이 없어진다. 램도 마찬가지다. 램은 컴퓨터가 동시에 다수의 연산을 수행할 수 있게 하지만 그게 무한대로 가능하진 않다.[51]

램이 부족하면 어떻게 될까? (브라우저 탭을 2천 개쯤 열어 놓으면 그렇게 된다.) 컴퓨터가 하드드라이브나 SSD의 공간을 빌려서(이를 '스왑 공간swap space'이라고 부른다[52]) 추가 램처럼 사용한다. 하지만 저장장치는 램보다 속도가 느리기 때문에 빌려온 공간도 당연히 정보를 읽고 쓰는 속도가 느리다. 그래서 컴퓨터의 속도가 확연히 느려진다.[53] 우리가 앱, 게임, 탭을 잔뜩 열어 놓으면 컴퓨터가 느려지는 게 그 때문이다. 이럴 때는 메모리를 잡아먹는 앱을 닫아서 램을 확보할 수 있다. 아니면 기기를 재시작해서 램을 깨끗이 비우는 것도 좋은 방법이다.[54]

램은 비용이 더 들어도 많을수록 좋다.[55] 램이 많으면 컴퓨터가 현란한 게임, 영상편집, 대량 데이터 분석 앱을 다루기가 수월해진다. 하지만 메일을 확인하거나 인터넷을 탐색하는 용도로만 쓴다면 램

이 좀 적어도 괜찮다.[56]

램이 많을수록 컴퓨터가 빨라진다고 해서 무조건 램을 늘리는 게 능사는 아니다. 램 외에도 CPU 등 다른 요인이 컴퓨터를 느리게 만들 수 있기 때문이다.[57]

| 저울질 |

여기서 또 중요한 점은 하드웨어 제조사가 기기를 설계할 때 얻는 게 있으면 항상 잃는 것도 있다는 사실이다. 예를 들어 게임용 노트북은 램을 최대한 탑재하는 대신 가격을 낮추기 위해 배터리 지속 시간을 양보한다.[58] 서버 중에서 이미지 저장용으로 설계되는 제품은 저장공간을 많이 확보하는 대신 앱을 많이 구동하진 않으므로 램을 양보한다.[59] 모든 것을 가질 수는 없으니 무엇이 더 중요한지 잘 판단해야 한다.

애플은 왜 구형 아이폰을 느려지게 만들까?

수년 전부터 애플이 구형 아이폰의 속도를 일부러 둔화시킨다는 의혹이 제기된 끝에 마침내 2017년에 애플이 그 사실을 인정했다.[60]

이에 많은 사람이 돈벌이에 눈이 먼 애플이 의도적으로 폰을 빨리 고장나게 해서 신형 모델로 교체하게 만드는 '계획적 진부화' 전략을 쓰고 있다고 비판했다.[61] 하지만 실상은 좀 시시하다.

휴대폰은 오래 쓸수록 리튬이온lithium-ion 배터리의 성능이 떨어진다. 폰을 충전할 때마다 '충전 사이클'이 증가하는데 아이폰은 충전 사이클이 500회쯤 되면 배터리 용량이 초기에 비해 20% 정도 줄어든다.[62] (혹시 휴대폰을 오래 썼더니 배터리가 금방 닳는 듯한 느낌이 든다면 느낌만 그런 게 아니다.) 그런데 하드웨어는 나날이 발전하기 때문에 앱과 iOS가 요구하는 전력도 갈수록 증가한다.[63]

배터리 용량은 줄어드는데 전력 요구량은 늘어나니 구형 휴대폰에는 불리할 수밖에 없다. 당연히 배터리 지속 시간이 나빠진다. 그리고 앱이 요구하는 전력을 배터리가 감당하지 못하면 휴대폰이 다운될 수 있다.[64]

휴대폰이 우발적으로 다운되는 사태를 막기 위해 애플은 구형 아이폰의 속도를 늦춰서 최대 전력 사용량을 낮추는 방식을 택했다. 그렇게 다운될 확률을 줄이고 배터리 지속 시간을 개선할 수 있었다.[65]

| 배터리 스캔들 |

문제는 애플이 아무런 고지도 없이 휴대폰의 속도를 늦췄다는 것이다. 당연히 소비자들은 분노했다. 이탈리아 공정거래위원회 Autorità Garante della Concorrenza e del Mercato, AGCM는 지속해서 구형 아이폰의 전력 요구량을 증가시키면서도(이를테면 전력 소비량이 더 많은 iOS 최신 버전의 설치를 강요함으로써) '장치의 최대 성능을 복원할' 수단은 제공하지 않는 행위를 부당하다고 판단해 애플에 500만 유로의 과징금을 부과했다.[66]

이렇게 파장이 일자 애플은 2018년 1년간 아이폰 배터리 교체 비용을 정가인 79달러에서 29달러로 인하한다는 대책을 발표했다.[67]

이 프로그램이 애플의 이미지 회복에는 도움이 됐지만 실적에는 정반대 효과로 나타났다. 29달러로 배터리가 교체된 아이폰은 약 1,100만 대로 당초 예상했던 100~200만 대를 훌쩍 넘어섰다. 그리고 소비자들은 배터리만 바꿨는데 휴대폰이 훨씬 쾌적해지는 것을 경험했다. 그래서 많은 사람이 2018년 말에 출시된 아이폰XR과 XS로 굳이 업그레이드할 필요성을 못 느꼈다.[68] 이렇게 업그레이드 수요가 저조했으니 애플이 2019 회계연도 1분기 실적을 발표했을 때 매출액이 예상치를 70억 달러나 밑도는 게 당연했다.[69]

정리하자면 배터리 교체 프로그램 때문에 아이폰 사용자들이 배터리만 바꿔도 휴대폰을 회춘시킬 수 있다는 것을 알게 되면서 최신 기종에 대한 수요가 감소했고, 그에 따라 애플의 매출이 타격을 입었다. 이 이야기의 교훈은 폰을 오래 쓸수록 성능이 저하되긴 해도 흔히 생각하는 만큼 심하게 나빠지진 않는다는 것이다. 폰 제조사로서는 비밀에 부치고 싶은 진실일지도 모르겠지만.

휴대폰의 지문인식은 어떤 원리로 작동할까?

이제는 '밀어서 잠금 해제swipe to unlock'가 새로운 방식으로 교체되고 있다. 2014년에 삼성 갤럭시S 시리즈에 지문으로 잠금을 해제하는 기능이 도입된 후[70] 현재는 많은 안드로이드폰에서도 지문인식이 사용된다.[71] 그러면 지문인식의 원리는 무엇일까?

| 광학식 스캐닝 |

가장 오래된 지문인식 방식은 초소형 카메라로 지문의 사진을 찍는 '광학식 스캐닝optical scanning'이다. 이때 지문의 볼록한 '마루'는 검은색, 오목한 '골'은 흰색으로 변환되어 대비가 선명한 사진이 만들어진다. 이 사진을 내부 데이터베이스에 저장된 지문과 비교해 일치 여부를 판단한다.[72]

광학식 스캐닝의 단점은 보안성이 약하다는 것이다.[73] 단순히 사진을 찍는 방식이기 때문에 지문 사진을 가져다 대는 것으로 스캐너를 속일 수 있다. 한 연구에서 65%의 확률로 광학식 스캐너를 무력화하는 '만능' 지문 세트가 생성되기도 했다.[74]

| 정전식 스캐닝 |

요즘은 '정전식capacitive' 지문 스캐닝이 대세다. 정전식은 커패시터capacitor(초소형 배터리라고 생각하면 된다)가 촘촘히 박힌 센서를 이용한다.[75] 지문의 마루가 닿은 커패시터만 정전 용량이 증가하고 지문의 골이 닿은 커패시터는 정전 용량이 변하지 않는다. 이 정전 용량의 패턴을 토대로 고해상도 지문 이미지를 만든 후 데이터베이스에 저장된 지문과 일치하는지 확인한다.[76]

정전식을 옹호하는 쪽 주장에 따르면, 정전식은 사진으로 속일 수 없기 때문에 광학식보다 보안성이 훨씬 뛰어나다.[77] 하지만 한 연구자가 정전식도 해킹이 가능하다는 것을 증명했다. 그는 자신의 엄지손가락을 촬영한 고해상도 이미지로 플라스틱에 지문을 새겨서 정전식 센서를 속였다.[78]

최고의 지문인식 시스템도 이렇듯 보안상 허점이 있다. 그래서 이제는 홍채인식iris recognition[79]과 안면인식face recognition처럼 보안성이 더 강한 '생체인식biometric' 시스템이 도입되는 추세다. 아이폰은 2017년에 출시된 아이폰X부터 안면인식으로 잠금이 해제된다.[80] 보도에 따르면 애플워치는 심박 패턴을 이용한 사용자 인식 기능을 추가하는 것을 고려 중이라고 한다.[81]

잠깐, 아직 완전히 마음을 놓기는 이르다. 보안성이 '더 강한' 생체인식 시스템 역시 해킹이 가능하기 때문이다. 앞에서 플라스틱 지문으로 정전식 스캐너를 해킹한 연구자가 자신의 눈을 촬영한 고해상도 사진으로 홍채인식 하드웨어까지 속일 수 있었다.[82] 즉, 어떤 생체인식 시스템도 완벽하진 않다.[83]

애플페이의 작동 원리는 뭘까?

2014년에 애플페이Apple Pay가 등장하면서 계산대에서 아이폰을 단말기에 가져다 대는 것으로 음식이나 옷 등을 구입할 수 있게 됐다.[84] 구글도 이에 뒤질세라 2015년에 안드로이드페이Android Pay를 출시했다.[85] 휴대폰만 대면 결제가 되는 이 마법의 시스템은 어떤 원리로 작동할까?

애플페이와 안드로이드페이의 핵심은 근거리무선통신near-field communication, 줄여서 NFC 기술이다.[87] NFC칩이 장착된 기기(휴대

폰, 카드, 결제 단말기 등)끼리 접촉하면 소량의 정보가 교환된다.[88] 전파를 타고 정보가 전달되는 것이다(블루투스가 사용하는 것과 같은 전파다[89]). NFC는 전력 소모가 거의 없고 '패시브passive' NFC 기기는 전원마저 필요 없다.[90]

우리가 쓰는 휴대폰에는 NFC칩이 내장되어 있고 애플페이 결제 단말기도 마찬가지다. 그래서 휴대폰을 단말기에 대면 전파를 통해 두 기기 안에 있는 칩들이 정보를 주고받는다. 이렇게 해서 단말기가 사용자의 신용카드에 대금을 청구하면 결제가 완료된다.[91]

다른 예도 있다. 지하철을 탈 때 이용하는 교통카드에 전원이 필요 없는 '패시브' NFC칩이 내장되어 있다고 해보자. 이를 전원이 필요한 '액티브' NFC칩이 내장된 단말기에 대면 양 칩의 통신을 통해 교통카드 잔액에서 요금이 빠져나가고 게이트가 열린다.[92]

| 강화된 보안성 |

그렇다면 애플페이는 안전할까? 걱정하지 않아도 된다. 애플페이는 휴대폰에서 상점으로 신용카드 번호가 전달되는 방식이 아니다. 애플이 카드사들과 긴밀히 공조해서 보안성을 극대화한 시스템을 만들었다. 사용자가 애플페이를 쓸 때마다 카드사(비자, 마스터카드 등)는 무작위로 만든 16자리 토큰token을 암호화해 휴대폰으로 전송한다. 사용자가 휴대폰을 단말기에 대면 휴대폰에서 단말기로 이 암호화된 토큰이 전송된다. 그러면 단말기는 이 토큰을 다시 카드사로 보내서 사용자의 토큰으로 확인되면 비로소 대금을 청구한다. 이렇게 하면 설령 해커가 사용자의 토큰을 입수한다고 해도 카드번호를 역추적할 수 없기 때문에 안전하다. 토큰으로 카드번호를 알 수 있는

것은 카드사뿐이다. 더군다나 터치ID가 있는 아이폰에서는 결제할 때 지문인식으로 본인인증을 해야 한다. 그래서 애플페이가 신용카드보다 '훨씬 안전하다'는 평가를 받는다.[94]

이처럼 해커에게 신용카드 정보를 털릴 위험이 없기 때문에 애플페이 결제시스템을 도입하는 매장이 급속도로 늘어나고 있다.[95] 2013년에 타깃이 해킹을 당해 무려 4천만 개의 카드번호가 유출된 사건을 떠올려보면 당연한 현상이다.[96] 게다가 2016년부터 마그네틱을 긁는 방식의 구형 카드 인식기를 쓰다가 해킹을 당하면 카드사가 아닌 판매자가 배상하도록 법이 바뀌었기 때문에 안전한 결제시스템이 더욱 중요해졌다.[97] 물론 마그네틱 카드가 아닌 IC칩 카드를 쓰면 해킹을 방지할 수 있지만 마그네틱을 긁는 것보다 결제 속도가 훨씬 느리다. 그래서 애플페이가 더욱 매력적인 대안이 된다.[98]

보다시피 애플페이는 구매자와 판매자 모두에게 유용하다. 그래서 애플페이를 위시한 NFC 기반 모바일결제 시스템이 앞으로 더욱 빠르게 성장할 것으로 보인다.＊

| NFC의 다른 용도 |

NFC는 휴대폰만 대면 돈이나 정보가 교환되는 편리한 기술이다. 그래서 지금보다 더 다양한 용도로 사용될 잠재력이 있다.

한 가지 예를 들자면 상점 외에도 NFC로 결제할 수 있는 곳이 이

＊ NFC 단말기 보급률이 낮은 한국에서는 마그네틱 보안 전송(MST)과 QR코드를 이용한 간편결제가 대세이며 이것이 애플페이가 도입되지 않는 이유 중 하나로 지적되고 있다.

미 대단히 많다. 샌프란시스코에서는 NFC 스티커에 휴대폰을 대면 주차 요금이 결제된다.[99] 시카고에서는 애플페이로 지하철 요금을 낼 수 있다.[100]

그리고 NFC칩이 내장된 휴대폰을 사물에 붙은 특수한 스티커에 대면 추가 정보를 얻을 수 있다. 그래서 광고나 전단에 NFC 스티커를 붙여놓으면 소비자가 휴대폰으로 더 자세한 내용을 볼 수 있다. 프랑스 일부 지역에서는 NFC 스티커에 휴대폰을 대면 주변 지도가 나온다. NFC는 쇼핑에도 유용하게 사용될 수 있다. 예를 들면 휴대폰을 제품에 대는 것으로 가격을 비교하거나 쿠폰을 받을 수 있게 할 수 있다.[101] 이렇게 오프라인과 온라인의 경계를 허무는 NFC가 앞으로 더욱 다채롭게 사용될 것으로 기대된다.

포켓몬고의 작동 원리는 뭘까?

2016년, 현실 세계에서 만화 속 몬스터를 잡는 포켓몬고가 전 세계를 휩쓸었다.[102] 포켓몬고의 인기 비결 중 하나는 증강현실 Augmented Reality, AR 기술을 이용해 우리가 사는 세계와 포켓몬의 세계가 겹쳐지는 것이다.[103] 예를 들면 집 근처의 건물이나 공원이 포켓스톱(아이템을 습득하는 곳)이 되고 포켓몬 체육관(다른 포켓몬과 결투를 벌이는 곳)이 된다.[104] 그리고 거북과인 꼬부기가 해변에 나타나고 박쥐과인 주뱃이 밤에 활동하는 것처럼 '자연서식지'에서 포켓몬이 출현한다.[105] 이것이 가능한 이유는 크라우드소싱crowdsourcing*

을 통해 위치 정보가 축적되고, 휴대폰의 내장 시계를 통해 시간을 확인할 수 있으며, 지리 데이터를 통해 '기후, 식생, 지질, 석질'을 기준으로 지형을 분류할 수 있기 때문이다.[106]

기술적인 측면에서 더욱 흥미로운 것은 포켓몬을 포획하려고 할 때 포켓몬이 주변 환경을 이용한다는 점이다. 가령 공원에서 포켓몬을 잡으려고 하면 포켓몬이 풀밭에서 폴짝 뛰거나 분수에 첨벙 뛰어든다.[107]

그렇다면 포켓몬의 위치는 어떻게 정해질까? 먼저 휴대폰의 카메라를 통해 주변 환경이 인식된다. 예를 들어 지금 있는 곳이 강가의 풀밭으로 인식됐다고 해보자. 그러면 이제 알고리즘을 통해 지면이 어디에 있는지 파악된 후 그곳에 서 있는 포켓몬이 표시된다.[108] 그리고 가속도계, 나침반, GPS를 통해 사용자의 움직임이 감지되면 그에 맞춰 포켓몬도 움직인다.[109]

포켓몬고로 대표되는 증강현실의 인기가 날로 높아지고 있다. 2016년에 한 전문가는 2020년까지 AR 시장의 규모가 900억 달러로 성장할 것으로 예측했다.[110]** 특히 게임 개발자들이 AR에 열광하고 있다.[111]

---

* 대중의 참여를 통해 필요한 자원을 확보하는 방법.
** 이 같은 예측을 했던 디지캐피털Digi-Capital은 2020년 130억 달러로 추산되는 VR/AR 시장이 2024년까지 670억 달러로 성장할 것이란 예측을 내놓았다.

아마존은 어떻게 1시간 배송 서비스를 제공할까?

아마존 프라임나우Prime Now는 아마존 프라임 유료 회원을 대상으로 다양한 상품을 1시간 이내에 배달하는 서비스다.[112] 2017년을 기준으로 미국 30여 개 도시에서 이용할 수 있다.[113] 그런데 미국은 동쪽 끝에서 서쪽 끝까지 비행기로 가도 최소 5시간이 걸릴 만큼 땅덩어리가 넓은 나라다.[114] 그런 곳에서 무슨 수로 1시간 배송이 가능한 걸까?

프라임나우는 소프트웨어, 로봇, 인간의 공조로 실현된다. 먼저 소프트웨어에 대해 이야기하자면 아마존은 각 지역의 프라임 회원 데이터를 토대로 그곳의 물류창고에 어떤 상품의 재고가 필요한지 파악한다. 배송 속도를 극대화하기 위한 전략이다.[115]

프라임나우의 핵심은 바로 이 물류창고, 아마존에서 쓰는 표현을 쓰자면 '주문처리센터fulfillment center'다. 프라임나우가 제공되는 대도시는 모두 외곽에 물류창고가 존재한다. 예를 들어 뉴욕은 인접 도시인 뉴저지주 유니언시티에 물류창고가 있다.[116]

물류창고 내부에는 그래놀라바, 스케이트보드화 등 각양각색의 상품이 곳곳의 선반에 무질서하게 적재되어 있다. 하키퍽hockey puck처럼 생긴 로봇들이 물류창고를 자유롭게 누비며 필요한 상품이 있는 선반을 가져오면 '피커picker'라고 하는 직원이 선반에서 상품을 꺼낸다.[117]

일반 매장에서는 상품을 종류별로 보관하지만 아마존 물류창고에서는 감자칩 옆에 보드게임이 놓이는 등 상품이 곳곳에 뒤죽박죽 섞

여 있다. 그래도 로봇이 어떤 상품이든 너무 멀지 않은 거리에서 찾을 수 있다.[118] 그리고 직원이 선반을 다시 채울 때 어떤 상품을 어디에 둘지 신경 쓰지 않아도 된다.[119]

물론 이런 환경에서 직원들이 상품을 찾는 것은 불가능하다. 하지만 아마존의 방대한 데이터베이스에 어떤 상품이 어디에 있는지 정확히 기록되어 있기 때문에 걱정할 필요가 없다. 그리고 알고리즘을 통해 물류창고 내에서 어떤 상품이 어디로 이동해야 하고, 로봇과 직원이 어떤 경로로 이동해야 하는지가 정해진다.[120]

아마존은 로봇과 알고리즘을 이용하기 때문에 상품을 찾는 시간이 수십 분이 아니라 단 몇 분으로 단축된다고 주장한다.[121]

이렇게 해서 상품의 포장이 완료되면 이제 배송 기사가 지하철, 자동차, 자전거, 도보 등 적절한 이동수단을 통해 1시간 안에 고객에게 물건을 전달한다.[122]

아마존 물류창고는 인간과 로봇이 공조하게 될 미래의 일터를 보여주는 흥미로운 사례. 로봇은 인간보다 훨씬 빨리 물건을 찾아서 운반할 수 있다. 특히 알고리즘을 이용하면 이동 시간이 최소화된다. 그리고 인간은 로봇이 따라올 수 없는 민첩한 손놀림으로 물건을 꺼내서 스캔하고 포장할 수 있다.[123]

이것이 미래의 일자리에 대해 시사하는 바는 무엇일까? 한편에서는 전자상거래로 인해 오프라인 매장에서 수많은 일자리가 사라지고 있지만, 역설적이게도 또 한편에서는 아마존의 로봇과 알고리즘으로 효율을 극대화한 물류창고가 더 많이 건설됨으로써 결과적으로 일자리가 '창출'된다는 것이다.[124] 한때 공업이 융성했던 일리노이

주 졸리엣Joliet에서 기술의 발달과 자동화로 수천 명이 일자리를 잃었으나 2016년에 아마존 물류창고가 들어서면서 2천 개의 일자리가 다시 생겨난 게 좋은 예다.[125]

그러니 혹시 급히 필요한 물건이 있어서 프라임나우로 주문할 때는 그 뒤에 있는 사람들, 그리고 로봇을 기억했으면 좋겠다. 그것은 인간과 로봇의 흥미로운 공조이자 공존의 산물이다.

아마존은 어떻게 30분 만에 물건을 배달할까?

1시간 배송도 대단하지만 아마존은 그 정도로 만족하지 않고 프라임에어Prime Air라는 명칭으로 드론을 이용한 30분 배송 서비스를 준비 중이다. 그게 어떻게 가능할까?

아마존의 밑그림에 따르면 프라임에어도 로봇이 상품을 찾아 직원에게 전달하는 것은 프라임나우와 동일하지만 배달자가 인간이 아닌 드론drone, 아마존의 표현을 빌리자면 '무인항공기unmanned aerial vehicle'다.[126]

물류창고에서 포장된 상품을 드론에 부착하면 드론이 배송지로 날아가서 낙하산으로 상품을 떨어뜨리거나 특수한 표시가 된 지점에 착륙하는 방식이다. 이 과정에서 인간의 조작은 전혀 개입하지 않는다.[127]

그러면 조만간 프라임에어를 만나볼 수 있을까? 그랬으면 좋겠다. 하지만 아직은 드론에게 악천후에 대응하고 건물이나 다른 드론을

피하는 법을 학습시켜야 한다.[129] 현재 아마존이 미국 내에서도 24개 주에만 드론 주문처리센터를 보유하고 있고 그나마도 대부분이 해안지대에 몰려 있다는 것 역시 걸림돌이다.[130]

무엇보다 큰 문제는 규제다. 미국연방항공청Federal Aviation Administration, FAA이 아마존에게는 눈엣가시 같은 존재다. 공항 반경 8킬로미터 이내에서 드론의 비행을 금지하는 규정 때문에 뉴욕 지역 대부분이 비행 금지 구역으로 지정되어 있다.[131] 2015년에는 자율비행 드론이 조작자의 시야를 벗어나면 안 된다는 규정이 신설되어 사실상 드론의 자율비행이 금지됐다.[132] 이에 아마존은 FAA가 규제를 완화하도록 꾸준히 압력을 행사하고 있다. 2016년에 시야 이탈 금지 규정이 폐기된 것은 아마도 아마존의 입김이 거세게 작용한 결과인 것 같다.[133] (간혹 IT 기업들이 공공정책에 그렇게 큰 영향을 미치는 게 충격적이다.)

하지만 FAA 규정은 여전히 아마존의 장애물이다. 아마존은 FAA
에 시위라도 하듯 미국 국경에서 500미터밖에 떨어지지 않은 캐나
다 지역에 드론테스트센터drone testing center를 설립했다.[134] 그리고
비협조적인 FAA를 피해 주로 영국에서 드론을 테스트 중이다.[135] 아
마존 드론이 최초로 배달에 성공한 것도 2016년 12월 영국 케임브
리지셔주에서였다.[136]*

지금은 배달 드론이 부산하게 날아다니는 미래가 생소하게 느껴
질지 몰라도 아마존은 그게 당연시되는 시대가 열릴 것이라 본다.[138]
배달 드론이 택배 트럭만큼 흔해질지도 모를 일이다.

그러면 이 장에서 이야기한 것을 다시 한번 생각해보자. 만약에
50년 전에 누가 앞으로 휴대용 컴퓨터(스마트폰)를 이용해 무선으로

• **아마존 배달 드론 근접 촬영 사진.**　　　　　　　　　　출처: 아마존[137]

물건을 사고 비행 로봇을 통해 받을 것이라고 말했다면 미친 사람 소리를 들었을 것이다. 하지만 알다시피 이제는 그것이 신나는 현실이 되어가고 있다.

＊ 아마존은 2020년 8월 FAA로부터 드론 운행 허가를 받았고, 11월에는 프라임 에어 개발 및 생산 인력 중 수십 명을 해고하고 외부 업체와 부품 제조 계약을 추진 중이라는 보도가 나왔다.

3부
—
IT 비즈니스의 미래

9장

사업적 판단

이제는 IT 기업이 단순히 잘나가는 것을 넘어 애플, 아마존, 페이스북, 마이크로소프트, 구글의 모기업 알파벳Alphabet이 세계 최고의 시가총액을 자랑하는 시대가 열렸다.[1]

하지만 앱만 잘 만든다고 능사가 아니다. 스타트업계의 공동묘지에는 인기 있는 앱을 만들고도 사업의 생리를 간과했던 스타트업들의 유골이 묻혀 있다. 무비패스MoviePass만 해도 월 10달러에 무제한 영화 감상 서비스를 제공했지만 조악한 비즈니스 모델 때문에 2018년에 망했다.[2]

한편에서는 대형마트,[3] 은행,[4] 식당[5] 같은 IT 외 기업들이 시장에서 도태되지 않기 위해 앱 개발을 시작했다. 세일즈포스Salesforce의 공동설립자 파커 해리스Parker Harris는 이렇게 말했다. "모든 기업의 리더가 IT 전문가가 돼야 한다. (⋯) 모든 기업이 앱 기업이 돼야 한다."[6]

그러면 왜 IT 기업은 지금과 같은 행보를 보이는 걸까? 그리고 IT 외 기업은 어떻게 디지털 시대에 적응하고 있을까? 이제부터 속속들이 알아보자.

노드스트롬은 왜 무료 와이파이를 제공할까?

이제 카페에서 무료 와이파이를 쓰는 것은 익숙한 일이 됐다. 스타벅스는 2010년부터 무료 와이파이를 제공하고 있다.[7] 왜 그런지 알 만하다. 카페에서 일 좀 해야겠다는 사람들은 죄다 스타벅스로 몰려

들기 때문이다.

2012년에 백화점 체인 노드스트롬Nordstrom이 매장에서 무료 와이파이를 제공하기 시작했다.[8] 그 뒤 홈디포와 저가 상품 전문점 패밀리 달러Family Dollar 같은 유통업체들도 앞다퉈 무료 와이파이 서비스를 개시했다.[9] 굳이 왜 그럴까? 메일을 보내려고 노드스트롬에 가는 사람이 어디 있다고. (혹시 그렇다면 미안하다.) 유통업체에서 그저 선의로 무료 와이파이를 제공하는 걸까?

물론 아니다. 무료 와이파이는 노드스트롬의 수익 창출에 큰 도움이 된다. 그 이유를 알려면 우선 와이파이의 작동 원리를 이해해야 한다. 우리가 휴대폰에서 와이파이를 켜면 휴대폰은 근처의 와이파이 핫스폿hotspot(라우터router라고도 한다)을 찾기 위해 무선신호를 발신한다. 와이파이 핫스폿은 요즘 집집마다 있는 안테나 달린 사각형 기계, 즉 공유기를 말한다.[10] 이 핫스폿을 통해 휴대폰이 인터넷에 연결된다. 이때 휴대폰이 보내는 무선신호에는 맥MAC 주소라고 해서 휴대폰에 내장된 고유코드가 포함된다.[11] 그래서 우리가 와이파이 핫스폿에 접속하면 핫스폿 소유자가 우리의 맥 주소를 볼 수 있다.[12] 그리고 이 맥 주소를 파일에 저장해놓으면 우리가 다시 접속했을 때 이전에 접속한 적이 있다는 것을 알 수 있다.

2012년에 노드스트롬 같은 유통업체들은 고객이 어떤 와이파이 핫스폿에 접속했는지 보면 현재 있는 위치를 정확히 파악할 수 있다는 것을 알았다.[14] 그게 어떻게 가능할까?

그 비결은 GPS 시스템에도 사용되는 삼각측량triangulation이라는 기술이다.[15] 삼각측량은 사용자가 3개의 핫스폿에 접속했을 때 시작

• 흔히 무선 공유기라고 부르는 무선 핫스폿.　출처: 위키미디어[13]

된다. 각 핫스폿이 맥 주소를 읽어서 서로 동일하면 동일한 사용자임을 인식한다. 그리고 각 핫스폿이 휴대폰에서 받는 무선신호의 강도를 측정해서 핫스폿과 휴대폰 사이의 거리를 계산한다. 무선신호가 약할수록 거리가 멀다는 뜻이다.[16] 이제 소프트웨어가 각 핫스폿 주변에 휴대폰과의 거리를 반지름으로 하는 원을 그린다. 그러면 3개의 원이 만나는 지점이 생기는데 거기가 바로 사용자가 있는 곳이다! 한 업체에서는 삼각측량을 이용해 오차 범위 3미터 이내에서 고객의 위치를 파악할 수 있다고 한다.[17]

노드스트롬 같은 유통업체 매장에서는 삼각측량으로 고객이 어디에 있고 어디로 이동하는지 추적한다.[19] 이 정보는 꽤 유용하다. 만약에 고객 대부분이 여성복 코너로 갈 때 모자 코너를 그냥 지나친다면 모자 재고를 줄이고 여성복 재고를 늘리는 식으로 대응할 수 있다.[20] 무슨 요일 몇 시가 가장 붐비는지 파악해서 점원의 수를 조정하는 것

- 와이파이 네트워크를 이용한 삼각측량으로
  고객의 위치를 파악할 수 있다.

출처: 스카이후크Skyhook[18]

도 가능하다. 매장 밖에 서 있다가 들어오는 사람이 몇 명인지 확인해주는 서비스도 있다. 이런 서비스를 이용하면 창가에 무엇을 진열할 때 가장 많은 사람이 유입되는지도 알 수 있다.[21] 모두 수익 증대로 이어지는 정보다.[22]

자, 그러면 노드스트롬 같은 회사는 왜 무료 와이파이를 제공할까? 고객이 휴대폰의 와이파이를 켜면 와이파이 핫스폿으로 무선신호가 전송되고, 이 신호를 통해 삼각측량으로 고객의 동선을 추적할 수 있기 때문이다. 그리고 방금 알아본 대로 이것은 큰돈이 된다.

| 더 많은 데이터 수집 |

와이파이 삼각측량 소프트웨어를 도입했을 때 노드스트롬은 모든 정보가 익명으로 처리되니 걱정할 필요가 없다고 했다. 휴대폰의 맥 주소만 안다고 그 소유자가 누구인지까지 알 수는 없다는 것이었다.[23] (생각해보면 자기 휴대폰의 맥 주소도 모르는 사람이 대부분이다.)

하지만 맥 주소를 갖고 고객의 정체를 파악하는 영악한 방법이 분명히 존재한다. 예를 들어 무료 와이파이를 쓰기 전에 메일주소로 회원가입을 하라고 하면 고객의 맥 주소를 메일주소와 결부할 수 있다. 그러면 고객의 매장 내 활동과 온라인 활동을 연계하는 게 가능하다. 가령 메이시스Macy's 온라인몰에서 스카프를 봤던 사람이 오프라인 매장에 들어오면 스카프 쿠폰이 지급되는 것을 생각해볼 수 있다.[24]

이런 데이터가 CCTV와 결합되면 더 큰 폭발력을 발휘한다. 요즘 매장에 설치되는 신형 CCTV 중 일부 기종은 나이, 성별, 인종을 대략적으로나마 인식한다.[25] 그뿐만 아니라 고객이 구체적으로 어떤 상품을 얼마나 오랫동안 보는지도 관찰한다.[26] 이런 정보와 고객의 매장 내 동선 데이터, 온라인 구매 데이터가 합쳐지면 매장을 운영하는 입장에서는 군침이 돌 수밖에 없다.

여기서 더 나가면 고객이 물건을 보다가 이동할 때 휴대폰의 푸시알림push notification을 통해 맞춤형 쿠폰을 보낼 수도 있다.[27] 물론 이것은 매장의 와이파이 네트워크에 접속한 고객에게만 가능할 것이다. 이 또한 무료 와이파이를 제공하는 이유가 된다.

| 좋은 걸까 나쁜 걸까? |

와이파이와 CCTV 같은 도구로 고객을 추적하면 업주 입장에서는 분명히 매출을 늘리는 데 도움이 된다. 가뜩이나 요즘은 매장에서 물건을 보고 온라인에서 주문하는 사람이 많아지면서 매장이 단순히 '구경하는 집'으로 전락하고 있는 상황이다.[28] 이럴 때 매장에서 고객 데이터를 많이 확보하면 그만큼 구매를 유도하기가 쉬워진다.

하지만 고객의 입장에서는 어떨까?

긍정적인 측면을 보자면 이런 데이터를 통해 매장에서 인기 없는 제품이 사라지고 어느 시간대에든 직원이 충분히 배치되기 때문에 쇼핑 경험이 개선될 수 있다.[29] 매장에서 고객의 방문 빈도를 알면 유익한 멤버십 프로그램이 생길 수 있고, 맞춤형 쿠폰이 지급되면 저렴한 가격에 물건을 구입할 수 있다.[30]

단점은 사생활 침해다. 매장에서는 고객의 일거수일투족을 추적해 쇼핑 습관, 외모 등 충격적일 만큼 많은 정보를 획득할 수 있다.[31] 노드스트롬의 경우에는 고객을 추적한다는 사실을 고지하지 않은 게 최대 실수였다. 나중에 그 사실을 안 사람들은 당연히 불쾌해했다.[32] 그래서 노드스트롬은 고객이 원치 않으면 추적을 거부할 수 있게 했다. 하지만 '사전 동의'가 아닌 '사후 거부' 시스템이었기 때문에 고객이 추적에 대해 모르면 부지중에 추적당할 수밖에 없다는 비판을 받았다.[33]

감시를 받는 게 싫은 사람들에게 슬픈 소식이 있다. 감시를 완전히 차단하기는 어렵다는 것이다. 일부 기종의 휴대폰은 사용자가 와이파이를 꺼놔도 와이파이 네트워크를 검색한다는 사실이 연구를 통해 드러났다. 추적을 당하지 않으려면 아예 휴대폰을 꺼놔야 한다는 말이다. 심지어는 전원이 꺼진 상태에서도 와이파이 네트워크를 탐색하는 기종도 있다. 이때는 아예 배터리까지 제거해야 한다(휴대폰을 망치로 깨부술 게 아니라면 말이다). 하지만 그렇게 하더라도 영상 추적은 피할 수 없다.[34]

이런 곱지 않은 시선을 의식해 유통업체들은 와이파이 추적이 아마존 같은 온라인쇼핑몰에서 사용자의 클릭을 모두 추적하는 것과 크게 다르지 않다고 주장한다.[35] 하지만 개인정보보호를 중시하는 사람이라면 단순히 클릭을 추적하는 것보다 실제 움직임을 추적하는 게 훨씬 소름 끼친다고 반박할 것이다.

이처럼 찬반이 분분하지만, 노드스트롬의 무료 와이파이 서비스가 영리한 비즈니스 전략임은 인정할 수밖에 없다.

아마존은 왜 손해를 보면서까지 프라임 회원에게 무료배송을 할까?

2004년부터 아마존은 프라임 회원에게 무료 2일 배송 서비스를 제공했다.[36] 연회비가 119달러인[37] 아마존 프라임은 전체 미국 가구 중 3분의 2가 가입했을 만큼 선풍적인 인기를 끌고 있다.[38]

하지만 미국 전역으로 신속하게, 그것도 무료로 상품을 배송하면서 아마존이 입는 손실은 자그마치 연간 80억 달러가 넘는다.[39] 상당한 출혈을 감수하고도 아마존이 프라임을 유지하는 이유는 뭘까?

그 이유를 설명하기 전에 먼저 알아야 할 것이 있다. 아마존이 순이익보다 매출을 키우는 것을 중시한다는 사실이다. 아마존이 매출 증대에 열심인 이유는 예전부터 상품을 팔아서 번 돈을 주주에게 주지 않고 회사에 재투자하고 있기 때문이다.[40] 빠르게 몸집을 키우며 장기 성장률을 극대화하는 전략이다.[41] 그리고 소매업은 원래 박리다매가 기본이다.[42] 다시 말해 아마존은 일부러 최소한의 순이익만 취한다. 예를 들어 2016년에 매출 1,360억 달러를 기록했음에도 순이익은 고작 24억 달러에 그쳤다.[43] 그나마도 순이익이 0달러에 가까웠던 이전에 비하면 매우 많이 증가한 것이었다. 2012년에는 3,900만 달러의 적자를 보기도 했는데[44] 당시 매출은 610억 달러였다.[45]

• 아마존의 매출(위쪽 선)은 급격히 성장 중이지만
  순이익(아래쪽 선)은 일부러 최소 수준을 유지 중이다.　　　　출처: Y차트YCharts[46]

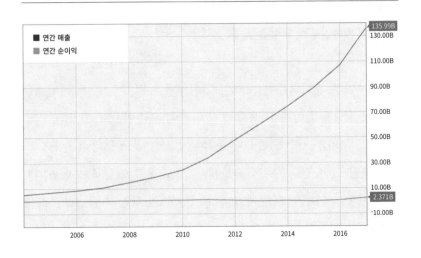

따라서 아마존이 프라임을 통해 노리는 것 역시 매출 증대라고 볼 수 있다. 프라임은 크게 세 가지 측면에서 아마존의 매출을 키운다.

첫째, 아마존 프라임은 고객이 아마존에서 점점 더 많은 돈을 쓰게 만드는 강력한 멤버십 프로그램이다. 1억 명에 달하는 프라임 회원이 연간 아마존에서 지출하는 금액이 일반 회원의 두 배로 추정된다.[47] 물론 원래 돈을 많이 쓰는 사람일수록 프라임 회원으로 가입할 확률이 높긴 하다. 하지만 프라임 회원이 되면 지출이 늘어나는 것도 사실이다. 그 이유는 무료 2일 배송이 주는 즉각적인 만족감(적어도 일반배송보다는 '즉각적'이다)에 취해 '무심코' 충동구매를 하기 때문이다.[48] 그리고 연회비 119달러를 냈으니까 본전을 뽑으려면 물건을 많이 사야 한다는(그래서 무료배송을 많이 받아야 한다는) 심리도 작용하는 것 같다.[49] 그냥 하는 말이 아니라 일반적으로 멤버십 프로그램이 매출을 20% 증가시킨다는 연구 결과가 있다.[50]

둘째, 프라임 회원은 아마존 쇼핑 빈도가 더 높다. 많은 프라임 회원이 같은 상품을 더 싸게 파는 곳이 존재해도 습관적으로 아마존에서 구입한다.[51] 그리고 무료 2일 배송에 맛 들이면 다른 사이트에서 먼저 발견한 상품도 아마존에서 사게 된다.[52] 조사 결과를 보면 프라임 회원이 아마존에서 상품을 검색한 뒤 월마트 웹사이트에 접속할 확률이 일반 회원의 12분의 1 정도밖에 안 된다.[53] 프라임 회원이 되면 더욱 열성적으로 아마존을 이용하는 것이다.

셋째, 아마존 프라임은 제 살 파먹기 경쟁으로 경쟁사에 타격을 입힌다. 아마존 프라임 때문에 이제 소비자들이 2일 배송을 당연시하기 때문에[54] 경쟁사들도 밀리지 않으려면 별수 없이 비슷한 배송 서비스를 제공할 수밖에 없는 형국이다. 타깃은 2014년 휴가철에 무료 배송을 제공했다.[55] 월마트는 2017년부터 주문액이 35달러 이상이면 무료 2일 배송이 가능하다.[56] 그리고 2010년에 토이저러스Toys-R-Us와 반스 앤 노블Barnes & Noble 등이 연합해 아마존 프라임과 비슷한 가격으로 똑같은 혜택(회원사에서 상품을 구입하면 무료 2일 배송)을 제공하는 숍러너ShopRunner를 출범시켰다.[57] 2일 배송 서비스가 확산되는 것은 소비자에게는 환영할 일이지만 신속하게 상품을 배송할 자금력이나 인프라가 없는 유통업체에는 사형선고가 될 수 있다.[58]

| 아마존 프라임의 성장 |

아마존은 당연히 프라임 회원을 더 늘리려고 한다. 그래서 프라임 회원 혜택을 더욱더 늘리고 있다. 요즘 프라임 회원은 무료배송 서비스만 받는 게 아니라 무료로 영화를 보고, 킨들 전자책 수십만 권을 읽고, 음악을 들을 수 있다.[59] 아마존 프라임은 무서운 성장세로 오프라인에까지 침투했다. 2017년에 아마존이 유기농식품전문점 홀푸즈Whole Foods를 인수했다.[60] 그 뒤 프라임 회원은 홀푸즈 매장을 이용할 때 10% 할인을 받는다.[61]

아마존 프라임이 표면적으로는 밑 빠진 독처럼 보여도 실제로는 아마존의 화수분이다. 오죽하면 경제 전문지 《블룸버그Bloomberg》에서 "전자상거래업계를 통틀어 가장 영리하고 강력한 멤버십 프로그램이며 유통업계 전체로 봐도 손에 꼽는 멤버십 프로그램"이라고 극찬했을까.[62]

우버는 왜 자율주행차가 필요할까?

2015년에 우버가 카네기멜론대학교Carnegie Mellon University 소속 로봇공학 연구원들을 팀째로 스카우트해서[63] 피츠버그에 자율주행차 연구소를 세웠다.[64] 우버의 전 CEO 트래비스 칼라닉Travis Kalanick은 자율주행차 개발에 회사의 사활이 걸렸다고 표현했다.[65] 왜 그랬을까?

| 성장의 함정 |

먼저 알아야 할 것은 우버가 1년에 10억 달러 이상의 적자를 볼 만큼 수익성이 좋지 않다는 사실이다. 가장 큰 이유는 수익보다 성장을 우선시하기 때문이다.[66] 어떻게든 경쟁사인 리프트보다 저렴한 가격에 서비스를 제공하려다 보니 할인 공세를 펼칠 수밖에 없었다.[67] 그로 인해 승객을 태울 때마다 대체로 손해가 나는 구조가 됐다.[68]

또 한편으로 우버는 음식 배달, 전동스쿠터처럼 성장성은 있지만 큰돈이 들어가는 사업에 투자하고 있는데, 이런 행보가 매출을 향상하는 데 효과가 있지만 비용이 많이 든다.[69] 더군다나 우버는 야심차게 중국[70], 러시아[71], 인도네시아[72]에 진출했다가 돈만 실컷 날리고 철수했다.

간단히 말해 우버는 그간 성장에 몰두하느라 흑자 전환을 못 했고 이제 적자를 탈피하려면 극적인 비용절감책이 필요하다. 그런데 어디서 비용을 절감할 수 있을까?

| 기사 문제 |

우버의 또 다른 문제는 기사들과 관련이 있다. 우버 기사로 등록한 사람 중 1년 이상 일하는 사람이 4%에 불과할 만큼 기사의 이탈률이 높다.[73] 기사들을 붙들어두기 위해 각종 보너스와 인센티브를 제공해야 하는 실정이다.[74] 현재 우버는 요금의 20%만 수수료로 챙긴다.[75] 나머지는 기사들의 몫으로 남겨두는 것이다.

한마디로 진퇴양난이다. 승객을 유치하려면 요금을 인하해야 하고 기사를 유치하려면 기사의 수입을 인상해야 한다. 승객이 없으면 기사가 안 모이고 기사가 없으면 승객이 안 모인다. 우버는 승객과 기사를 모두 고객으로 대하는 플랫폼, 전문용어로 양면시장two-sided market이다. 양측의 환심을 사려면 양측에서 얻는 이윤을 후려쳐야 한다.[76]

| 해법은 자율주행 |

이쯤 되면 자율주행차가 매력적으로 다가온다. 우버가 자율주행차에 대대적으로 투자하는 이유는 크게 세 가지로 볼 수 있다.

첫째, 인간 기사가 없어도 되니까 요금에서 더 많은 부분을 챙길 수 있고 기사의 이탈률을 고민하지 않아도 된다(로봇차가 못 해 먹겠다며 그만두진 않을 테니까). 물론 차량의 연료비와 유지비는 나가겠지만(현재는 기사가 부담한다), 기사의 인건비로 절감되는 비용에 비하면 아무것도 아니다.[77] 자율주행차를 운용하면 일반 택시를 운용할 때보다 비용이 10배나 저렴해진다는 연구 결과가 있다.[78] 그러면 우버가 수익을 내는 데 확실히 도움이 될 것이다.

둘째, 승객이 자율주행차를 선호할 수밖에 없다. 자율주행차는 요금이 훨씬 싸게 책정될 것이고[79] 어느 전문가의 의견으로는 사고발생률이 90% 감소할 것이라고 한다.[80] 따라서 우버가 자율주행차를 도입하면 더 많은 고객을 유치할 수 있을 것이다.

셋째, 경쟁에서 이기려면 경쟁사보다 먼저 자율주행차를 개발해야 한다.[81] 이미 많은 기업이 자율주행차에 거금을 투자하고 있다. 구글의 자율주행차 프로젝트 웨이모Waymo는 리프트와 손을 잡고 자율주행차를 개발 중이고,[82] 포드Ford는 자율주행차 스타트업 아르고 AIArgo AI에 10억 달러를 투자했으며, 테슬라Tesla는 자율주행용 하드웨어를 직접 개발해서 자사의 차량에 탑재한다.[83] 이렇듯 모든 기업이 가장 먼저 자율주행을 정복하기 위해 분투 중이다.[84] 자율주행차는 훨씬 적은 비용으로 운용 가능하기 때문에 가장 먼저 대세를 만드는 회사가 유리한 고지를 점하고[85] 경쟁사에 자율주행 소프트웨어의 라이선스를 팔아서 돈을 벌 수 있다.[86] 우버가 직접 자율주행차를 만들려고 하는 이유다.

마이크로소프트는 왜 링크드인을 인수했을까?

2016년 마이크로소프트가 비즈니스 SNS 링크드인을 자그마치 262억 달러에 인수했다. 이 금액은 마이크로소프트 역사상 최대의 인수금이었고 IT 업계 전체에서도 3위를 기록했다.[87] 윈도우와 생산성 도구를 만드는 회사가 왜 거액을 들여 SNS를 인수했을까?

원래 마이크로소프트의 주 수입원이었던 윈도우와 하드웨어는 오랫동안 하락세를 면치 못했다.[88] 2016~2017년만 봐도 PC와 서피스 Surface 태블릿의 매출이 26%나 위축됐다.[89] 그렇다고 마이크로소프트가 거대한 모바일 시장에서 한자리를 차지한 것도 아니다. 그리고 윈도우폰Windows Phone은 완전히 망했다.[90]

그래서 마이크로소프트는 회사의 미래(그리고 현재)가 비즈니스 소프트웨어, 즉 기업용 소프트웨어에 달렸다고 판단했다. 이제는 기업용 클라우드 컴퓨팅 플랫폼인 애저와 오피스365가 마이크로소프트에서 가장 수익성과 성장성이 좋은 사업이 됐다.[91] 마이크로소프트의 변신을 가장 잘 보여주는 것은 2015년에 CEO 사티아 나델라 Satya Nadella가 천명한 "지구상의 모든 사람과 조직이 더 많은 것을 성취할 수 있도록 그들의 역량을 향상시킨다"라는 회사의 새로운 사명이다. (과거 빌 게이츠가 강조했던 "모든 책상과 모든 가정에 컴퓨터를 놓는다"와는 전혀 다르다.)[92]

링크드인 인수는 기업용 시장에서 마이크로소프트가 선두 지위를 굳히는 결정적 사건이었다.[93] 구체적으로 세 가지 측면에서 마이크로소프트의 지배력이 강화됐다.

첫째, 링크드인 인수로 마이크로소프트는 비즈니스계의 페이스북 혹은 인스타그램으로 등극했다.[94] 사람들은 이미 업무에서 마이크로소프트 제품을 많이 사용한다. 프레젠테이션 때 쓰는 파워포인트 PowerPoint도 마이크로소프트 제품이다. 회의 때 쓰는 노트북의 윈도우 운영체제 역시 마이크로소프트 제품이다. 그러면 잠재적 고객이

- 마이크로소프트는 링크드인을 인수함으로써
  사람들의 직업 생활에서 구심점이 되기를 바랐다.
  출처: 마이크로소프트의 미국증권거래위원회(SEC) 공시 자료[96]

나 직원을 찾을 때는 무엇을 쓸까? 십중팔구 링크드인을 쓴다.* 그리고 이제 그 또한 마이크로소프트 제품이 됐다.

이처럼 문서를 작성할 때, 업무상 메일을 주고받을 때, 인맥을 관리할 때 등등 업무 환경에서 자사의 제품이 전방위적으로 사용되고 있는 만큼 마이크로소프트는 링크드인 프로필이 각 사람의 비즈니스용 프로필로서 직업 생활의 구심점이 될 것으로 기대한다.[95]

둘째, 링크드인의 4억 3,300만 회원을 인수함으로써[97] 마이크로소프트는 방대한 데이터 수집처(마이크로소프트의 표현을 빌리자면 '사회

---

* 미국과 달리 한국에서는 링크드인이나 유사 서비스가 활성화돼 있지 않은데, 그 이유로 공채 위주의 채용 시스템, 구직 사실이 공개되면 불이익을 받을 수 있다는 인식이 꼽히고 있다.

적 그래프social graph'98*)를 확보했고 이를 토대로 기존의 비즈니스용 제품을 개선할 수 있게 됐다. 다시 말해 링크드인의 데이터와 프로필을 오피스 등의 제품과 결합하는 게 가능해졌다. 예를 들면 아웃룩 일정표에 다음에 만날 사람의 링크드인 프로필이 표시되고 코타나Cortana(시리와 알렉사 같은 마이크로소프트의 AI 비서)가 그 사람에게 좋은 인상을 줄 방법을 조언해줄 수 있게 됐다. 마이크로소프트의 고객관계관리customer relationship management, CRM 도구인 다이나믹스Dynamics를 이용하는 영업자는 잠재고객의 링크드인 프로필을 보고 어떻게 제품을 홍보해야 할지 알 수 있을 것이다. 오피스365가 링크드인에서 기업의 조직도를 파악해서 어떤 역량을 갖춘 인재가 필요한지 알려줄 수도 있다.[99] 이런 데이터를 독점함으로써 마이크로소프트는 세일즈포스Salesforce(다이나믹스와 경쟁하는 CRM 시스템)[100]나 구글 지스위트G Suite(기업용 구글드라이브와 지메일 제공)[101] 같은 경쟁자와 차별화되는 기능을 개발할 수 있을 것이다.

셋째, 링크드인의 귀중한 데이터와 방대한 사용자를 잠재적 경쟁자로부터 보호할 수 있게 됐다. 세일즈포스가 자사 주식 지급을 조건으로 링크드인에 인수를 제안했을 때 마이크로소프트는 링크드인에 전액 현금으로 인수금을 지급하겠다며 (보통은 주식보다 현금이 더 매력적이다) 자사와 합병했을 때 링크드인의 성장 가능성이 더 크다고 주장했다.[103] 다이나믹스 CRM에 링크드인의 막대한 데이터가 더해지면서 마이크로소프트는 단번에 업계 최고로 꼽히는 세일즈포스의

＊ 개체들 간의 관계를 점과 선으로 표시한 도표.

- 마이크로소프트는 메일과 일정표 등의 업무용 데이터를
  동료 관계, 경력 등의 링크드인 데이터와 결합하고자 한다.
  이렇게 결합된 데이터를 마이크로소프트에서는 '사회적 그래프'라고 부른다.

  출처: 마이크로소프트의 미국증권거래위원회(SEC) 공시 자료[102]

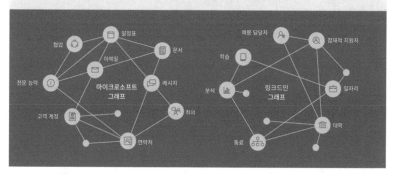

비즈니스 세계 연결

지금은 직업 생활에 필요한 정보가 파편화되고 산재되어 있습니다. 당사는 세계 최고의 비즈니스 클라우드와 비즈니스 네트워크를 연결함으로써
더욱 통합적이고 지능적이며 생산적인 경험을 제공할 수 있습니다. 또한 사회적 그래프의 구현을 가속화할 수 있습니다.

CRM 시스템과 어깨를 나란히 하는 위치로 도약했다.[104] (만일 세일
즈포스가 링크드인을 차지했으면 마이크로소프트는 더욱더 불리해졌을 것
이다.)

| 돈과 사람 |

이렇듯 마이크로소프트의 링크드인 인수는 비즈니스 시장에서 입
지를 공고히 하기 위한 행보였다. 이 외에도 기업 인수에 반드시 영
향을 미치는 요인이 두 가지 있다. 바로 돈과 사람이다.

먼저 돈을 보자면 인수 전 링크드인의 수익은 연간 7,100만 달러
로 그리 크진 않았으나[105] 인수하는 입장에서 무엇이 됐든 수입원이

늘어나는 것은 환영할 일이다. 더군다나 링크드인은 프리미엄 회원, 광고, 리크루팅 도구tools for recruiters 등 다방면에서 매출이 발생하기 때문에 매출이 늘어날 여지가 크다.[106] 그리고 인수 직후 급속도로 성장해 10개월 만에 사용자가 7천만 명(15%) 증가했다.[107] 모두 향후 마이크로소프트의 수익이 증가하는 데 긍정적으로 작용할 요인이다.

돈만 아니라 사람도 굉장히 중요하다. 링크드인의 회장 리드 호프먼Reid Hoffman은 페이팔의 설립자이자 20년 넘게 여러 스타트업을 운영한 베테랑으로서 실리콘밸리의 마당발로 통한다.[108] 그는 마이크로소프트의 이사로 합류하면서 마이크로소프트가 실리콘밸리 사람들과 더 좋은 관계를 맺을 수 있도록 노력하겠다고 밝혔다.[109] 한동안 실리콘밸리에서 인기가 없었던 마이크로소프트로서는 천군만마를 얻은 셈이다.[110]

정리해보자. 마이크로소프트는 왜 링크드인을 인수했을까? 많은 이유가 있겠지만 가장 중요한 이유는 비즈니스 시장에서 주도권을 잡고 링크드인의 귀중한 사업과 데이터를 경쟁자에게서 보호하기 위해서였다.

페이스북은 왜 인스타그램을 인수했을까?

2012년에 페이스북이 사진 공유 SNS 인스타그램을 10억 달러에 인수했다.[111] 그런데 당시 인스타그램은 인기만 많았지 매출이 없었고 앞으로 매출을 발생시킬 계획조차 없었다. 그런데도 페이스북이 거액을 들여 인스타그램을 인수한 이유는 무엇일까?[112]

그 이유는 '모바일 사진mobile photos'이라는 두 단어로 압축된다.

첫째, 모바일로 전환이다. 태생이 데스크톱 웹 회사였던 페이스북은 2012년에 모바일 기기에 미래가 달렸다고 판단했다.[113] 이미 사용자 중 절반이 모바일 기기에서 접속하고 있었지만 페이스북은 아직 모바일로 수익을 창출할 방법을 찾아내지 못한 데다 페이스북의 모바일 앱과 모바일 웹사이트는 어수선하고 로딩 시간이 오래 걸린다는 비판을 받고 있었다.[114] 모바일 기업이 되겠다고 호기롭게 선언했지만 뾰족한 수가 보이지 않았다.[115]

둘째, 스마트폰이 보급되면서 사진을 촬영하고 공유하기가 훨씬 쉬워졌고, 그에 따라 사진 공유가 SNS의 대세로 떠오르기 시작했다.[116] 하지만 페이스북은 문자로 삶을 공유하던 시절에 탄생한 플랫폼이었다.[117]

그즈음 혜성처럼 등장한 인스타그램은 모바일 사진에 특화된 SNS였다. 당연히 초대박이었다. 안드로이드용 앱이 출시되자 첫날에만 100만 명이 가입할 정도였다.[118] 모바일 사용자들은 페이스북의 사진 공유 기능보다 인스타그램을 좋아했다. 인스타그램이 깔끔하고 사진 위주이면서 필터까지 제공했기 때문이다.[119] 페이스북은 인스타그램이 거세게 치고 올라오는 것을 보며[120] 자칫하다간 모바일 사진 공유 시장을 인스타그램에게 빼앗길 것이라는 위기감을 느꼈다.[121]

그래서 꼭 자사의 주력 앱이 아니더라도 무엇으로든 그 시장을 단단히 거머쥐기 위해 10억 달러에 인스타그램을 낚아챘다.[122] 항간에 구글[123]과 트위터[124]도 인스타그램에 눈독을 들이고 있다는 말이 돌았으니 페이스북의 과감한 결단이 이해가 간다.

| 승승장구 |

2012년 당시에는 페이스북의 인스타그램 인수가 현명한 선택인지 모르겠다며 '웹 거품'의 증거라는 말까지 나왔다.[125]

하지만 이후로 인스타그램은 돈값을 톡톡히 하고 있다. 우선 2012년에 3천만 명이었던 사용자가 꾸준히 증가해 2018년에 10억 명을 돌파했다.[126] 게다가 원래는 수익화 전략이 전혀 없는 플랫폼이었지만 페이스북이 타깃광고를 성공적으로 도입함으로써 현재는 인스타그램 광고 매출만 연간 80억 달러를 상회한다.[127] 인스타그램은 페이스북이 스냅챗을 무력화하는 데도 일조했다. 2016년까지만 해도 스냅챗은 10대들 사이에서 페이스북의 성장을 위협하는 존재였다.[128] 하지만 2017년에 인스타그램이 스냅챗의 대표적 기능을 모방한 '스토리'를 도입함으로써[129] 스냅챗 앱의 성장률을 82%나 저하시키는 파괴력을 발휘했다.[130] 인스타그램이 페이스북에 귀중한 자산인 이유가 다시 한 번 입증된 것이다.

《타임》이 인스타그램 인수를 '역대 최고의 인수 사례'로 꼽은 것도 과장이 아니다.[131]

페이스북은 왜 와츠앱을 인수했을까?

2014년에 페이스북이 초인기 메신저 와츠앱을 190억 달러에 인수하면서 세간의 화제가 됐다. 당시 와츠앱의 사용자가 4억 5천만 명이었으니 인당 42달러를 지불한 셈이었고[132], 인수금이 인스타그램 때보다 훨씬 컸다. 그런데 페이스북은 이미 자사의 메신저 앱이 존재하는 상황에서 미국인들에게 생소한 회사를[133] 왜 그런 거금을 줘 가면서까지 인수했을까?

첫 번째 이유는 다름이 아니라 와츠앱이 미국인들에게 생소했기 때문이다. 와츠앱은 인터넷에서 실시간으로 메시지를 주고받을 수 있다는 점에서 페이스북 메신저와 유사하다.[134] 하지만 페이스북과 페이스북 메신저가 열세인 시장,[135] 특히 브라질, 인도네시아, 남아프리카를 위시한 개발도상국에서 선풍적인 인기를 끌고 있다.[136] (재미있게도 주요 시장 중에서 와츠앱이 유행하지 못한 곳이 딱 두 군데 있는데 한 곳은 와츠앱이 금지된 중국이고[137] 다른 한 곳은 데이터 요금보다 문자메시지 요금이 훨씬 저렴한 미국이다.[138])

페이스북의 와츠앱 인수는 현명한 수비 전략이었다. 와츠앱은 페이스북이 약세인 국가에서 강세였던 만큼 페이스북의 전 세계적 지배력을 확대할 수 있었다.[139] 말하자면 와츠앱은 더 이상 페이스북의 경쟁자가 아니었다. 페이스북의 라이벌 앱을 사용하는 사람들이 어쨌든 페이스북에 속한 사람들이 된 것이었다![140]

두 번째 이유는 데이터다. 와츠앱은 개발도상국을 중심으로 수억 명의 정보를 페이스북에 제공해 타깃광고의 효율성을 키웠다.[141] 알

다시피 타깃광고는 페이스북의 주 수입원이다.[142]

세 번째 이유는 사진이다. 인스타그램의 경우와 같다. 사진 공유 시장을 정복하는 게 핵심 목표 중 하나인 페이스북으로서는[143] 와츠앱에 신경을 안 쓸 수가 없었다. 2014년에 와츠앱에서는 매일 5억 장의 사진이 공유됐는데 페이스북과 인스타그램의 사진 공유량을 합해도 넘볼 수 없는 수준이었다.[144] 따라서 와츠앱을 낚아챈 것은 사진 공유 시장에서 지배력을 회복하기 위한 묘수였다.

전문가들은 그 밖에도 여러 가지 이유를 제시했지만[145] 여기서는 모바일 시장 지배력을 거론하는 것으로 마무리하고자 한다. 페이스북은 전체 광고 매출의 91%가 모바일에서 나오는 만큼 모바일 시장이 대단히 중요하다.[146] 하지만 숙적인 애플, 구글과 달리 자체 모바일 운영체제를 갖고 있지 않으므로 인기 있는 앱을 되도록 많이 장악해야 한다고 판단했다.[147] 그러니까 페이스북 입장에서는 안드로이드와 iOS에서 꾸준히 최고 인기 앱의 자리를 지키고 있는 와츠앱을 탐내는 게 당연했다.[148]

요컨대 페이스북은 와츠앱 인수로 개발도상국, 데이터, 모바일, 사진이라는 큰 구멍을 메울 수 있었다. 비록 지출은 컸지만 영리한 선택이었다. 《비즈니스 인사이더Business Insider》는 와츠앱 인수를 "페이스북 역사상 최고의 선택"이라고 평했다.[149]

10장

신흥국

지금까지 주로 서양의 IT 산업에 대해 다루었다면, 이제부터는 시야를 넓혀서 서양 IT 기업이 어떻게 다른 지역으로 진출하고 있고 신흥국 IT 기업은 어떻게 국제무대로 오르고 있는지 이야기해보려고 한다.

서양 IT 기업들이 가장 많이 진출하려고 하는 나라는 어디일까?

2018년에 페이스북은 자사가 미국과 캐나다에서 성장이 정체됐고 유럽에서는 역성장으로 돌아섰다고 발표했다.[1] 실제로 페이스북

• 페이스북의 일일 실사용자. 2018년에 이르러
미국, 캐나다, 유럽(밑에서 첫 번째와 두 번째 막대)은
사용자가 거의 증가하지 않는다.

출처: 페이스북[4]

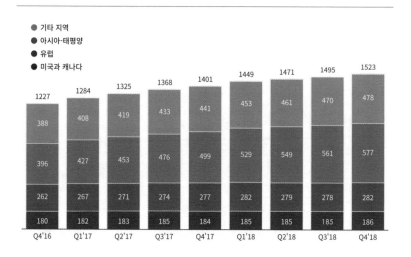

- 서양 IT 기업의 진입 매력도에 따라 개발도상국을 분류한 표.
  중국은 너무 늦었고 아프리카는 너무 이르다.

아프리카	라틴아메리카	동남아시아	인도	중국

너무 이르다   너무 늦었다

이 성장 중인 국가는 대부분 개발도상국이었고[2] 특히 인도, 인도네시아, 필리핀에서 성장세가 강했다.[3]

페이스북만이 아니다. 유명한 서양 IT 기업 중 대다수가 서양 시장은 이미 포화 상태로 자사가 더 이상 성장할 여지가 없다고 본다.[5] 그래서 페이스북 외에도 구글,[6] 아마존,[7] 우버[8] 같은 거대기업들이 개발도상국에 대대적인 투자를 하고 있다. 그렇다면 전 세계 수십 개 개발도상국 중에서 서양 IT 기업이 진출할 만한 여건이 갖춰진 나라는 어디일까?

개발도상국을 중국, 인도, 동남아시아, 라틴아메리카, 아프리카의 5개 지역으로 나눠서 생각해보면 지역별로 발전 단계가 다 다르다. 이를 서양 IT 기업이 진입하기에 '너무 이른 곳'부터 '너무 늦은 곳'으로 줄 세워 보면 위의 표와 같다.

그러면 각 지역에 이렇게 등급을 매긴 이유를 알아보자.

| 중국: 철벽 방어 |

폭발적인 경제성장률과 세계 최대의 인터넷 인구를 자랑하는 중

국은 이미 오래전부터 서양 IT 기업이 진출을 시도했던 나라다.[9] 하지만 서양 소프트웨어 기업에게 중국은 무덤이나 다름없었다. 가장 큰 이유는 만리방화벽the Great Firewall of China 때문이다. 만리방화벽은 중국 정부가 인터넷상의 정보가 자국 국경을 넘나드는 것을 제약하기 위해 만든 규제의 집합체다. 중국에서는 구글, 페이스북, 유튜브, 위키백과 등 서양의 주요 웹사이트가 대부분 차단되어 사용자를 유치하기가 어렵다.[10]

서양 소프트웨어 기업들이 중국 정부와 협상을 시도했지만 만리방화벽을 뚫기에는 역부족이었다. 마크 저커버그Mark Zuckerberg가 수년간 백방으로 노력 중임에도 페이스북은 여전히 중국에서 접속 불가다.[11] 구글은 중국용 검색엔진을 제작하겠다고 두 번이나 제안했으나 소용없었다.[12] 우버는 중국 시장에 진입하긴 했으나 엄청난 비용을 감당하지 못하고 현지 경쟁 업체인 디디추싱滴滴出行에 중국 사업부를 매각했다.[13] 설상가상으로 중국은 IT 기업이 사용자 데이터를 정부에 제출하도록 법으로 강제되어 있어서[14] 페이스북[15]과 구글[16]이 선뜻 재진입을 시도하지 못하고 있다.

앞으로도 서양 소프트웨어 기업의 중국 진출은 허락되지 않을 가능성이 크다. 중국 내 IT 기업들이 만리방화벽의 보호 아래 급성장 중이기 때문이다.[17] 2018년에 세계 20대 IT 기업 중 11개가 미국 기업이고 나머지 9개가 중국 기업이었다.[18]

사실 중국의 많은 IT 기업이 미국 거대기업의 복사판이다. 전자상거래계의 공룡 기업인 알리바바Alibaba는 중국판 아마존이다.[19] 텐센트Tencent는 세계 최대의 게임회사이자[20] 초대형 SNS 앱 위챗WeChat

의 개발사라는 점에서[21] 페이스북을 연상시킨다. 바이두Baidu는 구글이 세계 시장에서 검색 시장을 장악한 것처럼 중국 검색 시장을 꽉 쥐고 있다.[22] 중국이 지금껏 자국의 IT 기업을 외국의 경쟁사로부터 보호하는 정책으로 톡톡히 이득을 본 만큼 앞으로도 같은 정책을 고수할 확률이 높다.

하지만 하드웨어는 또 이야기가 다르다. 애플은 미국보다 중국에서 아이폰이 더 많이 팔릴 만큼 중국 진출에 성공했다.[23] 물론 탄탄대로는 아니다. 중국 제조사 샤오미Xiaomi의 반격이 거세고[24] 미중 간의 정치적 긴장으로 아이폰 판매량이 감소하기도 한다.[25]

그런데 중국에서 차단된 페이스북이 중국에서 돈을 벌고 있다는 점이 흥미롭다. 페이스북의 전 세계 매출 중 10분의 1이 중국에서 나온다.[26] 중국 기업들이 외국 고객을 붙잡기 위해 매년 페이스북에서 수십억 달러의 광고비를 집행하는 덕분이다.[27]

이처럼 일부 기업이 중국에서 사업을 키우는 데 성공하긴 했지만, 앞으로도 서양의 인터넷 기업이 어떤 식으로든 중국에서 사용자를 유치하는 것은 불가능에 가까울 것으로 보인다.

| 인도: 종합선물세트 |

철벽 방어 중인 중국과 달리 민주주의 국가 중에서 세계 최대 인구를 자랑하는 인도는 서양 IT 기업들이 군침 흘리는 나라다.

인도인들은 스마트폰 사랑이 대단하다. 스마트폰 사용자가 미국 인구보다 많고[28] 전국적으로 10억 대 이상의 스마트폰이 보급되어 있다.[29] (스마트폰이 화장실보다 많다!)[30] 스마트폰이 이렇게 인기인 이유는 인도인 대부분이 2000년대에 스마트폰 열풍이 불기 전까지는 인터넷을 경험해본 적이 없기 때문이다. PC 시대를 건너뛰고 모바일 시대로 직행한 셈이다.[31]

인도 통신업체인 지오Jio가 2016년에 초저가 데이터 요금제를 출시하면서 경쟁사들이 반강제적으로 평균 4.5달러였던 1GB 데이터 요금제를 15센트 수준으로 인하한 것도 긍정적으로 작용했다.[32] 이로써 인도의 모바일 경제에 강력한 성장 동력이 가해지면서 한때 데이터 사용에 인색했던 인도인들이 이제는 와츠앱과 유튜브의 열성적인 이용자로 변신했다.[33]

중국과 반대로 인도는 외국 기업에 개방적이고 서양 IT 기업에 대적할 자국의 대기업도 존재하지 않는다. 그래서 서양 IT 기업들이 스마트폰을 사랑하는 십수억 인도인의 마음을 사로잡기 위해 천문학적인 돈을 투자 중이다.[34]

페이스북은 이미 2009년에 경량 버전 앱을 출시했고[35] 2014년에 와츠앱을 인수할 때도 인도에서 와츠앱의 인기가 중요하게 작용했다.[36] 구글은 2017년에[37] 자사 검색엔진의 경량 버전인 구글고Google Go를 출시했고[38] 인도에 특화된 모바일결제 앱 구글테즈GoogleTez(현재의 구글페이[39])역시 같은 해에 선보였다.[40] 아마존 프라임도 2017년부터 인도에서 폭발적으로 성장했다.[41]

인도에서 앱을 출시할 때는 단순히 외관만 바꿔서는 안 되고 현지 사정에 맞게 변화를 줘야 한다. 특히 언어 현지화가 중요하다.[42] 인도는 백만 명 이상이 사용하는 언어가 29개나 된다.[43] 당연히 영어로만 앱을 출시하면 안 되고 힌디어만 지원해도 곤란하다. 그 밖에도 타이

- 구글의 인도 특화 앱 구글고. 웹 앱 링크가 포함된 이유는 인도인들이 웹에서 검색하는 것보다 와츠앱 같은 앱을 이용하는 것에 더 익숙하기 때문인 것으로 보인다. 출처: 매셔블[46]

핑보다 탭이 우선시되게 하는 것(휴대폰에서 타이핑은 번거로우니까), 데이터 사용량을 줄이는 것[44], 글을 읽어주는 기능을 추가하는 것(인도는 문맹률이 높다[45])이 중요하다.

서양 거대기업들의 대폭적인 투자는 인도에서 이미 빛을 발하고 있다. 페이스북 앱은 인도인 사용자가 미국인 사용자보다 수천만 명 더 많고[47] 구글 안드로이드는 거대한 인도 모바일 시장의 70% 이상을 장악하고 있다.[48]

| 동남아시아: 격전지 |

중국과 인도에서는 승자와 패자가 선명하게 갈리고 있지만 인도
네시아, 태국, 필리핀 등 동남아시아에서는 누구도 우열을 장담할 수
없다. 이 지역은 인도와 비슷한 점이 많다.[49] 인터넷 인구가 세계에서
세 번째로 많고, 휴대폰 사용 시간이 미국인(일일 2시간)의 두 배(일
일 4시간)다.[50]

동남아시아는 지리적으로 중국의 뒷마당 격이기 때문에 다수의
중국 거대기업이 현지 스타트업들의 뒤를 봐주고 있다. 그렇다고 서
양 기업들이 진입하지 못할 만큼 폐쇄적이진 않아서 동서양의 거대
기업들이 격돌하고 있다.[51]

페이스북이 동남아시아에서 소셜커머스social commerce* 및 결제
플랫폼을 테스트하는 등[52] 서양 IT 기업들이 동남아시아용 앱을 테
스트하고 있긴 하지만, 인도용 앱만큼 활발히 개발 중이진 않다. 오
히려 구글테즈(현재 구글페이) 결제 플랫폼과[53] 안드로이드 구글고[54]
같은 인도용 앱이 동남아에서 출시되는 실정이다. (인도에서 개발도
상국 공략의 밑그림을 그리고 제품이 인기를 끌면 동남아시아에 진출하는
게 서양 IT 기업의 일반적인 패턴이다.)[55]

동남아시아에서 서양 IT 기업의 최대 승부처는 전자상거래다. 동
남아에는 오프라인 소매점이 많지 않다. 미국과 비교하면 인구 대
비 소매 공간 면적이 무려 46배나 작다![56] 그래서 싱가포르의 라자다
Lazada[57]와 인도네시아의 토코피디아Tokopedia[58] 같은 현지 전자상거

---

* SNS와 결합한 전자상거래.

래 스타트업이 거둔 성공을 서양 기업들이 모방할 것으로 보인다.

젊은 인구, 성장 중인 경제, 비교적 안정적인 정치 상황, 미개발도 과개발도 아닌 이상적인 개발 정도가 장점인 동남아시아는 전 세계 IT 공룡들의 격전지로 변신 중이다.[59] 서로 인접해 있다고 해도 나라마다 법과 제도가 크게 다르기 때문에 인도(전국적으로 일관된 법이 적용된다)처럼 통일성이 큰 시장과 달리 승자독식 구도가 형성되기 어렵다. 다시 말해 앞으로도 오랫동안 제왕으로 군림하는 기업이 나오지는 못할 것이다.

| 라틴아메리카: 전도유망 |

인도 진출의 최적기가 어제였고 동남아시아 진출의 최적기가 오늘이라면, 라틴아메리카 진출의 최적기는 내일이다.

라틴아메리카는 아직 서양 IT 기업들이 큰 반향을 일으키지 못했지만 꾸준히 기회를 모색 중인 지역이다. 일례로 구글의 SNS 오르컷 Orkut이 2008년부터[60] 2012년까지[61] 브라질 SNS 시장을 지배했다.

라틴아메리카의 가능성은 무궁무진하다. 지역 전체의 국내총생산(GDP)이 중국에 필적하고[62] 인터넷 인구를 보면 브라질과 멕시코가 각각 세계 4위와 9위를 차지할 만큼 인터넷 사용자가 많다.[63]

그리고 오르컷의 사례에서 짐작할 수 있다시피 SNS가 선풍적인 인기다. 'SNS의 세계 수도'로 꼽히는[64] 브라질은 인터넷 사용자의 97%가 SNS를 이용한다.[65] 그리고 젊은층에게 스마트폰과 4G가 급속도로 보급되고 있는 만큼[66] 모바일 SNS가 대세가 될 것으로 보인다. 안드로이드[67]와 와츠앱[68]은 이미 대세다.

다만 인터넷 인프라가 낙후되어 있어 성장이 지체될 수 있다는 게 최대 난점이다.[69]

| 아프리카: 시기상조 |

마지막으로 아프리카는 서양 IT 대기업이 본격적으로 진출을 꾀하기에는 아직 개발이 저조하다. 인터넷 인프라가 열악해서[70] 선진국보다 인터넷 속도가 4배나 느리다.[71] 그래서 인터넷 보급률이 세계 평균의 절반 정도밖에 안 된다.[72] 휴대폰과 데이터 요금제도 일반인들에게는 아직 너무 비싸다.[73]

- **라틴아메리카와 아프리카의 부실한 인터넷 인프라는 성장의 걸림돌이다.**

출처: 엑시오스Axios[74]

인터넷 트래픽 예측치

2017~2022년 지역별 월간 IPv6 트래픽(단위: 페타바이트)

아시아 태평양
49 PB/month

북미
39 PB

유럽
29 PB

중동 및 아프리카
8 PB

라틴아메리카
6 PB

하지만 스마트폰과 달리 피처폰은 큰 인기다.[75] 피처폰용 송금 서비스인 M페사M-Pesa는 케냐 인구 5천만 명 중 1,800만 명이 가입되어 있다.[76] 인도의 지오폰에도 탑재된 피처폰용 운영체제를 제작하는 카이OS 측에서는 아프리카에서 피처폰이 지금도 어마어마한 성장 잠재력을 갖고 있다고 본다.[77]

그동안 서양 소프트웨어 기업들은 낙후된 인터넷 인프라 때문에 아프리카로 진출하기가 쉽지 않았다. 그래서 인터넷 접속성을 개선하는 데 투자했다. 이 방면으로는 페이스북의 internet.org 프로젝트, 일명 프리베이직Free Basics이 유명하다. 페이스북은 사하라 이남 아프리카의 통신사들과 연합해 아프리카인들에게 무료 인터넷을 제공하고 있다. 하지만 반전은 무료로 접속할 수 있는 웹사이트가 극히 일부(물론 페이스북 포함!)로 한정되어 있다는 점이다.

프리베이직을 옹호하는 쪽에서는 그 덕분에 아프리카인들이 인터넷을 더 수월하게 이용할 수 있다고 평가하는 반면, 반대 진영에서는 페이스북이 우위를 점하기 위한 꼼수라고 비판한다.[78] (현재 여러 개발도상국에서 서비스 중인 프리베이직은 찬반양론이 갈린다. 일례로 인도에서는 망중립성net neutrality 위반으로 금지됐다.)[79]

케냐인들은 어떻게 피처폰으로 모든 것을 결제할까?

앞에서 아프리카의 열악한 IT 환경을 언급했다. 하지만 케냐에서는 피처폰으로 수업료를 내고, 대출을 받고, 심지어는 월세까지 지불한다. 모바일결제가 엄청나게 활성화되어 있어서 '세계 모바일결제 시장의 뜻밖의 선두주자'라는 별칭까지 붙었다.[80] 어떻게 된 일일까?

| 개발도상국의 금융 문제 |

개발도상국에서 모바일뱅킹mobile banking이 뜨고 있는 이유는 무엇보다도 은행계좌가 없는 사람이 많기 때문이다. 개발도상국은 금융 문맹률이 높고, 계좌 개설에 필요한 신분증을 보유하지 않은 사람이 많은 데다, 금융 인프라가 낙후되어 있다. 그리고 여성이 스스로 돈을 관리해야 한다는 인식이 아직 부족하고[81] 사람들이 은행을 불신해서 돈을 맡기지 않는다.[82]

그러다 보니 개발도상국을 중심으로 전 세계적으로 은행계좌가 없는 사람이 무려 20억 명에 이른다.[83]

서양에서는 이미 수십 년 전부터 신용카드, 체크카드, ATM을 사용했다.[84] 그런데 여기에는 전제 조건이 있다. 은행계좌를 갖고 있고, 은행을 신뢰하며, 금융제도 이용법을 알아야 한다는 것이다. 이 조건이 충족되지 않으면 서양의 금융제도도 있으나 마나다.

그래서 개발도상국에서는 여전히 현금이 주 결제수단이다.[85] 물론 현금도 단점이 있다. 휴대하기는 어렵고 도난당하기는 쉽고, 잔돈이 없으면 결제하는 데 시간이 오래 걸린다. 그리고 사기를 당해도 이미 낸 돈을 돌려받을 수 없다.

그런 상황에서 휴대폰을 이용하는 새로운 결제방식이 등장한 것이다.

| M페사 |

아프리카에 본격적으로 피처폰이 보급되던 2007년에 케냐 통신사 사파리콤Safaricom에서 문자 기반 송금서비스 M페사를 출시했다.[86] 현재 M페사는 케냐 성인 3분의 2가 사용할 정도로 선풍적인 인기를 끌고 있고, 케냐 국민총생산(GNP)의 25%가 M페사를 경유한다.[87]

M페사는 벤모에서 스마트폰, 인터넷, 은행계좌를 뺀 시스템이라고 생각하면 된다. 벤모는 은행계좌에서 벤모 계좌로 돈을 보내서 잔액을 충전하고, 친구에게 송금할 때는 앱을 이용하며, 벤모 계좌의 돈을 찾으려면 다시 은행계좌에 송금하는 방식이다. 반면에 M페사

• **M페사 잔액을 충전하고 인출하는 충전소**　　출처: ⓒWorldRemit Comms[91]

는 충전소(주유소와 구멍가게를 중심으로 케냐 전국에 65,000개가 존재한다)에서 잔액을 충전하고, 친구에게 송금할 때는 문자메시지를 이용하며, 잔액을 인출할 때도 역시 충전소를 이용한다.[88]

다시 말해 M페사는 휴대폰(그것도 스마트폰이 아닌 피처폰)[89]과 현금만 있으면 끝이다. M페사는 심지어 2009년에 출시된 벤모[90]보다도 역사가 깊다!

M페사는 시골에 있는 가족에게 송금할 수단이 필요했던 케냐 도시 노동자들 사이에서 출시 직후부터 엄청난 인기를 끌었다. 시골 사람들은 대부분 은행계좌가 없으니까 수표 발행이나 온라인 송금은 불가능했다. 그렇다고 고향에 직접 다녀오기에는 경비가 많이 들었고, 가뜩이나 우편 시스템이 열악해서 우편물이 분실되기 일쑤인데 현금을 우편으로 부치는 것은 너무나 위험했다.

그런데 2007년 당시 이미 케냐인의 절반 이상이 휴대폰을 이용하고 있었기 때문에 M페사의 등장으로 마침내 도시 노동자들이 시골로 돈을 보낼 방법이 생긴 것이다.[92] M페사의 위력은 시골 사람들이 M페사를 이용한 뒤 그들의 가계소득이 5~30% 상승했다는 조사 결과에서 잘 드러난다.[93]

이후 M페사는 사업 영역을 넓혀 대출, 저축, 결제도 은행계좌 없이 가능하게 만들었다. 2018년에 사파리콤은 웨스턴유니언Western Union과 제휴해 M페사 사용자와 웨스턴유니언 사용자 간의 송금이 가능해질 것이라고 발표했다. 예를 들면 케냐인이 M페사로 웨스턴유니언 가맹 은행을 이용하는 독일인에게 돈을 보낼 수 있게 되는 것이었다.[94]

M페사는 현재 3개 대륙에서 3천만 명이 사용 중이며 그 미래도 낙관적이다. M페사를 보면 모바일결제가 성장하기 위해 꼭 복잡한 기술이 필요하지만은 않다는 사실을 알 수 있다.[95]

위챗은 어떻게 중국의 '공식' 앱이 됐을까?

미국인들은 구글지도로 식당을 찾아서 우버로 이동한 후 애플페이로 결제를 하고 옐프에 후기를 남긴 다음 페이스북 메신저로 친구에게 알린다. 하지만 중국에서는 텐센트의 위챗 앱 하나로 끝난다.[96]

실제로 중국에서는 위챗으로 병원 예약, 택시 호출, 대금 결제 등 모든 것이 가능하다. 위챗은 메신저 앱으로 출발했으나 이후 수많은 기능이 추가됐다.[97] 중국에서는 사실상 없어서는 안 되는 앱으로 사용자가 9억 명에 이르며[98] 많은 사람이 사실상 중국의 '공식' 앱으로 여긴다.[99]

한 국가에서 위챗만큼 강한 지배력을 보이는 앱은 찾아보기 어렵다. 위챗은 어떻게 이처럼 공고한 입지를 다졌을까?

| 위챗의 성장 배경 |

위챗이 중국인의 '만능칼'이 된 이유는 크게 세 가지로 생각해볼 수 있다.[100]

첫째, 위챗은 재미있고 유행할 만한 기능을 만들 줄 알았다. 2010년 출범 직후 위챗은 휴대폰을 흔들면 무작위로 선택된 다른 사용자와 연결되는 기능이 추가됐다. 그리고 역시 무작위로 선택된 사용자에게 답장을 받길 바라며 디지털 버전 '병 속의 편지'를 보낼 수 있는 기능도 신설됐다.[101] 이런 기능이 서양인의 시각에서는 이상하게 보일 수 있지만 중국인의 감성을 자극해서 사용자가 급속도로 늘어났다.[102]

그리고 2014년에 위챗은 중국의 홍바오紅包 문화를 디지털화해서 크게 히트를 쳤다.[103] 중국에는 설날같이 특별한 날이면 붉은 봉투, 즉 홍바오에 돈을 두둑이 넣어서 주고받는 풍습이 있다. 중국인들은 이미 친구들이 위챗에 가입돼 있으니까(위챗은 기본적으로 메신저 앱이었다) 이 기능을 적극적으로 이용했다. 아직 위챗을 사용하지 않던 사람들도 이때를 계기로 우르르 가입했다. ('친구가 보낸 선물을 받으려면 가입하세요' 전략은 절대 실패하지 않는다.)[104]

더군다나 위챗은 이것을 하나의 게임으로 만들었다. 홍바오 속의 금액이 무작위로 정해지는 기능을 넣어서 사람들이 봉투를 여는 재미를 느끼게 만든 것이다.[105] 그뿐만 아니라 단체 대화방에 돈을 보내서 가장 먼저 들어오는 사람이 임자가 되는 게임도 있다.[106] 이 게임 때문에 사람들은 단체 대화방에 보내진 홍바오를 놓치지 않으려고 수시로 대화방을 확인한다.[107]

여기서 진짜 영리한 전략은 홍바오를 보내기 위해 은행계좌를 연결하게 만든 것이었다. 은행계좌를 연결한 사람은 이후에 영화표를 사고, 요금을 내고, 택시를 부르는 등 다양한 목적으로 위챗페이 WeChat Pay라는 결제시스템을 이용하도록 유도하기가 한층 수월했다.[108] 홍바오 기능이 추가된 직후 위챗페이 사용자가 3천만 명에서

1억 명으로 폭증했다.[109] 홍바오는 위챗페이가 선발 주자인 알리페이Alipay를 제압하는 무기가 됐다.[110] 위챗페이의 성장 덕분에 위챗은 단순한 메신저 앱을 넘어 중국인을 위한 만능 앱으로 도약하는 길을 닦을 수 있었다.

위챗이 성공한 두 번째 이유는 한마디로 타이밍이었다. 2010년에 위챗이 공식적으로 등장하기 직전에 중국의 스마트폰 판매량은 3,600만 대에 불과했으나 2년 뒤 2억 1,400만 대로 대폭 증가했다.[111] 2010년에 발 빠르게 스마트폰 시장에 진입한 위챗은 스마트폰과 함께 성장할 수 있었다.

세 번째 이유는 중국 정부와 좋은 관계를 맺고 정부가 외국산 라이벌들을 막아줬기 때문이다. 텐센트는 중국 정부의 요청에 따라 사용자 데이터를 정부에 넘기고 암호화 기술을 사용하지 않는다.[112] 서양 기업들은 다른 나라에서 역풍이 불 것을 우려해 그런 요구를 수용하지 못한다.[113] 중국 정부는 말을 잘 듣는 위챗을 위해 페이스북 메신저, 와츠앱, 라인 같은 경쟁 앱을 차단하고 있다.[114]

이런 밀월 관계 덕분에 2018년에 위챗을 중국 정부의 전자신분증시스템China's electronic ID system에 통합하는 계획이 공식화됐다.[115] 위챗으로서는 전자신분증시스템의 확장에 기여하면서 필수 앱으로서 입지를 강화하기 위한 포석이었다. 정부의 편에 선 덕을 톡톡히 봤다고 해도 무방하다.

| 서양 기업을 위한 시사점 |

위챗이 중국의 문화와 제도에 특화된 까닭인지 중국 밖에서는 사

용자가 그리 많지 않지만 그래도 서양 IT 업계에 꽤 큰 영향을 미치고 있다.

가장 유심히 볼 부분은 위챗으로 인해 메신저 앱의 운영체제화라는 개념이 형성된 점이다. 서양에서는 안드로이드나 iOS가 휴대폰의 운영체제이고 병원 진료를 예약하거나 돈을 투자하려면 구글 플레이스토어나 애플 앱스토어에서 앱을 설치해야 한다.

하지만 중국에서는 위챗이 사실상 운영체제다. 진료 예약과 투자를 포함해[116] 무슨 일이든 위챗 내의 '사업자 공식 계정account'[117]이나 '미니프로그램mini-program'[118]을 통해 처리할 수 있다. 위챗 앱 하나로 모든 게 가능하니까 굳이 다른 앱을 깔 필요가 없다. 위챗 내에서 입력한 개인정보와 결제정보는 모든 공식 계정과 미니프로그램에서 재사용할 수 있어서 편리하다.[119] 반대로 서양에서는 우버, 벤모, 페이팔, 아마존 등 거의 모든 앱에서 개별적으로 계정을 만들어야 한다. (물론 결제정보도 앱마다 따로 입력해야 한다!)

그러니까 중국에서는 위챗만 쓸 수 있다면 아이폰이냐 안드로이드냐는 별로 중요하지 않다.[120] 애플로서는 골치 아픈 문제다. 고품질 앱과 iOS가 아이폰의 주 무기인데 이제는 그런 게 상관없게 됐으니 말이다. 샤오미 같은 중국 제조사에서 아이폰과 유사한 하드웨어에 안드로이드를 탑재한 휴대폰을 더 저렴한 가격에 내놓는다면[121] 중국에서 아이폰의 매력은 부의 상징이라는 의미밖에 안 남는다.[122]

위챗은 페이스북에도 영향을 미쳤다. 구글과 애플이 정해놓은 안드로이드와 iOS 규정을 어쩔 수 없이 준수해야만 했던 페이스북은 그간 전세를 역전시킬 기회를 호시탐탐 노렸다.[123] 그러다 찾은 묘수가 페이스북 메신저를 서양의 위챗으로 만드는 것이었다. 메신저 안에서 모든 게 해결되면 페이스북으로 주도권이 넘어와서 안드로이드와 iOS에 휘둘릴 필요가 없었다. 그래서인지 몇 년 전부터 페이스북은 메신저에 결제,[124] 게임,[125] 기업용 채팅봇[126] 등 수많은 기능을 욱여넣고 있다.

보다시피 위챗은 전 세계에 영향을 미치며 시사점을 던지고 있다.

아시아에서는 어떻게 모든 것을 QR코드로 결제할까?

이제 중국에서는 거리의 공연자에게 현금을 주는 사람을 거의 찾아볼 수 없다. 요즘은 어디서든 돈을 낼 일이 있으면 휴대폰에서 QR코드(검은색 점과 흰색 점이 뒤섞인 정사각형 코드)를 스캔한다.[127] 심지어는 QR코드로 적선도 하고 축의금도 낸다.[128] 싱가포르의 푸드코트에서는 계산대에서 현금을 내는 사람보다 휴대폰으로 QR코드를 스캔하는 사람이 더 많다.[129]

아시아에서는 왜 모바일결제가 성행할까? 그리고 왜 하필이면 QR코드일까?

| 위챗페이와 알리페이 |

요즘 중국에서는 굳이 지갑을 갖고 다닐 필요가 없다. 휴대폰만 있으면 밥값, 공유자전거 이용료, 통신료를 내는 것은 물론이고 월세도 휴대폰으로 낼 수 있다.[131] 모두 앞에서 말한 대로 모바일결제 서비

- **QR코드는 아시아 전역에서 흔히 볼 수 있다.**
  노점에서도 알리페이나 위챗을 이용해 QR코드로 돈을 낸다.

출처: ⓒWalktheChat[130]

스가 광범위하게 보급된 덕분이다. 텐센트의 위챗페이와 알리바바의 알리페이는 각각 사용자가 9억 명과 5억 명에 이른다.[132]

위챗페이와 알리페이는 M페사와 달리 은행계좌, 휴대폰 번호, 공인 신분증을 요구하고[133] 스마트폰이 필수다. 하지만 아프리카와 달리 중국에서는 거의 모든 사람이 스마트폰을 보유하고 있다.[134]

중국에서는 노점, 고급 레스토랑 할 것 없이 어디서나 QR코드 결제가 가능하다. 위챗이나 알리페이로 QR코드를 스캔하면 즉시 돈이 전달된다.[135] QR코드가 대세가 된 이유는 쉽게 시작할 수 있기 때문이다. QR코드만 인쇄하면 신용카드 리더기나 금전등록기 같은 특별한 장비가 없어도 누구나 판매자가 될 수 있다.

아직은 위챗페이와 알리페이가 주로 중국에서만 사용되지만

2018년 위챗페이의 말레이시아 진출 사례를 보면 앞으로 계속 서비스 지역이 확대될 수 있다.[136]

| 그랩과 고젝 |

QR코드 결제는 동남아시아에서도 보편화되는 추세다. 그 이유를 알기 위해서는 먼저 동남아시아에서 왜 모바일결제가 인기인지 알아야 한다.

동남아 모바일결제 시장의 양대 산맥은 싱가포르 스타트업 그랩 Grab과 인도네시아 스타트업 고젝Go-Jek이다.[137] (공교롭게도 그랩은 알리바바,[138] 고젝은 텐센트로부터[139] 투자를 받았다. 그래서 두 스타트업은 동남아에서 잘나간다고 알리바바나 텐센트와 경쟁하지 않는다.)

그랩과 고젝은 승차공유 기업이다. 고젝은 오토바이 호출 서비스로[140] 인도네시아를 장악하고 있고,[141] 그랩은 우버와 같은 택시 호출 서비스로(설립자들이 '아시아의 우버'를 목표로 한다고 밝힌 바 있다[142]) 동남아시아의 나머지 지역을 지배하고 있다. 그 외에는 서로 판박이라고 봐도 좋다.[143]

승차공유가 어디서나 인기라고 하지만 최근에 두 스타트업이 뜨거운 관심을 받는 이유는 수억 명의 사용자가 그랩과 고젝 앱에 결제 정보를 입력하고 앱 내의 디지털 지갑에 돈을 충전하고 있기 때문이다.[144] 사람들이 앱에 돈을 충전하게 만드는 것은 대단히 어려운 일이다. 하지만 홍바오를 통해서든 승차공유 요금을 내게 해서든 간에 일단 앱에 돈을 충전하게만 만들면 그다음부터는 무엇이든 팔 수 있다.

실제로 그랩과 고젝이 그렇게 하고 있다.[145] 이제는 고젝으로 식품을 구입하고, 택배를 보내고, 약을 주문하고, 에어컨을 수리하고, 세탁을 맡기고, 마사지를 받을 수 있다.[146] (예시로 든 서비스들의 공통점이 무엇일까? 사용자에게 뭔가를 판매한다는 것이다. 그래서 모바일결제가 미리 준비되어 있어야 한다. 사람들은 고작 마사지를 받으려고 귀찮게 결제정보를 입력하진 않지만, 이미 앱에 돈이 충전되어 있으면 선뜻 마사지를 받는다.)

물론 QR코드 스캔으로도 상품이나 서비스를 구입할 수 있다.

그랩과 고젝은 어마어마한 성공을 거뒀다. 동남아에 진출했던 우버가 열세를 극복하지 못하고 그랩에 동남아 사업부를 매각했을 정도다.[148] ('아시아의 우버'를 목표로 했던 기업의 쾌거였다!)

- 인도네시아의 고젝은 오토바이 호출 서비스로 시작했지만
  현재는 송금(고페이GO-PAY), 화장(고글램GO-GLAM),
  집 청소(고클린GO-CLEAN)로 사업 영역을 확장했다.　**출처: 테크 인 아시아**Tech in Asia[147]

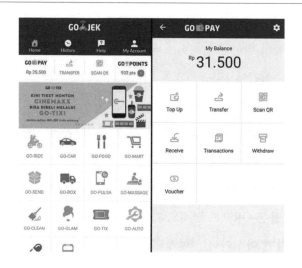

하지만 동남아 시장의 패권을 둘러싼 혈투는 여전히 진행 중이다. 고젝은 싱가포르로,[149] 그랩은 인도네시아로[150] 진출하며 서로의 홈그라운드에 침투했다. 그뿐만 아니라 싱가포르의 페이나우PayNow와 대시Dash, 말레이시아의 레이저페이Razer Pay,[151] 필리핀의 인스타페이InstaPay, 베트남의 VN페이VNPay 같은 중소업체와도 겨뤄야 한다.[152]

| 페이티엠 |

인도는 아직 중국과 동남아만큼 QR코드와 모바일결제가 보편화되지 않았지만 모바일결제 스타트업 페이티엠Paytm의 주도로 분위기가 바뀌는 중이다.

페이티엠은 위챗처럼 은행계좌로, 또 M페사처럼 현금으로 잔액을 충전해서 친구와 사업자에게 송금할 수 있는 모바일결제 시스템으로 출발했다. 그러다 2016년에 인도에서 500루피와 1,000루피 지폐(당시 시세로 각각 7달러와 14달러 상당)의 사용이 금지된 것을 계기로 급성장했다.[153] 당시 구권을 신권으로 교체하는 불편을 겪어야 했던 인도인들이 비현금 결제시스템으로 관심을 돌리면서 페이티엠의 사용자가 순식간에 1억 5천 명을 돌파했다.[154]

이후 페이티엠도 그랩과 고젝처럼 제2의 위챗을 목표로 점점 더 많은 기능을 추가하고 점점 더 많은 것을 판매하기 시작했다. 지금은 페이티엠에서 메시지를 보내고, 각종 요금을 내고, 온라인쇼핑을 하고, 게임을 플레이할 수 있다. 심지어는 '미니프로그램' 기능까지 도입됐다.[155] 물론 QR코드 결제도 가능하다.[156]

정리하자면 아시아 전역에서 모바일결제가 뜬 이유는 그것을 주

축으로 탁월한 비즈니스 모델을 구축할 수 있기 때문이다. 일단 사람들이 결제정보만 입력하게 하면 제2의 위챗이 되어 한 국가의 IT 시장을 석권하는 미래를 꿈꿀 수 있는 것이다.

동서양 IT 기업의 전략은 어떤 면에서 다를까?

수년 전부터 미국과 중국의 IT 기업들이 개발도상국을 둘러싼 전쟁을 벌이고 있다.[157] 양국은 인공지능,[158] 통신 기술,[159] 인터넷의 미래[160]를 두고도 치열하게 경쟁 중이다.

그렇다고 양측이 서로 판박이인 것은 아니다. 이 장에서 살펴본 대로 동양과 서양의 IT 기업은 서로 판이하다. 그렇다면 구체적으로 어떻게 다르고, 그런 차이가 경쟁 구도에 어떤 영향을 미칠까?

| 직접 진출과 간접 진출 |

인도나 동남아 사람들은 앱을 통해 구글, 페이스북, 아마존을 필두로 한 서양의 초거대 IT 기업들에 친숙해졌다. 하지만 알리바바와 텐센트 같은 중국의 공룡 기업들에 대해서는 아직 잘 모른다. 중국 기업들이 뒤에서 인도와 동남아의 유명한 앱들에 대대적으로 투자하고 있음에도 현지인들에게는 여전히 생소한 존재다.

이런 차이는 더 큰 흐름과 관련되어 있다. 서양 기업은 신흥국에 진출할 때 일반적으로 기존의 앱과 비즈니스 모델을 그대로 가져온다.[161] 개발도상국 사람들도 유럽과 북미 사람들이 쓰는 것과 똑같은 페이스북을 쓰고 아이폰을 쓰고 유튜브를 쓴다. 서양 기업이 개발도상국용 앱을 내놓는다 해도 기존 앱의 파생 버전에 불과하다. 구글고와 안드로이드고Android Go만 봐도 구글 검색과 안드로이드를 인도용으로 개조한 것이다.[162] 기존 버전과 느낌이 좀 다를 수는 있어도 근본은 크게 다르지 않다.

이와 달리 중국 기업은 중국용 앱의 개조판으로 다른 시장에 뛰어들지 않는다. 중국 기업은 현지 시장에 맞는 앱과 비즈니스 모델을 개발하는 현지 기업에 투자한다. 일례로 알리바바는 중국 밖에서 알리바바라는 이름이 붙은 전자상거래 사이트를 만든 적이 없다.[163]

대신 알리바바는 온라인쇼핑, 모바일결제, 배송 등 전자상거래와 관련된 업무를 처리하는 기업들의 지분을 다양하게 보유하고 있다.[164] 예를 들면 인도의 페이티엠,[165] 싱가포르의 그랩,[166] 인도네시아의 전자상거래 스타트업 토코피디아,[167] 파키스탄의 전자상거래 스타트업 다라즈Daraz[168]가 알리바바의 투자를 받았다. 알리바바는 이런 스타트업들의 미래에 입김을 행사할 수 있을 만큼 큰돈을 투자하지만 거기에 알리바바라는 브랜드를 붙이진 않는다.

텐센트도 비슷하다. 위챗을 다른 나라로 진출시킬 때 보통은 현지 기업과 긴밀한 협력 관계를 맺는다. 가령 말레이시아와 태국에 진출할 때 현지 승차공유 앱인 이지택시Easy Taxi와 제휴해서 위챗에 택시 호출 기능을 추가했다(단, 말레이시아와 태국에 한해서였다).[169] 싱가포르에 진출할 때는 현지 전자상거래 스타트업 라자다와 손잡고 역시 싱가포르에 한해서 위챗에 관련 기능을 신설했다.[170]

알리바바와 마찬가지로 텐센트도 인도네시아의 고젝,[171] 인도의 차량호출 앱 올라Ola,[172] 인도의 판타지 스포츠* 플랫폼 드림11 Dream11[173]을 포함해 개발도상국 스타트업에 광범위하게 투자했다. 그뿐만 아니라 한국, 아이슬란드, 일본의 게임회사에도 투자할 만큼 게임업계에서 공격적인 행보를 보이고 있다.[174] 특히 포트나이트의 제작사에 투자한 것으로 유명하다.[175] (이런 투자의 결과가 향후 사람들 을 위챗으로 유입시키는 미끼가 될 수 있다.)

동서양 기업의 전략적 차이는 인도의 사례에서 극명하게 드러난 다. 인도의 전자상거래 시장을 놓고 2010년대 중반에 아마존과 알리 바바가 격돌했다. 그런데 아마존은 2014년부터 인도에서 직접 아마 존 프라임을 구축했지만, 알리바바는 2015년에 현지 스타트업 페이 티엠에 투자했다.[176]

| 왜 이런 차이가 생겼을까? |

이 같은 전략적 차이는 비즈니스 모델의 차이에서 기인한다. 서양 기업들은 성장 혹은 확장이 쉬운 비즈니스 모델을 만드는 데 중점을 둔다. 광고 판매(구글과 페이스북)나 휴대폰 판매(애플)는 전 세계 어 디서든 동일한 전략이 통용된다. 전 세계의 모든 기업이 광고를 하기 원하고 전 세계의 모든 사람이 휴대폰을 사고 싶어 하기 때문이다. 그래서 서양의 앱과 비즈니스 모델은 전 세계 어디서든 동일하게 작 동하고, 지역별로 바꿔야 할 게 있다면 언어 정도다.[177]

한편으로 중국 기업들은 물리적 인프라가 그리 좋지 않은 국가들

---

* 실존 선수들로 가상의 팀을 구성해 대결하는 게임.

에서 탁월한 결제와 배송 시스템으로 차별화를 이뤘다. 여기서 문제는 나라마다 결제와 배송 환경이 크게 다르다는 점이다. 《이코노미스트The Economist》의 표현을 빌리자면 도시국가인 싱가포르에서 탁월한 배송 능력을 갖춰 봤자 만 개가 넘는 섬으로 이뤄진 인도네시아에서는 무용지물이 된다. 이런 상황에서 이상적인 해법은 각국에 맞는 시스템을 만드는 것이다. 그래서 중국 기업은 현지인의 창업을 지원하고 그렇게 탄생한 현지형 기업을 인수한다.[178]

두 전략 모두 뚜렷한 강점이 있다. 미국 기업은 그 가공할 확장성 덕분에 새로운 시장에 진입했을 때 빠르게 치고 나간다. 예를 들어 아마존은 인도 시장에 들어갔을 때 이미 강력한 물류 인프라, 결제시스템, 브랜드 인지도, 많은 협력 업체를 거느리고 있었다.[179] 한편으로 중국 기업은 각국에 맞는 상품과 비즈니스 모델을 개발함으로써 (당연히 확장은 어렵다) 어느 시장에든 안착할 수 있다.

물론 약점도 존재한다. 미국 IT 기업의 경우, 그 상품과 비즈니스 모델이 많은 국가에서 잘 통한다고 한들 어느 국가에도 완벽하게 부합하진 않는다. (구글이 구글고와 안드로이드고를 출시한 것은 기존의 구글 앱과 안드로이드가 인도에 완벽히 들어맞지 않았다는 방증이다.)[180] 중국 기업들의 경우 투자를 받은 스타트업들 간에 경쟁 구도가 형성되는 경우가 많다. 알리바바가 동남아에서 투자한 전자상거래 스타트업 토코피디아[181]와 라자다[182]가 현재 여러 나라에서 맞대결을 펼치고 있는 것만 봐도 그렇다.[183]

| 상호 학습 |

따라서 두 전략 중 어느 쪽이 우월하다고 딱 잘라 말할 수는 없다. 아닌 게 아니라 이제는 동서양 기업이 서로의 전법을 차용하고 있다. 월마트는 인도에 매장과 온라인몰을 여는 대신 2018년에 현지의 전자상거래 대기업 플립카트Flipkart를 인수했다.[184] 구글도 2018년에 인도네시아의 차량호출 기업 고젝[185]과 인도의 전자상거래 스타트업 파인드Fynd[186]에 투자하는 등 중국과 비슷한 행보를 보였다. 같은 해에 알리바바는 전 세계 시장을 겨냥한 클라우드 컴퓨팅 제품들을 선보이며 알리바바 브랜드가 붙은 제품의 첫 국외 출시를 알렸다.[187]

이른바 동서양 IT 전쟁[188]에서 어느 쪽이 승자가 될지는 불확실하지만, 양측 기업들이 상대 진영에서 힌트를 얻고 있는 것은 분명하다.

11장

기술정책

이제는 물건을 살 때, 뉴스를 볼 때, 누군가에게 연락할 때, 무언가를 조사할 때, 사업을 할 때 인터넷이 가장 중요한 수단이 됐다. 그러니 IT 업계가 지금껏 독점금지, 언론의 자유, 사생활보호 등에 대한 정책과 법규를 둘러싸고 오랫동안 지속되어 온 논쟁의 소용돌이에 휘말린 것도 당연하다.

이번 장에서는 그런 논쟁이 정책 입안을 위한 대결로 번진 사례와 정부가 IT 기업을 규제한 사례를 알아볼 것이다.

어째서 컴캐스트는 사용자의 검색 기록을 팔 수 있을까?

미국의 통신 및 인터넷 규제 기관인 연방통신위원회Federal Communications Commission, FCC는 2016년에 인터넷 서비스 사업자(ISP)가 사용자의 검색 기록을 광고주에게 판매할 때는 반드시 당사자의 동의를 얻어야 한다는 규정을 신설했다.[1] 하지만 2017년 의회에서 이 '브로드밴드broadband＊ 개인정보보호' 규정을 무력화하는 법안이 통과됐다.[2] 다시 말해 ISP가 사용자의 정보를 내키는 대로 판매할 수 있게 됐다.[3] 소비자보호단체들은 당연히 들고일어났다.[4]

그런데 ISP가 정확히 무엇일까? ISP는 사용자에 대해 어떤 데이터를 갖고 있을까? ISP가 그 데이터를 판매하는 게 왜 문제가 될까? 이제부터 하나씩 알아보자.

＊ 다종의 신호와 데이터를 초고속으로 전송하는 통신 시스템.

와이파이로 인터넷을 이용하거나 케이블로 텔레비전을 볼 때 우리는 이른바 '브로드밴드' 콘텐츠를 소비한다.[5] 이때 가정에 그 콘텐츠를 전달하는 업체, 즉 인터넷과 케이블을 제공하는 업체가 바로 ISP다.[6] 미국의 주요 ISP로는 컴캐스트, AT&T, 버라이즌, 센추리링크CenturyLink, 콕스Cox,[7] 스펙트럼Spectrum[8] 등이 있다.

이들 기업은 4G 이동통신을 제공하는 통신사와 별개다. 통신사는 버라이즌, AT&T, 스프린트, 티모바일T-Mobile이 대표적이다.[9] (참고로 버라이즌과 AT&T는 통신사이면서 ISP다.)

ISP는 사용자와 웹사이트의 중간에 있기 때문에 사용자의 검색 기록을 모두 추적할 수 있다. 그리고 그 기록을 나이와 위치 같은 인적사항과 결합해 광고주에게 판매하면 광고주는 이를 토대로 타깃 광고를 내보낼 수 있다.[10] 여기에 비하면 페이스북과 구글이 수집하는 정보는 새 발의 피다.[11] 개인정보 보호론자들은 ISP가 사용자의 구글 검색 기록을 탈취하거나 사용자가 접속한 웹사이트에 임의로 광고를 끼워넣을 수도 있다고 주장한다.[12] 이 방면으로는 예전에 버라이즌이 자사의 모든 휴대폰에 '슈퍼쿠키supercookie'라는 추적기를 설치함으로써 사용자가 방문하는 웹사이트를 모두 추적하면서도 사용자가 거부할 방법은 제공하지 않았던 사례가 가장 악명 높다.[13] (버라이즌은 결국 슈퍼쿠키를 폐기했지만 개인정보 보호론자들은 언제든 같은 일이 재발할 수 있다고 본다.)[14]

ISP가 하는 짓이 못마땅해도 별도리가 없다. ISP 간의 빈번한 인수합병으로 인해 이미 많은 지역에 독점 업체가 생겼기 때문이다.[15] FCC의 추정에 따르면 미국 가정 중 75%가 지역 내에서 선택할 수 있는 초고속 ISP가 1개뿐이거나 전무하다.[16] 싫어도 독점적 ISP를 쓸 수밖에 없는 것이다. 그리고 예상할 수 있다시피 독점으로 인해 인터넷 속도는 느려지고 가격은 비싸진다.[17] AT&T의 경우, 똑같은 기본 상품인데도 타 ISP와 경쟁하는 텍사스주 오스틴보다 독점적인 지위에 있는 캘리포니아주 쿠퍼티노Cupertino에서 요금이 40달러나 비싸다![18]

- 미국 가정 중 4분의 3이 25Mbps 이상의 초고속 인터넷을 제공하는 ISP 중 선택할 수 있는 업체가 1개이거나 전무한 독점 시장에 속해 있다.

출처: FCC[19]

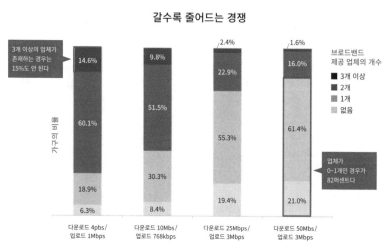

갈수록 줄어드는 경쟁

유선 브로드밴드 속도 분류

이런 독점 구도는 느슨한 반독점 규제와 통신시장의 높은 진입 장벽 때문에 유감스럽게도 쉽게 깨지지 않을 것으로 보인다.[20] 인터넷을 제공하기 위해 막대한 인프라를 구축하는 것은 천하의 구글조차도 쩔쩔맬 정도로 어려운 일이다. 구글이 야심차게 출범시킨 초고속 ISP인 구글파이버Google Fiber는 각종 난관에 봉착하면서 2017년에 서비스 규모를 대폭 축소했다.[21]

사실상 독점적 지위에 있는 ISP가 정보를 판매하는 관행은 무엇보다 소비자에게 큰 위협이 된다. ISP가 검색 기록을 판매하는 게 마음에 들지 않아도 아예 인터넷을 끊지 않는 이상 마땅한 대안이 없기 때문이다.[22]

| 규제 혹은 방치 |

2016년 이전에는 ISP의 사용자 데이터 판매를 제한하는 규정이 없다시피 했다.[23] 그러다 2016년에 FCC에서 ISP가 사용자의 탐색 기록을 판매하려면 사전에 분명한 동의를 받아야 한다는 규정이 신설됐다.[24] 개인정보 보호론자들은 축배를 들었다.[25]

하지만 2017년에 신임 FCC 위원장 아지트 파이Ajit Pai의 지원사격으로 의회에서 이 규정이 벌집이 됐다.[26] ISP가 다시 사용자의 동의 없이 데이터를 판매할 수 있게 된 것이다.[27]

소비자단체들은 이를 ISP 밀어주기이자 노골적인 사생활 침해라고 규탄했다.[28] 하지만 찬성파는 데이터 판매를 제한하는 규정이 사용자 데이터를 이용한 타깃광고로 떼돈을 버는 페이스북이나 구글에는 적용되지 않는 만큼 ISP의 판매도 허용하는 게 공평하다고 맞섰다.[29] ISP도 구글, 페이스북과 경쟁하기 위해 타깃광고를 할 수 있어야 한다는 논리였다.

이 논쟁은 쉽사리 종식될 기미가 보이지 않지만 재미있는 뒷이야기는 남았다. FCC에서 ISP의 데이터 판매를 제한하는 규정을 철회하자 IT 뉴스 사이트 지디넷ZDNet에서 정보공개법Freedom of Information Act에 의거해 규정 철회의 일등공신인 아지트 파이 위원장의 검색 기록 공개를 청구했다. 이에 FCC 측의 답변은 그런 정보를 보유하고 있지 않다는 것이었다.[30]

무료 모바일 데이터는 어떤 점에서 소비자에게 해로울까?

영국 통신사 버진미디어Virgin Media 가입자들에게 희소식이 있다. 와츠앱, 페이스북 메신저, 트위터를 데이터 이용료 없이 사용할 수 있다는 것이다.

미국의 경우, AT&T 가입자는 AT&T의 스트리밍 서비스 다이렉티비 나우DirecTV Now에서 몇 편의 영상을 보든 간에 데이터 이용료가 청구되지 않는다.[32]

이처럼 특정 앱을 사용할 때 데이터 이용료가 부과되지 않는 것을 '제로레이팅zero rating'이라고 부른다.[33] 언뜻 생각하기엔 반가운 서비스다. 무제한으로 메시지를 보내고 영상을 볼 수 있다니 싫어할 사람이 있을까? 하지만 에피센터.웍스Epicenter.works라는 유럽 비영리단체의 조사에서 제로레이팅이 전반적으로 데이터 이용료 부담을 '증

- 버진미디어 가입자는 와츠앱, 페이스북 메신저, 트위터를
'무료 데이터'로 이용할 수 있다.
하지만 이게 과연 소비자에게 이로운 것일까? 출처: 버진 미디어[31]

**와츠앱, 페이스북 메신저,
트위터 이용 시 데이터 완전 무료**

- 와츠앱, 페이스북 메신저, 트위터에서 메시지를 보내고 트윗을
올릴 때 데이터가 무료로 제공됩니다.
- 이제 데이터 걱정 없이 소중한 사람들과 대화할 수 있습니다.
- 기기 할부 약정 가입자와 유심 가입자 전원에게 무상으로
제공되는 혜택입니다.
- 데이터 절약 어렵지 않아요.

할부 약정 기기 보기

유심 요금제 보기 >

가'시킨다는 결과가 나왔다.[34] 왜 그럴까?

사실 제로레이팅은 망중립성을 둘러싼 정책 논쟁의 최전선에 있다.[35] 제로레이팅의 실체를 파헤치기 전에 망중립성이 무엇인지부터 알아보자.

| 망중립성 |

망중립성이란 간단히 말해 ISP가 모든 데이터를 공평하게 취급해야 한다는 원칙이다. 어떤 데이터에도 특혜가 허용돼서는 안 된다. 특정한 영상, 트윗, 이미지가 더 빨리 전송되어서는 안 되고, 제로레이팅의 경우처럼 더 저렴하게 제공돼서도 안 된다(그렇지 않으면 특정한 데이터가 소비자에게 더 강한 매력을 발휘하게 된다).[36]

ISP는 기본적으로 인터넷 접속에 대한 지배권을 쥐고 있다. 우리가 인터넷에서 소비하는 콘텐츠는 모두 버라이즌이나 컴캐스트 같

은 업체를 통해 전송된다. ISP는 막강한 힘을 갖고 있어 특정한 앱이나 웹사이트를 비호하기 위해 그 경쟁자의 데이터가 느리게 전송되게 만들 수도 있다. 만약 ISP가 돈을 두둑이 챙겨주는 회사들의 편에서서 운동장을 기울여버린다면 소비자로서는 큰 손해다. 그런 행태는 인터넷의 개방성을 파괴하고, 혁신과 경쟁을 제약하며, 경제성장을 둔화시킬 것이다.[37]

좀 더 구체적으로 말하자면 망중립성은 ISP가 잇속을 챙기기 위해 자행하는 3대 부당 행위를 금지하는 것이다.

그 첫 번째는 '차단'으로, ISP가 노골적으로 트래픽을 차단하는 것을 뜻한다. 제일 악명 높은 사례는 AT&T가 저렴한 데이터 요금제 가입자들의 페이스타임 이용을 차단한 것이다.[38] 가입자들에게 대놓고 돈을 더 많이 내라고 요구하는 격이었다. 페이스타임 데이터가 전적으로 AT&T를 통해 전송되는 이상 약정으로 묶인 가입자들은 페이스타임을 이용하려면 요금제를 업그레이드하는 수밖에 없었다.

어떤 웹사이트를 전면적으로 차단하는 것은 너무 티가 나기 때문에 많은 ISP가 좀 더 교묘한 수법을 쓴다. 바로 '속도 제한'이다. 특정한 웹사이트, 주로 경쟁사의 웹사이트에서 콘텐츠가 느리게 전송되게 만드는 것이다.[39] 2013~2014년에 컴캐스트와 버라이즌이 넷플릭스의 콘텐츠 전송 속도를 둔화시켰다.[40] 아마도 자사의 비디오 스트리밍 서비스를 띄우기 위해서였을 것이다.[41] 속도 제한이 너무 심해서 넷플릭스가 양사에 돈을 지불하고 제한을 풀어야 할 정도였다.[42] 컴캐스트와 버라이즌이 가입자를 볼모로 자사의 상품을 밀고 넷플릭스의 돈을 뜯어낸 것이다.

- 넷플릭스는 컴캐스트의 속도 제한으로 갑자기 속도가 하락했다가
  2014년 1월에 대가를 지불하자 속도가 급상승했다.
  출처: 테크니컬.리Technical.ly,[43] 넷플릭스 | 그래픽: 《워싱턴 포스트》 2014년 4월 24일 자

2013년 1월 이후 ISP별 넷플릭스 속도 변화폭 (단위: %)

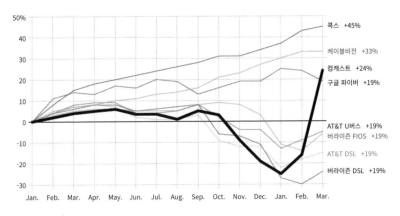

세 번째인 '대가에 따른 차별'은 ISP가 특정한 웹사이트와 계약을 맺고 경쟁사 웹사이트보다 정보가 빠르게 전송되게 만드는 것이다.[44] 이처럼 '추월 차선'을 제공하는 수법이 최근 들어 차단과 속도 제한보다 많이 쓰인다. 제로레이팅이 대표적인 예다. 그러면 이제 제로레이팅이 소비자에게 유해한 이유를 알아보자.

| 제로레이팅 |

제로레이팅은 ISP가 특정한 앱을 무료로 이용할 수 있게 해주는 것으로, 보통은 앱 개발사로부터 거액을 받는 대가로 제공된다.[45] 당연히 해당 앱은 경쟁자보다 유리한 고지에 선다. 간단히 생각해보면 알 수 있다. 드라마를 몰아보려고 할 때 데이터가 차감되는 서비스와

그렇지 않은 서비스 중에서 무엇을 택하겠는가?

제로레이팅은 근본적으로 스타트업에 타격을 입힌다. 와츠앱, 페이스북 메신저, 트위터를 무료로 이용할 수 있는 버진미디어의 사례를 보자. 이 앱들을 개발한 거대기업은 그런 특혜를 누리기 위해 버진미디어에 큰돈을 낼 자금력이 된다. 하지만 새로운 메신저 앱을 야심 차게 개발하는 스타트업은 당연히 그럴 처지가 안 된다. 그래서 돈 많은 경쟁자들보다 현저히 불리해진다. 일례로 직원이 200명에 불과한 동영상 사이트 비메오Vimeo는 티모바일의 모회사인 도이치텔레콤Deutsche Telekom과 제로레이팅 계약을 유지할 여력이 안 된다고 호소했다.[46] 다시 말해 제로레이팅은 이미 IT 업계에서 한자리를 차지하고 있는 대기업의 편에 서서 혁신을 저해하는 행위다.[47]

특히 ISP가 무료를 내세워 자사의 상품을 밀어주면 문제가 더욱 심각해진다. 이 방면으로는 AT&T의 다이렉티비 나우 제로레이팅이 대표적인 사례다. 다이렉티비 나우는 제로레이팅을 등에 업고 사용자를 울타리 안에 가두면서 경쟁자를 차단한다. 지금은 사용자에게 좋은 조건일지 몰라도 만약에 경쟁사가 모두 망한다면 AT&T가 제로레이팅을 철회하고 갈 곳 없어진 사용자에게 대폭 인상된 요금을 부과할지도 모를 일이다.[48]

앞서 언급했듯이 에피센터.웍스에서 유럽 30개국의 제로레이팅 실태를 조사해보니 제로레이팅이 금지된 국가에서는 데이터 요금이 꾸준히 하락했지만, 허용되는 국가에서는 요금이 상승했다.[49]

왜 그럴까? 통신사가 제로레이팅으로 가입자를 유치할 수 있으면 굳이 요금제나 네트워크 품질로 경쟁할 필요가 없기 때문이다.[50]

| 망중립성의 역사 |

지금까지는 망중립성이 존재하지 않는 세계에 대한 이야기였다. 하지만 미국의 경우, 21세기 들어 잠시나마 망중립성이 존재하던 시기가 있었다.

FCC에서 ISP를 규제한 것은 2002년부터다. 당시 FCC는 ISP를 미국통신법(Title I)이라는 느슨한 규정 아래에 뒀는데[51] 이 법에는 차단, 속도 제한, 대가에 따른 차별을 금하는 조항이 없다.[52] Title I은 망중립성과 무관하다.

2015년에 FCC는 ISP를 더 엄격한 규정(Title II)으로 지정했다. Title II는 차단, 속도 제한, 대가에 따른 차별을 금한다.[53] 다시 말해 망중립성을 강제한다. 망중립성 지지자들은 쾌재를 불렀다.[54] 하지만 2017년에 FCC 위원장으로 부임한 아지트 파이가 ISP 사실상 망중립성을 파기했다.[55] 파이는 망중립성을 강제하면 ISP로 하여금 고속통신망을 확장하려는 의지를 꺾게 된다며[56] 이 Title II는 구시대의 법이라고 주장했다.[57]

하지만 파이가 공평무사한 판단을 내렸다고 말하긴 어려울 것 같다. 그는 버라이즌 법무팀 출신이었다![58]

영국 의사가 구글 검색 결과에서 자신의 의료사고 기사를 없앤 방법은?

2014년에 영국의 한 의사가 구글에 자신의 과거 의료사고를 언급하는 신문 기사 링크 50개를 내려줄 것을 요청했다. 유럽에서 새로 제정된 법에 의거해[59] 구글은 그 의사의 이름으로 검색했을 때 나오는 결과 중 3개의 링크를 삭제했다.[60]

당연히 비난 여론이 들끓었다. 사람들은 보통 의사를 고를 때 구글 검색 결과를 참고한다. 그런데 의료사고 기록이 뜨지 않으면 아무것도 모른 채 돌팔이를 찾아갈 위험이 생긴다.[61] 구글은 왜 그 요청에 응해야만 했을까? 그리고 이게 좋은 변화일까, 나쁜 변화일까?

| 잊힐 권리 |

구글이 특정인에게 껄끄러운 링크를 강제로 제거하게 된 이유를 설명하자면 1998년으로 거슬러 올라가야 한다. 당시 스페인에서 마리오 코스테하 곤살레스Mario Costeja Gonzalez라는 인물의 채무 문제가 몇몇 지방신문에 보도됐다. 곤살레스는 2010년에 구글에서 자신의 이름을 검색했다가 불명예스러운 기사들이 10년이 훌쩍 지난 뒤에도 여전히 남아 있는 것을 보고 경악했다. 그래서 구글에 검색 결과에서 그 기사들을 내려줄 것을 요청했다. 이것이 법정 다툼으로 이어져 유럽사법재판소까지 간 끝에 2014년에 유럽연합 내의 사생활 보호권에 '잊힐 권리'가 포함된다는 판결이 나왔다.[62]

이에 따라 유럽연합 국가에서 구글로 자신의 이름을 검색했을 때 '부정확 혹은 부적절하거나 더는 유효하지 않은' 정보를 포함한 웹사이트의 링크가 나온다면 검색 결과에서 해당 웹사이트를 제거해줄 것을 구글에 요청할 수 있게 됐다.[63]

삭제 요청은 구글 웹사이트에서 신청서를 작성하면 된다.[64] 그러면 구글은 해당 정보를 감추는 것이 당사자에게 미치는 이익과 그 정보를 대중이 아는 것의 중요성을 참작해 삭제 여부를 결정한다.[65] 구글이 요청에 불응하거나 유럽연합이 구글의 결정을 부적절하다고 판단하면 유럽연합이 구글을 제소할 수 있다.[66]

구글이 검색 결과를 일정 기간 삭제하기로 한 경우에는 검색 결과 최상단에 다음과 같은 안내문이 표시된다.

유럽 데이터보호법에 의거해 검색 결과 중 일부가 삭제되었을 수 있습니다.[67]

'잊힐 권리' 법이 생긴 뒤 수많은 사람이 그 권리를 행사했다. 구글이 2014년 5월에 삭제 요청을 받기 시작한 뒤 한 달 만에 5만 건이 접수됐다.[68] 이후로 3년간 200만 개 이상의 URL에 대한 삭제 요청이 들어왔고 그중 43%가 실제로 삭제됐다.[69] 가장 많은 사람이 삭제를 요청한 웹사이트는 페이스북, 유튜브, 트위터, 구글그룹Google Groups, 구글플러스Google Plus, 인스타그램이었다.[70]

삭제 요청은 약 99%가 무고한 사람의 개인정보를 보호하기 위한 목적이었다.[71] 예를 들어 성폭행 피해자가 구글에 언론 보도를 숨겨 달라고 요청했다.[72] 하지만 불순한 의도가 보이는 경우도 없지 않았다. 앞에서 말한 의료사고 이력이 있는 영국 의사가 그랬고 그 밖에도 정치인이 과거의 추문에 대한 기사를 숨겨 달라고 하거나 전과자가 자신의 범죄에 대한 보도를 삭제해 달라고 요청했다.[73]

참고로 잊힐 권리를 행사한다고 해서 인터넷에 있는 정보를 완전히 삭제할 수 있는 것은 아니다. 구글에서 이름으로 검색했을 때는 안 뜬다고 해도 다른 검색어를 입력하면 다시 나타난다.[74] 앞의 영국 의사를 생각해보자. 그의 이름으로 검색하면 의료사고 기사가 나오지 않아도 '영국 의사 의료사고'로 검색하면 나올 수 있다. 그리고 해당 기사는 당연히 원래 있던 웹사이트에 그대로 존재한다. 더군다나 유럽사법재판소의 판결은 구글의 유럽용 검색엔진에만 적용된다. 그래서 Google.de나 Google.fr에서는 안 나오는 결과가 같은 유럽 내에서도 Google.com으로 검색하면 버젓이 나올 수 있다.[75] 프랑스의 관계 당국이 이런 허점을 발견하고 구글에 검색 결과를 삭제할 때는 전 세계의 모든 검색엔진에서 삭제할 것을 명령했다.[76]

| 권리인가, 억압인가? |

'잊힐 권리'는 언론의 자유를 제한한다는 이유로 전 세계에서 거센 비판의 목소리를 불러일으켰다.[77] 구글은 '검색엔진은 물론이고 온라인 콘텐츠 유통업계 전반에 부정적인 영향을 미칠 수 있는 실망스러운 판결'로 치부했고[78] 구글의 공동설립자 래리 페이지는 인터넷 스타트업을 억압하는 결과가 나올 수 있다고 경고했다.[79] 독재정권이 대대적 검열을 정당화하는 선례로 사용할 수 있다는 지적도 있었다.[80] 그런가 하면 검색엔진을 운영하는 민간기업이 이제 언론의 자유를 판단하는 심판관 역할까지 해야 한다니 납득이 가지 않는다는 다소 철학적인 논평도 뒤따랐다.[81]

하지만 찬성파는 잊힐 권리가 개인의 기본권이라고 맞섰다.[82] 개인정보보호를 중시하는 사람들은 이를 승리로 여겼다.[83] 젊은 시절의 경솔한 행동이 평생의 낙인으로 따라붙는 것을 막을 방법이 생겼다. 모든 것이 인터넷에 영구적으로 기록되는 세상에서 잊힐 권리가 생긴 것은 반가운 변화일 수 있다.[84]

잊힐 권리에 대한 찬반 논쟁은 결국 가치관의 문제로 귀결될 수 있다.[85] 미국인들은 그 무엇보다 언론의 자유를 중요시하는 경향이 있는 반면에 유럽인들은 대체로 사생활권을 더 중시한다.[86] 어쩌면 그래서 잊힐 권리에 대한 여론이 갈리는 것일지도 모른다. 현실이 그렇다면 잊힐 권리에 대한 논쟁이 이른 시일 내에 잊힐 것 같진 않다.

미국 정부는 어떻게 수십억 달러 규모의 기상산업을 만들어냈을까?

1983년 이전에 미국에서 기온, 토네이도 등 기상에 대한 데이터와 예보를 제공하는 곳은 국가 기관으로서 1870년부터 착실히 데이터를 수집해온 미국기상청National Weather Service, NWS이 유일했다.[87] 그런데 1983년에 NWS가 외부에 데이터를 제공한다는 전례 없는 결정을 내렸다. 이에 민간기업이 NWS의 데이터를 구입해 자사의 상품이나 예보에 사용할 수 있게 됐다.[88]

당시 NWS가 예상했는지 모르겠지만 그런 작은 변화가 민간 기상예측산업을 탄생시킨 시발점이 됐다.[89] 현재 기상산업은 애큐웨더AccuWeather, 웨더채널Weather Channel, 웨더언더그라운드Weather Underground 같은 대기업을 포함해 시장 규모가 약 50억 달러에 이른다.[90] 말하자면 미국 정부가 민간에 데이터를 공개함으로써 50억 달러 규모의 산업을 일으킨 것이다.

기상 분야에서 이런 협력은 자연스러운 흐름이다. 민간기업은 정확하고 광범위한 기상 측정을 위해 필요한 위성과 레이더를 구축할 자원이 없지만 정부가 그 데이터를 제공해줄 수 있다. 그 대가로 기상 기업은 시민과 기업에 유익한 예보와 도구를 생산한다.[91] 일례로 애큐웨더는 악천후가 예상되는 장소를 정확히 파악할 수 있는 소프트웨어를 개발했다. 피해가 생길 철도 구간을 예측할 수 있을 만큼 정확도가 높다. 한번은 애큐웨더에서 토네이도가 캔자스주의 한 도시를 강타할 것을 예측하고 현지 철도회사에 경고했다. 철도회사는 그 도시로 향하는 기차 두 대를 급히 정지시켰고 "승무원들은 번개를 동반한 거대한 토네이도가 지나가는 것을 멀찍이서 지켜봤다"고 한다.[92]

바야흐로 '오픈데이터open data'의 시대다. 오픈데이터란 공공기관의 데이터가 누구나 자유롭게 재사용할 수 있고 컴퓨터로 분석하기 쉬운 형태로 공개되는 것이다.[93] 비단 기상산업에 국한되는 게 아니라 오픈데이터는 엄청난 경제적 효과를 창출할 수 있고 이미 그렇게 되고 있다. 1983년에 미국 정부가 GPS 데이터를 오픈데이터로 전환한 뒤 트럭 운전과 정밀 농업을 포함해 현재 오픈 GPS 데이터에 의존하는 일자리가 300만 개에 이른다.[94] (물론 자율주행차도 여기에 포함된다.)[95]

이게 다가 아니다. 컨설팅 회사 맥킨지McKinsey에서는 정부의 오픈데이터가 연간 3조 달러 규모의 경제활동을 일으킬 수 있다고 봤다.[96] 예를 들어 기업이 오픈 교통 데이터를 이용해 최적의 배송 경로

를 찾고 오픈 가격 데이터를 참고해서 납품가를 책정할 수 있다.[97]

오픈데이터는 사회 전반에도 이롭게 작용한다. 시민들이 오픈데이터를 이용해 정부를 감시할 수 있다. 일부 기자들이 우크라이나 정부가 공개한 정부 구매 데이터를 토대로 모 병원이 정체불명의 회사로부터 대걸레 50개를 개당 75파운드에 구매한 것처럼 공공 영역에 만연한 부정행위를 폭로한 것이 좋은 예다.[98]

오픈데이터는 개인과 기업이 유용한 앱을 만드는 토대가 되기도 한다. 2013년부터 옐프가 샌프란시스코와 뉴욕의 음식점 위생 검사 점수에 대한 오픈데이터를 활용하면서 사용자가 음식점의 위생도를 쉽게 확인할 수 있게 됐다.[99] 그리고 오픈데이터가 큰 비용 절감 효과를 가져올 수도 있다. 하나의 오픈데이터세트로 영국의 국민보건서비스가 수억 파운드를 절감할 수 있다는 연구 결과가 있다.[100]

이렇듯 오픈데이터는 어마어마한 잠재력이 있다. 그러면 그 잠재력을 어떻게 발현할 수 있을까?

| 오픈데이터 정책 |

유감스럽게도 오픈데이터가 하늘에서 뚝 떨어지진 않는다. 관료사회는 대체로 신기술 도입에 느리고 혹시라도 불리하게 작용할 수 있는 정보를 선뜻 공개하려고 하지 않는다.[101] 그럼에도 정부가 데이터 공개에 앞장선 국가들이 있다. 영국 정부는 2013년 오픈데이터 헌장Open Data Charter에 서명함으로써 영국 내 모든 정부기관이 특별한 사유가 없는 한 데이터를 공시해야 할 의무가 생겼다.[102]

뒤를 이어 미국도 2013 오픈데이터 정책2013 Open Data Policy을 수

립함으로써 이후로 정부 부처에서 생성되는 데이터가 전부 data. gov라는 웹사이트에 공개되도록 했다.[103] data.gov에서는 대학 등록금, 농업 통계, 대기업에 대한 소비자의 불만 등 모든 분야의 데이터를 자유롭게 열람할 수 있다.[104] 그리고 2014년에 디지털 책임 및 투명성법Digital Accountability and Transparency Act이 제정되면서 정부기관의 모든 지출 데이터를 의무적으로 usaspending.gov에 공시하게 됐다.[105] 샌프란시스코[106]와 보스턴[107] 같은 지자체와 캐나다,[108] 일본[109] 등의 국가도 자체적으로 오픈데이터 포털을 만들었다.

하지만 이런 정책적 변화를 관료 사회에서 쌍수를 들고 환영하진 않았다. 일례로 초기에 영국에서는 여러 부처가 자신들에게도 도움이 된다는 증거가 없는 한은 오픈데이터를 제공하는 것에 미온적인 반응을 보였다.[110] 그리고 오픈데이터 정책은 정세 변화에 따라 손바닥 뒤집듯 뒤집힐 수 있다는 약점도 있다. 영국은 2015년에 전 세계에서 오픈데이터 정책을 선도하는 국가로 꼽혔지만[111] 2016년에는 브렉시트Brexit로 인해 그런 흐름이 위축될 수 있다는 우려의 목소리가 나왔다. 브렉시트 정국에 온 나라의 관심이 쏠리면서 오픈데이터 활성화의 동력이 약해지는 것은 물론이고 정부의 긴축 기조로 인해 각급 기관이 오픈데이터를 공시하고 유지하기 위한 비용을 삭감할 수 있기 때문이었다.[112]

오픈데이터 정책과 관련된 논쟁에서 주의 깊게 생각해봐야 할 쟁점이 있다. 정부가 모든 데이터를 공개하는 것은 불가능하다. 정부는 공개되는 데이터가 사생활이나 국가안보를 침해하지 않는지 신중히 판단해야 한다.[114] 데이터 공개가 의도치 않게 시민에게 피해를 주는

- 인터넷의 창시자 팀 버너스리Tim Berners-Lee는 오픈데이터를 5단계로 구분했다. 각국 정부는 최대한 높은 단계에 도달하는 것을 목표로 삼아야 한다. 출처: 영국 의회[113]

레벨	형태
★	웹에서 데이터를 이용 가능하게 한다(형식 무관)
★★	데이터를 구조화된 형식으로 이용 가능하게 한다(예: 표를 스캔한 이미지가 아니라 엑셀 스프레드시트로 제공)
★★★	데이터를 개방되고 비독점적인 형식으로 이용 가능하게 한다(예: 엑셀 스프레드시트가 아니라 CSV나 XML로 제공)
★★★★	개방된 형식을 이용하는 것에 더해 W3C의 개방된 표준과 권고에 따라 개체를 식별할 때 URL을 이용함으로써 타인이 데이터 내의 개체를 가리킬 수 있게 한다.
★★★★★	개방된 형식과 URL을 사용하는 것에 더해 데이터를 타인의 데이터에 연결함으로써 맥락을 제공한다.

경우가 종종 있다. 미국에서 2002 선거지원법Help America Vote Act of 2002에 의해 50개 주 전체와 워싱턴에서 유권자 정보를 보관하는 데이터베이스를 운영하는 것이 의무화됐다.[115] 이 데이터베이스에는 유권자의 이름, 나이, 주소가 저장된다.[116] 다수의 주에서 이 데이터를 민간에 판매하기 시작했고[117] 특히 선거 입후보자[118]와 여론조사 기관[119]에서 이를 요긴하게 활용했다. 하지만 이 책의 저자인 닐 메타의 연구에서 범죄자들이 선거인 명부와 에어비앤비 숙소 정보를 결합해 수많은 에어비앤비 호스트의 이름과 주소를 알아낼 수 있는 것으로 드러났다.[120] 그래서 정부는 개인 데이터의 공개 여부를 결정할 때 더욱 신중을 기해야 한다.

정리하자면 오픈데이터는 어마어마한 잠재력이 있는 만큼 정부에서 공개하는 데이터의 범위가 확대될 필요가 있다. 하지만 오픈데이터가 사생활과 국가안보를 침해하지 않도록 정부, 기업, 시민 사회의 협력해야 한다.[121]

어떻게 하면 기업이 데이터 유출에 책임을 지게 만들 수 있을까?

기업이 사람들에게 피해를 주면 당연히 책임을 물어야 한다. 2010년 멕시코만에서 영국 에너지기업 BP의 시추선 딥워터 호라이즌호Deepwater Horizon가 폭발하면서 인근 지역에 어마어마한 환경오염을 유발했을 때 BP는 미국 정부에 187억 달러의 배상금을 지급하기로 합의했다.[122] 미국 에너지기업 엔론Enron은 분식회계가 적발되어 파산한 뒤 손실을 본 주주들에게 합의금으로 72억 달러를 지급하라는 판결을 받았다.[123]

현재 기업은 전에 없던 위협에 직면했다. 데이터 유출의 위협이다. 2016년에 야후가 해킹당해 가입자 10억 명의 이름, 메일주소, 생년월일, 전화번호가 유출됐다.[124] 2017년에는 해커들이 미국의 개인신용평가회사 에퀴팩스에서 미국 성인 인구의 절반이 넘는 1억 4,300만 명의 사회보장번호를 탈취했다.[125]

여기서 문제는 BP나 엔론의 경우와 달리 데이터 유출을 당한 기업이 처벌을 받지 않고 피해를 본 소비자가 보상을 받지 못하는 경우가 많다는 것이다. 건강보험회사 앤섬Anthem이 해킹당해 8천만 개 계정의 정보가 유출된 뒤 가입자들이 집단소송을 제기했지만 인당 1달러도 안 되는 보상금을 받았을 뿐이다.[126] 에퀴팩스 해킹 사태 후 한 전문가는 이렇게 답답한 심정을 토로했다.

"기업들이 이런 사태에 유감이긴 하겠지만 그 심각성을 인정하진 않는 것 같다. 그저 며칠간 언론에 두들겨 맞고 기껏해야 수익에 비하면 새발의 피 수준인 벌금만 물면 그만이다. 이렇게 솜방망이식 처벌에만 그치는데 기업이 굳이 문제를 개선할 이유가 있겠는가?"[127]

전문가들은 기업의 데이터 유출에 더 큰 책임을 물어야 한다고 주장한다.[128] 몇몇 국가에서 실제로 그런 움직임이 일어나고 있다. 2016년에 유럽연합에서 일반개인정보보호법General Data Protection Regulation, GDPR이라는 기념비적 법이 제정됐다.[129] 이 법에 따라 데이터가 유출된 기업에는 최대 2천만 유로 혹은 연매출의 4% 중 더 많은 금액이 과징금으로 부과된다.[130] 영국에서도 비슷한 취지의 정보보호법Data Protection Act이 신설돼 기업이 사용자의 데이터를 '안전하고 확실하게' 보관하며 '분명한 필요성이 없어지면 즉각 폐기해야' 할 의무가 생겼다.[131]

하지만 미국은 정보와 사생활보호를 위한 법이 훨씬 느슨하다.[132] 의회에서 몇 가지 법안이 발의되긴 했지만 입법에 이르진 못했다. 일례로 2014년에 데이터 유출 시 기업이 고객에게 통보하고, 피해 고객에게 신용정보 모니터링 서비스를 무료로 제공하며, 대규모 유출의 경우에는 정부에 통지하는 것을 의무화하는 데이터유출통보법 Data Breach and Notification Act이 발의됐다.[133] 하지만 이 법안은 표결까지 가지도 못했다.[134] 그래도 변화가 시작됐다는 데 의의가 있다.

국가별로 데이터보호법이 판이하게 다르고 특히 미국과 유럽연합의 간극이 크다. 전문가들은 '미·유럽연합 데이터 헌장transatlantic data charters'을 마련해 미국과 유럽의 규제 기관이 기업의 데이터 보관, 공유, 보호에 대해 같은 정책을 수립해야 한다고 본다.[135] 현재 이 문제를 두고 미국과 유럽 간의 논의가 계속 진행 중이지만 견해차를 좁히지 못하고 있다.[136]

하지만 미국과 유럽연합이 마침내 합의에 이른다면 그간 기업이 지역별로 상충하는 데이터보호법을 준수하기 위해 감수해야 했던 불편이 크게 해소될 것이다.[137] 이는 특히 중소기업에 도움이 될 수 있다. 현 상황에서 대기업은 대규모 법무팀을 통해 데이터보호법과 관련된 골치 아픈 문제를 처리할 수 있지만 스타트업은 그럴 여유가 없기 때문이다.

데이터보호법이 확산되면서 보험업계에서는 데이터유출 보험이 등장하고 있다.[138] 건강보험이나 자동차보험처럼 기업이 매년 보험료를 내는 대신 심각한 데이터 유출 사고가 발생했을 때 보험사에서 비용을 부담하는 상품이다.[139]

기업이 데이터 유출에 책임을 지게 만드는 방법은 유럽처럼 무거운 처벌을 내리면 된다. 민감한 데이터를 보관하는 기업에 데이터 보험 가입을 의무화하는 방법도 있다. 그런 제도가 확립되기 전에는 소비자의 데이터가 여전히 유출의 위험에 노출되어 있을 것이다.

12장

미래 전망

IT처럼 빠르게 변하는 분야도 없다. 우리 세 사람이 감히 미래를 또렷이 볼 순 없지만 현재 급부상 중인 기술을 소개하고 앞으로 달라질 세상을 조심스럽게 그려볼 수는 있을 것 같다. 이 장에서는 다가올 미래를 엿보고 그 시사점을 알아보기로 하자.

자율주행차의 미래는?

모든 차가 도로를 질서정연하게 달릴 뿐 교통체증이란 존재하지 않는 세상을 상상해보자.[1] 그런 세상이 오면 교통사고는 현재의 10% 수준으로 줄어들고[2] 거대한 주차장이 필요 없어지며[3] 출퇴근길에 차 안에서 편하게 식사를 하거나 눈을 붙일 수 있을 것이다.[4]

이것은 물론 자율주행차가 지배적인 이동수단이 됐을 때 가능한 이야기다. 2015년에 구글이 캘리포니아주 마운틴뷰에서 자율주행차 시제기의 테스트를 시작한 후[5] 자율주행차가 사람들의 상상력을 자극하고 있다.

그러면 앞으로 자율주행차는 어떻게 발전할까?

| 원리 |

먼저 자율주행의 원리를 알아보자. 자율주행에는 두 가지 필수 요소가 있다. 주변 환경에 대한 정보와 그것을 통과하기 위한 전략이다.[6]

자율주행차는 위치와 주변 환경을 인식할 수 있도록 기본적으로 무수히 많은 센서와 방대한 데이터를 탑재하고 있다. 그리고 GPS,[7]

'관성항법장치inertial navigation system'라고 하는 일종의 속도계,[8] 그리고 지도를 이용해 현재 위치를 파악한다.[9]

현 위치를 파악했으면 이제 자동차, 보행자, 교통신호 등을 포함하는 주변 환경의 구체적인 모형을 만들어야 한다.[10] 이를 위해 자율주행차는 지도에서 지형을 파악한다. 이때 사용되는 지도는 우리가 흔히 쓰는 구글지도와 다르다. 이 지도에는 모든 수치가 센티미터 단위까지 정밀하게 측정되어 있고 도로경계석의 높이, 신호등의 위치 같은 정보가 수록되어 있다.[11]

그다음 단계는 도로 위의 사물을 인식하는 것이다. 자율주행차는 지붕에 설치된 회전형 레이더인 라이다LIDAR를 이용해 주변 환경의

• 구글의 협력사인 웨이모에서 제작한 자율주행차 시제기. 출처: 위키미디어[12]

360도 모형을 만든다. 하지만 라이다는 근거리에 있는 장애물만 인식한다. 원거리 장애물은 내장 카메라를 통해 식별된다.[13] 이로써 주변 지형지물의 3차원 모형이 완성된다.[14]

이제 주행 전략을 세울 차례다. 자율주행차는 우선 현재 위치와 속도를 근거로 목적지에 더 가까이 접근하기 위한 다수의 '단거리 계획'을 산출한다. 여기에는 차선 변경, 좌우회전, 가속 같은 행위가 포함된다. 그리고 그 계획들 중에서 장애물에 너무 가까이 접근하게 되는 계획들을 제거한 후 안전과 속도를 기준으로 나머지 계획들에 순위를 매긴다. 그래서 최선의 계획이 선정되면 그에 따라 바퀴, 브레이크, 액셀에 지시를 내려 차체를 움직인다. 이 모든 연산이 단 50밀리초 만에 처리된다.[15]

| 학습하는 차 |

자율주행차에 모든 운전 규칙을 학습시키기는 불가능하다. '청신호에는 지나가도 된다'처럼 기본적인 규칙은 내장시킬 수 있지만 모든 규칙을 내장시킬 수는 없다. 차량이 주행 중에 맞닥뜨릴 수 있는 구체적인 상황(예: 가랑비가 내리는 날씨에 4차선 고속도로를 달리고 있는데 전방 차량이 시속 70킬로미터의 속도로 차선에 합류하려고 한다)을 모두 고려하는 것 자체가 불가능하기 때문이다.

그래서 개발자들은 차량에 패턴 인식을 통해 학습하는 법을 가르친다. 예를 들어 자전거 운전자가 왼팔을 뻗었을 때 90%의 확률로 좌회전을 한다는 패턴이 인식되면 자율주행차는 왼팔이 곧 좌회전 신호라고 해석해서 같은 상황이 되면 속도를 늦추게 된다. 이런 식으로 인간의 지시를 받지 않고도 자전거 운전자를 피해가는 법을 차량이 스스로 학습한다. (어쩌면 차량은 자전거 운전자가 무엇인지는 이해하지 못할 수도 있다.)[16] 이렇게 컴퓨터가 관측된 패턴을 토대로 예측하는 것이 가장 단순한 형태의 머신러닝이다.[17]

| 택시 vs 캡슐 |

자율주행 기술이 급속도로 발전 중인 만큼 자율주행차가 대중화되는 것은 시간문제일 뿐 필연적 결과다. 그런데 먼저 대중화될 형태를 두고는 전망이 두 가지로 갈린다. 우리는 이를 '택시형' 전망과 '캡슐형' 전망으로 나누는데, 이미 각 영역에서 많은 기업이 각축전을 벌이고 있다.

택시형에 속하는 기업들은 자율주행차가 우버와 유사한 길을 갈 것으로 본다. 자율주행 전기차가 쉬는 시간 없이 운행하며 승객들을 원하는 곳에 태워주는 형태가 대중화되리란 전망이다. 이에 따르면 모든 사람이 자차를 소유하지 않고 자율주행차를 이용하게 된다.[18]

이 분야의 대표 주자는 승차공유 기업이다. 우버는 이미 자율주행 택시 개발에 열심이고[19] 리프트 역시 자율주행 택시 출범을 목표로 웨이모와 손을 잡고 자사의 승차공유 네트워크와 웨이모의 자율주행 기술을 결합하고 있다.[20] 웨이모는 그와 별도로 2018년에 피닉스에서 웨이모 원Waymo One이라는 이름으로 자율주행 택시 서비스를 시작했다.[21]

기존의 자동차 회사들도 이 분야에서 경쟁을 벌이고 있다. 특히 자율주행 기술 개발을 위해 소프트웨어 스타트업과 제휴한 회사가 많다. 포드는 2017년에 자율주행 소프트웨어 스타트업 아르고 AI에 10억 달러를 투자했고[22] GM은 2016년에 그와 비슷한 스타트업인 크루즈 오토메이션Cruise Automation을 인수했다.[23]

그런데 자율주행 택시 시장에서 승리하려면 자율주행 기술만으로는 부족하다. 이 점에서는 구글과 협력 관계인 웨이모 원이 굉장히 유리한 고지에 있다. 구글지도의 승차공유 탭에 들어가면 우버, 리프트, 지역 업체의 가격이 표시된다.[24] 아마 많은 사람이 승차공유 앱을 이용하려고 할 때 바로 이 탭으로 들어가서 가격을 비교할 것이다. 그래서 어디까지나 가정일 뿐이지만 구글이 마음만 먹으면 여기서 웨이모 원을 밀어줌으로써 우버와 리프트 같은 경쟁 앱에서 승객을 빼앗는 게 가능하다. 구글지도를 사용하는 10억 명[25] 중에서 극히 일

• 런던 그리니치 지역에서 일정한 노선을 따라 운행된 자율주행 '캡슐'.
 한정된 구역을 서행하는 자율주행 셔틀의
 가능성을 알아보기 위한 실험이었다.　　　　　　　　출처: 위키미디어[26]

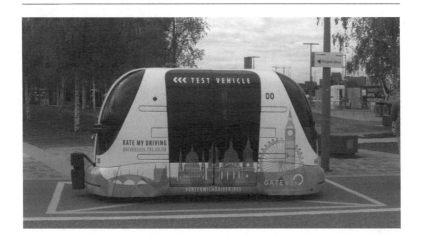

부만 웨이모 원으로 이탈해도 우버와 리프트는 심각한 타격을 입는다. 역시 가정일 뿐이지만 구글은 구글지도 API의 사용을 제한함으로써 우버와 리프트의 숨통을 틀어막을 수도 있다(앞에서 말했다시피 우버와 리프트는 구글지도 API에 의존한다).

한편으로 캡슐 영역에 있는 기업들은 자율주행차가 사람을 태우고 고속도로를 달리는 수준까지 발전하려면 상당한 시간이 소요될 것으로 본다. 실제로 아직도 자율주행차 시제기들은 고속도로에서 주행하고 차선을 변경하는 게 원활하지 않다.[27] 그래서 많은 스타트업이 저속으로 비교적 안전하게 달리는 자율주행차가 먼저 대중화되리라는 데 미래를 걸었다.[28] 여기서 저속이란 시속 40킬로미터 이하를 뜻한다.[29] 이들 기업에서 만드는 자동차는 위의 사진에 나온 런던의 자율주행 셔틀[30]처럼 기존의 차와는 많이 다른 모습이다.[31]

캡슐 영역의 스타트업들은 자율주행차를 창의적으로 이용하는 방법을 찾는다. 메이모빌리티May Mobility는 여러 기업을 코스로 도는 자율주행 셔틀을 개발한다.[32] 누로Nuro는 자율주행차가 고속으로 인간을 태우기에는 아직 위험하지만 식료품을 배달하기에는 적격이라고 판단했다. 누로의 배달 캡슐은 피닉스에서 성공적으로 운행 중이다.[33] 이런 기업들은 우선 이렇게 한정된 용도로 자율주행차를 개발하고 운행하는 노하우를 신속히 습득한 다음 그것을 토대로 더 복잡한 용도의 시장으로 진출해서 우버나 웨이모 같은 기업을 꺾을 수 있을 것이라 본다.[34]

그런데 이 두 가지 영역을 모두 탐색 중인 기업이 있다. 바로 아마존이다. 현재 아마존은 자율주행 택시 시장에 진입하는 것을 고려 중이다. 일부 애널리스트의 예측대로 만일 아마존이 리프트와 손잡고 자율주행 택시를 운행한다면 프라임 회원들에게 파격적인 할인 혜택을 제공해 우버를 제압할 수 있을 것이다.[35] 또한 아마존은 프라임 배송 속도를 더욱 향상하기 위해 자율주행 배달 네트워크를 구축하는 것 역시 고려 중이라고 한다.[36] (아마존이라면 효율을 극대화하기 위해 자율주행 캡슐로 사람과 물품을 모두 운송하려고 할 것 같기도 하다.)

아직은 택시형 기술도 캡슐형 기술도 테스트 단계지만 수년 안에 변화가 시작될 것으로 보인다.

| 과속방지턱 |

끝으로 자율주행차가 대중화되기 전에 해결해야 할 중요한 문제가 있다.

첫째는 기술적 문제다. 자율주행차는 아직 안전 문제가 있다. 2016년에 '오토파일럿' 모드로 주행 중이던 테슬라 차량에 치여 사람이 사망하는 사고가 있었고[37] 2018년에는 애리조나주에서 자율주행 중이던 우버 차량이 사망 사고를 냈다.[38]

둘째는 법적 문제다. 인도에서는 2017년에 운전직 일자리를 보호하기 위해 자율주행차가 금지됐다.[39] 유럽은 자율주행차 테스트 허가 절차가 느리기로 유명하다.[40] 미국도 지금까지 몇몇 도시에서만 테스트가 허가됐다.[41]

셋째는 윤리적 문제로 어쩌면 가장 어려운 문제일 수 있다. 만약에 자율주행차가 탑승자와 보행자 중 한 명에게 상해를 입힐 수밖에 없는 상황이라면 어느 쪽을 선택해야 할까?[42] 만약에 자율주행차가 스스로 결정을 내리게 프로그래밍된다면 사람을 죽이는 것도 가능하게 프로그래밍돼야 할까?[43] 이런 윤리적 딜레마를 더 투명하게 다룰 수 있도록 철학자와 전문가들은 '알고리즘 투명성'을 요구하기 시작했다. 자율주행차의 알고리즘이 공개돼야 한다는 것이다.[44]

로봇이 우리의 일자리를 빼앗아갈까?

제조용 로봇 때문에 수많은 공장 노동자가 일자리를 잃으면서 빈곤율이 소폭 증가했다.[45] 2015년에 발간된 보고서에는 2020년까지 자동화로 인해 460만 개 이상의 사무직 및 관리직 일자리가 소실될 것이란 암울한 전망이 실려 있었다.[46] 다시 말해 숙련노동자와 비숙련노동자가 모두 위기란 것이다. 로봇이 우리의 일자리를 빼앗아가는 게 필연적인 현상으로 보인다.

그런데 정말 그럴까?

| 기술과 노동의 경제학 |

경제학에서는 기술을 '노동기여형'과 '노동대체형'으로 분류한다. 노동기여형 기술은 노동자의 생산성을 향상한다. 쉬운 예로 PC와 인터넷이 등장하면서 글을 쓰고, 정보를 찾고, 동료와 의견을 교환하기가 훨씬 쉬워졌다. 반대로 노동대체형 기술은 앞에서 말한 자율주행차와 공업용 로봇이 대표적인 예다. 그 명칭에서 보듯이 노동대체형 기술은 인간 노동자의 필요성을 없앤다. 이렇게 상반된 유형의 기술

들이 팽팽한 줄다리기를 벌이고 있다.[47]

결국 승리하는 것은 어느 쪽일까? 예측 불가다. 1970년대에 대중화된 ATM을 생각해보자. ATM의 보급으로 웬만한 일로는 굳이 은행 창구에 갈 필요가 없어졌다. 그래서 많은 사람이 창구 일자리의 소멸을 점쳤다. 하지만 그들의 예측은 보기 좋게 빗나갔다.[48]

ATM 때문에 은행 지점에 필요한 인력이 줄어든 것은 사실이다. 하지만 오히려 그 덕분에 지점 운영비용이 감소하면서 지점이 더 늘어나는 효과가 생겼다. 그래서 창구 직원이 더 많이 고용됐다. 그 결과는 어땠을까? 1970년부터 2010년까지 미국의 은행 창구 직원이 30만 명에서 60만 명으로 증가했다.[49] ATM이 창구 일자리를 대체한 게 아니라 도리어 '창출'한 것이다.

이것이 인공지능과 로봇의 시대를 사는 우리에게 시사하는 바는 무엇일까?

| 일자리 소멸의 증거와 반증 |

자동화로 인해 많은 일자리가 사라질 것이라는 주장을 뒷받침하는 강력한 증거가 존재한다. 2013년 옥스퍼드대학교 연구 결구에 따르면 2033년까지 미국의 일자리 중 절반이 자동화의 제물이 될 것으로 예상된다.[50] 특히 저기술 노동자들이 큰 타격을 입을 것으로 보인다. 오바마 대통령 집권기, 대통령경제자문위원회 의장은 시급 20달러 이하의 일자리 중 83%가 자동화로 사라질 위기에 처해 있는 반면에 시급 40달러 이상의 일자리 중에서는 단 4%만이 사라질 가능성이 있다고 밝혔다.[51] 그리고 고졸 미만의 학력을 요구하는 일자리는

44%가 자동화될 것으로 보이지만 대졸 이상의 학력을 요구하는 일자리는 그 비율이 1%에 그칠 것으로 관측했다.[52] 정리하자면 로봇이 우리의 일자리를 없앨 수 있고 특히 저학력 취약층이 가장 큰 피해를 보리란 전망이다.

하지만 로봇이 '일자리를 빼앗지 않는다'라는 데이터 역시 존재한다. 2010년대 중반에 미국의 실업률은 낮은 수준을 유지했고(일례로 2017년에는 5%를 밑돌았다), 노동자들은 더 오랜 기간 근속했으며, 임금은 소폭 증가했다.[54] 이를 보면 로봇이 우리의 일자리를 말살하고 있다고 단정하기 어렵다.

더 넓게 보자면 자동화로 인해 육체노동자가 지식노동자로 전환될 수 있다. 예를 들어 앞으로 생산공장에서 조립 라인 노동자는 감소하고 엔지니어, 코더, 관리자가 늘어날 것으로 예상된다.[55] 그리고 기술의 발달로 IT와 소프트웨어 개발 같은 전혀 새로운 산업이

• 저임금, 저기술, 저학력 일자리가 자동화로 인해 더 큰 타격을
  입을 것이라고 전망하는 2016년 보고서.　　출처: 미국대통령경제자문위원회[53]

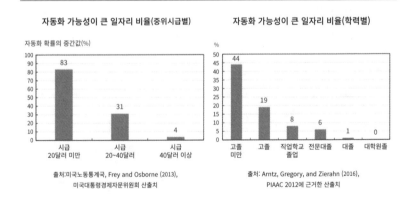

자동화 가능성이 큰 일자리 비율(중위시급별)

자동화 확률의 중간값(%)

출처:미국노동통계국, Frey and Osborne (2013),
미국대통령경제자문위원회 산출치

자동화 가능성이 큰 일자리 비율(학력별)

출처: Arntz, Gregory, and Zierahn (2016),
PIAAC 2012에 근거한 산출치

탄생했다.[56] 더욱이 자동화는 과학, 기술, 공학, 수학(일명 science, technology, engineering, math, 줄여서 STEM) 일자리만 창출하지 않는다. 자율주행차는 정비공과 마케터도 필요로 한다.[57]

그래서 결론은 무엇일까? 전문가들 사이에서도 의견이 분분하다. 그러다 보니 웃지 못할 상황이 연출되기도 한다. 《뉴욕 타임스》에 "장기적 일자리 파괴의 주범은 중국이 아닌 자동화다 The Long-Term Jobs Killer Is Not China, It's Automation"라는 칼럼이 실렸다.[58] 하지만 《와이어드》 기사에는 이렇게 적혀 있다. "주범은 자동화가 아니라 중국이다 The answer is very cleary not automation. it's China."[59]

| 부익부 빈익빈 |

고도기술 노동자는 자동화의 수혜자가 되고 단순기술 노동자는 피해자가 되리란 게 학계의 중론이다.[60] 가난한 사람은 더 가난해지고 부유한 사람은 더 부유해진다는 말이다.

이를 타개할 방법 중 하나는 교육이다. 앞으로 새로운 일자리가 많이 생길 테지만 지금 이대로라면 그 자리에 필요한 숙련노동자가 충분치 않을 것이다. 2015년에 딜로이트Deloitte에서 내놓은 예측에 따르면 자동화에 의해 2025년까지 350만 개의 일자리가 창출되지만 그중 200만 개가 숙련노동자를 구하지 못해 공석이 된다.[61] 이에 해결책으로 제시되는 것이 현장 실습을 통한 실무 능력 증대, 전문대의 직업 교육 강화, 고교와 대학의 STEM 교육 강화다.[62]

더 급진적인 주장도 있다. 일론 머스크Elon Musk는 자동화에 의해 실업률이 30~40%에 달할 수 있다며(다시 말하지만 자동화의 영향에 대해서는 의견이 분분하다) '기본소득제'를 제안했다. 기본소득제는 정부가 모든 국민에게 일정한 소득을 지급하는 제도다. 머스크는 이 것이 빈곤의 해결책이 되어 경제 붕괴를 막을 것이라 본다. 기본소득 의 재원은 로봇에 대한 세금으로 해결할 수 있다고 그는 주장한다.[63]

공교롭게도 빌 게이츠 역시 오래전부터 로봇에, 정확히 말하자면 로봇을 이용하는 기업에 세금을 부과할 것을 요구하고 있다. 이에 찬 성하는 쪽에서는 그 세수입으로 보육처럼 인간이 우월한 수행 능력 을 보이는 일자리에 대한 투자를 늘릴 수 있다고 주장한다.[64]

| 화이트칼라의 위기? |

학계 일각에는 정반대의 시각도 존재한다. 화이트칼라 노동자가 블루칼라 노동자보다 더 위험하면 위험했지 덜 위험하진 않다는 것 이다. 컴퓨터공학자 리카이푸李開復는 바리스타 같은 단순기술 저임 금 일자리를 자동화해봤자 경제적 이익이 크지 않기 때문에 원가 절 감을 원하는 기업이라면 애널리스트 같은 고도기술 고임금 일자리 를 없애려고 할 것이라고 본다.[65]

실제로 인공지능이 인간에 필적하는 전문직 수행 능력을 보여주 는 예가 있다. 은행, 보험사, 통신사의 고객 지원 업무를 척척 수행하 는 아멜리아Amelia라는 AI가 그 주인공이다. 아멜리아는 사람 같은 표정과 몸짓으로 고객에게 공감을 표현한다. 그리고 응대하는 고객 이 늘어날 때마다 실력이 향상된다.[66]

그보다 고차원적인 기술을 요구하는 일자리 역시 자동화되고 있 다. 일본의 한 보험사는 34명의 설계사를 IBM의 왓슨Watson AI로 대체했고, 미국의 부동산담보대출 업계에서는 많은 노동자가 자동화에 의해 실직자가 됐다.[67] 아직 의사와 변호사는 AI가 대체하지 못하고 있지만, 일부 AI가 법률 사무보조원과 비슷한 수준의 조사 능력에 도달했고 현재 수술을 대신 하는 로봇도 사용되고 있다. 두 경우 모두 인간 전문가를 고용할 때와 비교도 안 될 만큼 비용이 저렴하다.[68]

가짜뉴스 영상과 음성이 만들어지는 메커니즘은?

2017년에 라이어버드Lyrebird라는 캐나다 회사에서 도널드 트럼프, 버락 오바마, 힐러리 클린턴이 자신들의 트윗을 읽는 음성 파일을 공개했다.[69] 반전은 그들이 실제로 트윗을 읽은 게 아니라는 것이었다. 음성 파일은 가짜였다![70]

과거에는 진짜 같은 가짜 영상이나 음성을 만들려면 수작업으로 어마어마한 시간이 소요됐지만 이제는 기술의 발달로 그때와 비교도 안 될 만큼 속도가 빨라졌다.[71] 요즘은 워낙 가짜뉴스가 판치다 보니 많은 사람이 온라인에서 접하는 뉴스를 신뢰하지 않고 실제로 영상을 보거나 음성을 들어야만 사실이라고 믿는다. 하지만 영상과 음성마저도 날조될 수 있다면 더는 믿을 수 있는 게 없어진다.[72] 그런데 가짜 음성과 영상은 어떻게 만들어질까?

위에서 말한 대통령들의 음성 같은 '딥페이크deepfake' 영상과 음성은 '생성적 적대 신경망generative adversarial network', 줄여서 GAN이라고 불리는, 이름만 들어서는 아리송하기만 한 기술을 이용해서 제작된다. GAN은 신경망이라고 하는 기술의 응용판이다.[73] 그러니까 GAN의 원리를 이해하려면 신경망이 무엇인지부터 알아야 한다.

| 신경망 |

우리 뇌는 실험, 피드백, 조정을 통해 학습한다.[74] 베이킹 초보가 케이크를 만든다고 해보자. 처음에는 밀가루, 설탕, 계란, 버터 같은 재료를 어림짐작으로 섞어서 만든 반죽을 역시 어림짐작한 시간만큼 오븐에서 굽는다. 그렇게 만들어진 케이크를 친구가 먹어본 후 너무 달다거나 덜 익었다거나 초콜릿이 부족하다고 평가해준다. 이번에는 친구의 말대로 요리법을 조금 바꿔서 다시 케이크를 만들어본다. 친구는 처음보다는 낫다면서도 이렇게 저렇게 보완하라고 일러준다. 이 과정을 반복하다 보면 요리책을 보지 않고도 케이크 만들기의 달인이 될 수 있다. 이런 식으로 학습이 가능한 이유는 우리 뇌에 '신경망neural network'이 존재하기 때문이다.[75] 신경망이란 뉴런이라는 세포들이 서로 연결되어 정보를 주고받는 네트워크다.[76]

컴퓨터공학자들은 더 강력한 컴퓨터를 만들기 위해 컴퓨터 내부에 우리 뇌의 신경망과 비슷한 신경망을 만들었다. 이것의 정식 명칭은 '인공신경망artificial neural network'이지만 많은 전문가가 그냥 '신경망neural network'이라고 부른다(그래서 헷갈릴 수 있다).[77] 케이크를 만들 때 버터의 양, 굽는 시간, 오븐의 온도 등을 따지는 것처럼 인공신경망도 다양한 변수를 고려하고 각 변수에 '가중치'를 부여한다.[78] 그리고 친구의 피드백에 따라 케이크 레시피를 조정하듯 인공신경망도 피드백을 받으면 가중치를 조절해 정답에 더 가까이 다가간다.[79]

신경망은 굉장히 강력하다. 신경망은 인간이 입력한 문장을 맞춤법에 맞게 수정하고, 스팸 메일을 잡아내고, 언어를 번역하고, 인간의 손글씨를 읽는 등 수많은 일을 할 수 있다.[80] 신경망은 사물을 인식하는 것에는 능하지만 가짜 영상과 음성처럼 새로운 것을 만들어내는 용도로 설계되진 않았다.[81] 그런 작업에는 신경망의 강력한 개조판이 사용된다.

| 생성적 적대 신경망 |

생성적 적대 신경망, 즉 GAN은 서로 대립하는 두 개의 신경망으로 구성된다. 둘 중 '생성망generator'은 가짜를 만들고 '판별망discriminator'은 생성망의 결과물이 진짜인지 아닌지 판단한다.[82] 이런 대결 구도 속에서 생성망은 더욱더 진짜 같은 가짜를 만들려고 하고 판별망은 더욱더 정확하게 진위를 가려내려고 한다.[83] 두 신경망은 상호 학습을 통해 꾸준히 개선되고, 결국에 가서는 생성망이 놀라울 만큼 진짜 같은 가짜를 만들어낸다.[84]

GAN을 이용해 미국인 CEO의 가짜 연설 영상을 제작한다고 해보자. 그 시작은 생성망과 판별망을 만드는 것이다. 처음에는 두 신경망이 현재 상황에 대해 아무것도 모른다. 그래서 생성망은 사람이 이탈리아어로 연설하는 영상을 만들고 판별망은 그 영상이 진짜인지 가짜인지 구별하지 못한다. 이에 개발자가 개입해 판별망에게 미국인 CEO의 진짜 연설 영상을 보여준다. 이를 통해 판별망은 미국인 CEO들이 대부분 영어로 말한다는 것을 배운다. 그래서 다른 언어로 말하는 영상을 거부하기 시작한다. 생성망은 이를 알고 판별망을 속이기 위해 또 다른 언어들로 영상을 만든다. 그러다가 마침내 영어로 말하는 영상이 판별망을 통과한다는 것을 알게 된다. 이런 식으로 판별망과 승부를 겨루다 보면 마침내 생성망이 진짜 같은 가짜 영상을 만들 수 있다.[85]

그러면 앞으로 대통령 후보가 선동적인 연설을 하는 가짜 영상을 보게 된다면 어떻게 해야 할까?[86] 글쎄, 잘 모르겠다. 하지만 이제 그런 영상이 어떻게 만들어지는지는 분명히 알게 됐다.

페이스북은 왜 가상현실 헤드셋 개발사를 인수했을까?

2014년에 페이스북이 주로 게임용으로 사용되는 가상현실virtual reality, VR 헤드셋 제조사인 오큘러스 리프트Oculus Rift를 인수하자 IT 업계 전체가 술렁였다.[87] 당시에는 SNS 회사가 게임 장비 회사를 인수하는 게 선뜻 이해가 가지 않았다.[88]

수익성을 따져봐도 고개가 갸우뚱했다. 아직 VR이 소비자 시장에서 고전 중이라서[89] 오큘러스 리프트가 출시 이후 거듭 가격 인하를 단행한 상황이었다.[90] 하지만 페이스북의 CEO 마크 저커버그는 2016년에 VR이 대중화되려면 10년은 더 걸릴 것이라며 페이스북의 행보가 미래를 위한 포석이란 뜻을 내비쳤다.[91]

페이스북은 VR이 미래의 커뮤니케이션 수단이 되리라고 전망했다.[92] 문자, 이미지, 영상을 초월해 VR로 집에서 편하게 스포츠를 즐기고, 대학 강의를 듣고, 병원 진료를 보고, 친구들과 모험을 하게 된

- **페이스북의 실시간 VR 영상(지도교수 VR 면담).** 출처: 페이스북[101]

다는 것이었다.[93] (일각에서는 비싸고 무거운 헤드셋을 쓰고 있으면 금방 피곤해지기 때문에 그렇게 낙관적으로 볼 수는 없다는 반론을 제기했다.[94] 하지만 페이스북은 VR 헤드셋이 언젠가는 선글라스처럼 작아질 것으로 낙관한다.[95])

페이스북의 예상이 적중한다면 SNS에 특화된 VR 헤드셋이 페이스북의 강력한 무기가 될 것이다. 페이스북은 이미 오래전부터 사람들이 자사의 플랫폼에서 소비하는 시간을 극대화한다는 전략을 고수하고 있다.[96] 플랫폼 사용 시간이 늘어나면 그만큼 광고를 표시할 기회가 많아지고, 더 많은 사용자 데이터를 확보해 더 효과적인 맞춤 광고를 내보낼 수 있기 때문이다.[97] 만일 사용자들이 오큘러스를 장시간 사용한다면 페이스북은 그사이에 PPL, 게임형 광고, 체감형 콘서트 광고 등 새롭고 흥미로운 광고를 끼워넣을 수 있게 된다.[98]

실제로 페이스북은 2017년부터 오큘러스 사용자가 페이스북 타임라인에서 VR 영상을 실시간으로 스트리밍할 수 있게 했다.[99] 오큘러스 사용자들이 VR 속 테이블에 둘러앉아서 질의응답(사용자들의 아바타가 댓글이 담긴 포스터를 '잡을' 수 있다), 채팅, 낙서 등을 하는 게 가능해졌다.[100]

이런 신기능은 VR에 대한 관심을 증폭시킨다.[102] 그러면 영상을 보고 흥미를 느낀 사용자가 헤드셋을 구입할 수 있다.

그러면 페이스북은 왜 VR 헤드셋 개발사를 인수했을까? 게임은 그 이유 중 하나일 뿐이고, 거시적 관점에서 VR이 컴퓨터와 SNS의 미래라 판단하고 그 분야를 선점하기 위해서였다.[103]

수많은 기업들이 아마존을 두려워하는 이유가 뭘까?

2018년에 아마존이 미국 내에서 우편으로 약물을 발송할 수 있는 면허를 가진 약품유통 스타트업 필팩PillPack을 인수했다.[104] 이에 약국 체인들의 투자자들이 충격을 받아 떠나가면서 하룻밤 사이에 이 회사들의 주가가 폭락했다. 라이트 에이드Rite Aid는 11%, 월그린스 Walgreens는 10%, CVS는 6%가 빠졌다.[105]

시장에 진출한다는 예고만으로 기존에 있던 기업들의 주가를 무너뜨릴 수 있을 만큼 두려움을 자아내는 기업은 극히 드물다. 애널리스트들은 어떤 업종도 아마존으로부터 안전하지 않다고 본다.[106] 아마존은 도서, 식료품, 영화, 하드웨어 등 온갖 시장을 초토화했다.[107]

아마존의 괴력은 어디에서 나오고 다음 행보는 무엇일까?

| 가공할 위협 |

아마존은 막강한 자금력으로 다른 IT 기업들의 아성을 무너뜨리려고 도전해왔다.

구글만 해도 아마존을 쇼핑용 검색엔진으로 사용하는 사람이 늘어나는 게 걱정이다. 이미 미국에서는 상품 검색 중 절반 이상이 아마존에서 시작된다.[108] 소비자들이 아마존에 몰려 있으니까 기업의 광고비도 당연히 아마존으로 몰려들기 시작했다. 설상가상으로 아마존 알렉사가 음성인식 플랫폼으로 세계 최대의 보급률을 자랑하는 만큼 구글과 웹브라우저를 건너뛰고 바로 알렉사를 통해 물건을 주문할 수 있는 사람이 늘어나고 있다.[109]

페이스북 역시 아마존의 위협에 직면했다. 아마존이 영상 스트리밍과 SNS 시장으로 발을 뻗고 있기 때문이다. 그 시발점은 2014년에 아마존이 실시간 게임 영상 스트리밍 서비스인 트위치Twitch를 인수한 것이었다.[110] 이후 트위치는 게임뿐 아니라 토크쇼, 음악, 팟캐스트podcast, 운동 영상 등을 스트리밍하는 서비스로 확장되면서[111] 페이스북의 실시간 스트리밍 서비스인 페이스북 라이브Facebook Live와 정면 대결을 펼치게 됐다.[112] 아마존 프라임 비디오는 방송과 영화 콘텐츠 스트리밍 서비스로서 페이스북 워치Facebook Watch와 경쟁 중이다. 페이스북은 아마존의 광고 시장 진입에도 위기감을 느꼈다. 그래서 2019년에 미국증권거래위원회에 등록한 공시 자료에서 처음으로 아마존을 경쟁자로 언급했다.[113]

아마존은 애플의 하드웨어와 음성 서비스도 위협하고 있다. 음성 인식 비서로서 최초로 대중화에 성공한 것은 애플의 시리Siri였지만 지금은 알렉사의 시장점유율이 더 높다.[114] 애플이 선도하는 스마트 기기 시장에서도 아마존은 에코Echo 스피커, 스마트 전자레인지, 벽시계, 자동차 액세서리 등 알렉사가 탑재된 기기를 다양하게 내놓고 있다.[115] 2017년부터는 에코가 애플보다 더 멋진 브랜드라는 인식이 형성되고 있다는 말이 엔터테인먼트 전문가들 사이에서 나오기 시작했다.[116] 브랜드가 곧 생명인 애플로서는 뼈아픈 변화다.

마이크로소프트도 예외가 아니다. 마이크로소프트는 2014년에 사티아 나델라가 CEO에 취임한 뒤 클라우드 컴퓨팅에 사활을 걸고 애저 사업부에 집중적으로 투자했다.[117] 하지만 아마존 웹 서비스 (AWS)가 여전히 애저보다 많은 고객을 보유하고 더 많은 돈을 쓸어 모으고 있다.[118]

아마존은 광고, SNS, 하드웨어, 클라우드를 모두 공략하며 라이벌들을 벌벌 떨게 만들고 있다. 더욱이 이제 아마존은 일개 IT 기업의 수준을 넘어섰다.

| 소매업을 넘어 |

아마존은 자사의 전자상거래 제국을 확장하기 위해서라면 물불을 가리지 않는 것으로 유명하다. 2009년에 쿼드시Quidsi라는 스타트업의 유아용품 쇼핑몰 다이어퍼스닷컴Diapers.com이 치고 올라오자 아마존은 간부를 보내서 쿼드시 설립자들과 점심식사를 하는 자리에서 인수를 제안했다. 쿼드시 측은 제안을 거절했다.[119] 그러자 아마

존은 공격적으로 기저귀 가격을 인하하고[120] 다이어퍼스닷컴에 맞서는 '아마존 맘Amazon Mom' 프로그램을 선보였다. 수백만 달러를 투입한 아마존의 공세에 속절없이 무너진 쿼드시는 애초에 제안받은 금액보다 훨씬 싼 가격으로 아마존에 인수되는 최후를 맞았다.[121]

이런 전례가 있기 때문에 아마존이 2017년에 홀푸즈를 인수하면서 공격적으로 식료품 시장에 진입했을 때는 별로 놀랍지 않았다. 그 여파로 마트 체인 크로거Kroger의 주가는 하루아침에 8% 추락했다.[122] (어떤 패턴이 보이지 않는가?)

하지만 소매업만으로는 성에 안 찼는지 아마존은 건강관리 시장에도 성큼 들어섰다. 앞에서 언급한 아마존의 필팩 인수로 기존의 약

- 오프라인 서점을 말살한 아마존이
  근래에 개점한 오프라인 서점.   출처: ©Shinya Suzuki[123]

국 체인들은 합법적인 처방약 조제 권한이라는 최후의 무기마저 무용지물이 되어버렸다.[124] (이제 온라인에서 시리얼, 충전 케이블과 함께 약도 주문할 수 있게 된 것이다.)

그뿐만 아니라 아마존은 가정용 의료용품 브랜드를 출시했고[125] 가정용 의료 검사 도구 쪽으로 사업을 확장하는 방안을 검토 중이며[126] 알렉사의 감기 및 기침 감지 기능에 대한 특허를 출원했다.[127] 이를 종합하면 앞으로 알렉사가 사용자의 몸이 아픈 것을 인지해 집으로 의료 검사 도구가 날아오고, 사용자는 검사 후 다시 아마존으로 돌려보내면 검사 결과에 맞춰 가상의 의사가 처방한 약이 필팩을 통해 배달되는 미래를 그려볼 수 있다.[128]

2018년에 아마존은 건강관리 시장에 대한 총공세를 펼쳤다. JP모건JP Morgan, 버크셔 해서웨이Berkshire Hathaway와 손잡고 '의료비 낭비를 줄이고 중간자를 감소시키기 위한' 합작회사를 설립한 것이다.[129] 해석하자면 AI를 비롯한 신기술을 적극 활용해 의사, 약사, 보험설계사를 대체하겠다는 선전포고였다. 아마존 직원 중에는 이런 변화로 인해 일자리를 잃을 사람이 없기 때문에 아마존은 하나의 산업을 통째로 무너뜨리고 자사에 유리하게 재건한다는 야심에 거리낄 게 없다.

| 핵심 역량 |

그러면 아마존이 진입하는 산업마다 대성공을 거두는 이유는 뭘까? 아마존은 IT 기업도, 클라우드 회사도 아니고 기저귀 회사, 서점, 의료기기 업체도 아니기 때문이다. 아마존은 인프라 회사다.[130]

아마존은 20년이 넘게 전자상거래로 성공을 누리면서 전략적 요충지에 수백 개의 물류창고를 확보했다.[131] 아마존 물류창고는 수만 명의 직원이 일하는 거대한 유통센터다.[132] 그뿐만 아니라 페덱스 Fedex나 UPS와 겨룰 만한 지상 및 항공운송망까지 갖췄다.[133] 요컨대 물류 네트워크로는 아마존을 감히 따라올 기업이 없다.[134]

아마존의 네트워크에서 한 가지 약점은 신선식품이었다. 신선식품은 책과 달리 장기 보관과 초장거리 배송이 불가능하다.[135] 하지만 이 문제도 홀푸즈 인수를 통해 해결됐다.[136] 도시 위주로 포진해 있는 400개 홀푸즈 매장이 도시 소비자들에게 신선식품을 신속히 배송하는 물류창고로 변신한 것이다.[137]

여기서 보듯이 아마존은 탄탄한 물류 인프라를 발판 삼아서 약이 됐든 뭐가 됐든 새로운 품목을 척척 판매할 수 있다. 게다가 태생이 오프라인에 근간을 둔 기업이 아닌 디지털 기업이기 때문에 사업을 확장할 때 속도와 비용 측면에서도 유리하다. 웹사이트를 조금 손보고 물류 네트워크를 조금 확장하면 그만이다. 반대로 오프라인 기반 기업은 천하의 월마트도 신규 점포 개설 비용이 3,700만 달러에 이른다.[138]

아마존의 인프라 운용력은 실물 상품을 판매할 때만 드러나는 게 아니다. 아마존 웹 서비스의 지배적 위치를 보면 서버와 데이터센터로 대표되는 아마존의 '디지털' 인프라 역시 얼마나 우수한지 알 수 있다.[139]

정리하자면 아마존은 공급 사슬을 꽉 쥐고 자유자재로 부릴 줄 알기 때문에 어떤 시장에 진입하든 급성장할 수 있다. 그리고 새로운 시장에 진입하고 새로운 상품을 출시할 때마다 더욱 많은 데이터가 확보되어 성장 동력이 더더욱 커진다.[140]

| 독점금지법? |

한때 온라인 서점에 불과했던 아마존이 지금처럼 없는 것 빼고는 다 파는 초거대기업으로 성장하자 당연히 많은 사람의 표적이 됐다. 아마존이 기업과 정부를 마음대로 휘두르게 놔두면 안 된다는 우려의 목소리가 나오고[141] 아마존이 독점기업이 됐으므로 분할해야 한다는 주장이 제기됐다.[142]

아마존의 분할을 요구하는 측의 근거는 명확하다. 아마존이 다년간 시장 경쟁을 해치는 행위를 자행하고 있다는 것이다. 아마존은 저가 공세로 경쟁자를 무너뜨린 적이 한두 번이 아니다(예: 다이어퍼스닷컴의 몰락[143]) 홀푸즈 인수 뒤에는 식료품 배달 스타트업의 시장 진입 자체를 차단시켰다는 비판을 받았다.[144] 그리고 아마존은 현재 미국에서 성행하는 수직 통합*의 대표 주자다.[145] 아마존의 품 안에 음성인식 비서, 쇼핑, 클라우드 컴퓨팅, 미디어가 모두 모여 있다.[146]

이렇게 보면 아마존은 분명히 독점적 성격이 있다. 그런데 문제는 미국의 독점금지법이 수평 통합, 즉 직접 경쟁하는 기업 간의 통합을 금지하는 데 초점이 맞춰져 있다는 점이다. 일례로 2015년에 거대 ISP인 컴캐스트와 타임 워너 케이블Time Warner Cable의 합병이 독점금지법에 의해 무산됐다.[147] 아마존을 독점금지법으로 규제하려면

＊ 어떤 제품의 생산, 유통, 판매에 관여하는 기업들이 합병되는 것.

아마존의 수직 통합이 혁신을 막고 불공정을 조장한다고 주장해야 한다.[148]

만일 아마존이 분할된다면 AWS가 분사될 확률이 가장 높다. AWS는 아마존의 핵심 사업인 쇼핑몰, 프라임, 알렉사와 비교해서 고객의 성격과 사업 구조가 전혀 다르기 때문에 독립성이 가장 강하다.[149] 더 나아가 AWS는 독립했을 때 오히려 더 좋은 실적을 낼 가능성이 있다. 역사적으로 볼 때 클라우드에 '올인'하는 기업이 클라우드 외의 사업도 병행하는 기업보다 훨씬 빠르게 성장하는 경향이 있기 때문이다.[150] (그런데 AWS와 경쟁하는 마이크로소프트 애저, 구글클라우드, IBM 클라우드도 하나같이 클라우드와 무관하고 성장 속도가 더 느린 사업들을 옆에 끼고 있다. 설령 애저를 마이크로소프트의 주력 사업으로 본다고 해도 마이크로소프트의 유일한 사업은 아니다.) 이런 이유로 아마존이 선제적으로 AWS를 분사시킨다고 해도 그리 놀랍지 않을 것이다.

하지만 AWS를 잃는다고 쳐도 전 세계의 기업들을 벌벌 떨게 만드는 아마존의 위력은 건재할 것으로 보인다.

에필로그

IT뿐 아니라 어떤 분야든 간에 배움에는 끝이 없다. 하지만 이제 여러분은 본서의 핵심 내용만큼은 습득했다. 이 책에 실린 사례와 분석을 통해 기술의 실체와 원리를 보는 안목이 향상됐길 바란다. 이 책이 앞으로 여러분이 인기 앱을 개발하고, 회사의 비즈니스 전략을 구상하고, IT 업계의 굵직굵직한 뉴스를 이해하는 데 있어 도움이 되면 좋겠다.

작별 인사를 하기 전에 끝으로 몇 가지 드릴 말씀이 있다.

우리는 이 책이 여러분의 역량 발전에 기여하는 참고서가 되기를 바란다. 그래서 이 뒤에 용어 해설을 실었다. 여기에 열거된 다양한 IT와 경영 용어 중에는 인기 있는 프로그래밍 언어, 경영계에서 흔히 쓰는 약어, IT 기업의 직원 분류 등 지면 관계상 본문에서 다루지 못한 내용이 포함되어 있다.

그리고 필요할 때 기업, 제품, 개념, 인물을 쉽게 찾을 수 있도록 색인을 수록했다. 예를 들어 IT 기업의 채용 면접이 잡혔다면 이 책에서 그 회사의 전략과 제품을 다루는 부분을 찾아서 읽으면 좋을 것이다.

| 이력서를 한 단계 업그레이드하고 싶다면? |

혹시 지금 직장을 구하는 중이라면 이 책의 내용을 요긴하게 쓰길 바란다. 그런데 자신의 지식을 보여주려면 일단 면접까지 가야 한다.

우리 세 저자는 각각 구글, 페이스북, 마이크로소프트의 채용 절차를 성공적으로 통과한 만큼 남다른 이력서로 심사자의 관심을 사로잡는 요령을 알고 있다. 그래서 컨설팅, 프로덕트 매니지먼트, 마케팅 등의 분야에서 탁월한 이력서를 작성해 더 많은 면접 기회를 얻는 요령을 정리한 30쪽 분량의 안내서를 제작했다. 평소 커리어 컨설팅 고객에게 99달러에 판매하는 자료지만 이 책을 읽고 좋았던 점을 아마존 서평으로 남겨주는 독자에게는 무료다.

'구매자' 표시가 있는 아마존 서평의 스크린샷을 team@swipeto-unlock.com으로 보내주시면 최강의 이력서 작성 팁을 무료로 보내드리겠다!

닐 메타   아디티야 아가쉐   파스 디트로자

구글 프로덕트 매니저　■　마이크로소프트 프로덕트 매니저　■　페이스북 프로덕트 매니저

| 이것이 끝이 아니길 |

IT 업계의 동향과 전망 분석, 취업 팁을 읽고 싶다면 링크드인에서 우리를 팔로우하시기 바란다!

아래 우리의 프로필에 나와 있는 링크드인 계정에 이 책의 인증샷을 올리고 우리 세 사람(닐 메타, 아디티야 아가쉐, 파스 디트로자)을 태그하면 우리도 추천, 댓글, 공유로 조회수와 팔로워를 늘릴 수 있도록 도와드리겠다.

이 책이 여러분의 생활과 업무에 도움이 되길 진심으로 바란다. 우리가 즐겁게 쓴 책을 읽어주셔서 기쁘다. 이 책이 유익했다면 아마존에 서평을 남기고 주변에 추천해주시면 감사하겠다.

그럼, 다음에 또 만날 때까지 건승하시길!

닐, 아디, 파스

닐 메타

- namehta.com • linkedin.com/in/neelmehta18

아디티야 아가쉐

- adityaagashe.com • linkedin.com/in/adityaagashe
- quora.com/profile/Adi-Agashe

파스 디트로자

- parthdetroja.com • linkedin.com/in/parthdetroja

웹사이트를 만들려면 어떻게 해야 할까? IT 커뮤니티에 물어보면 이런 댓글이 달릴 것이다. "깃허브 저장소 개설하고, 파이썬이나 루비 온 레일즈로 백엔드 제작하고, HTML, CSS, 자바스크립트 작성하고, 레스트풀 API 만들고, UI/UX 손보고, AWS에 MVP 올리면 돼요. 아, 기왕이면 CDN 쓰시고요."

…헉!

IT 업계에서 통용되는 용어와 유행어를 다 열거하자면 끝이 없을 것이다. 여기서는 어디 가서 IT 좀 아는 티를 낼 수 있도록 그 외계어 같은 용어들 중에서도 가장 많이 쓰이는 용어를 알아보기로 하자.

프로그래밍 언어

모든 소프트웨어는 코드를 이용해 작성된다. 음식을 만들 때 조리법을 따르는 것과 같다. 조리법을 영어, 벵골어, 터키어로 쓸 수 있는 것처럼 소프트웨어도 루비, 파이썬, C 같은 프로그래밍 언어로 쓸 수 있다. 프로그래밍 언어마다 장단점이 있고 주로 쓰는 용도가 있다. 그중에서도 많이 사용되는 언어를 간단히 정리해봤다.＊

어셈블리Assembly

컴퓨터는 0과 1의 조합으로만 생각한다. 어셈블리는 이 0과 1을 좀 더 깔끔하게 표현하는 언어다. 프로그래머들도 어셈블리를 직접 쓰는 경우는 거의 없다. 너무 고생스럽기 때문이다. 보통은 '고급 언어'를 쓰고 이것을 컴퓨터가 어셈블리로 변환해서 실행한다. (여기서 소개하는 다른 언어는 모두 고급 언어, 다른 말로 '추상적' 언어다.) 운전에 비유하면 이해하기 쉬울 것 같다. 우리는 운전할 때 각 바퀴의 속도를 일일이 조절하지 않고 그저 핸들과 페달을 조작할 뿐이다. 그게 훨씬 쉽기도 하거니와 어차피 바퀴 속도를 조절하는 방법 같은 것은 모르기 때문이다.

C/C++

가장 오래된 프로그래밍 언어에 속하지만 여전히 인기를 자랑한다.

＊ 영어 알파벳 순서대로 정렬.

실행 속도가 굉장히 빠르지만 작성하기가 어렵다. 그래서 효율을 극
대화해야 할 때(예: 현란한 그래픽이 사용되는 게임, 물리 시뮬레이터, 웹
서버, 운영체제를 개발할 때) 주로 C와 C++을 사용한다.

C#C-sharp

마이크로소프트에서 개발한 언어로 데스크톱 앱을 제작할 때 주로 사
용한다. 자바와 유사하다.

CSS

HTML과 함께 사용하는 웹 개발용 언어로 웹사이트를 더 보기 좋게
만드는 용도다. CSS를 통해 웹페이지의 색상, 서체, 배경을 바꿀 수
있다. 버튼, 메뉴 막대, 이미지의 위치도 CSS로 지정할 수 있다.

고Go

구글이 만든 신종 언어로 웹서버 개발에 주로 사용된다.

HTML

웹페이지 제작에 사용하는 언어. 링크, 이미지, 메뉴 막대, 버튼 등 웹
페이지에 배치되는 모든 요소를 HTML로 만들 수 있다. 이때 각각의
요소를 '태그'라고 부른다. 예를 들어 <img> 태그는 이미지를 뜻한다.

자바Java

전 세계적으로 가장 인기 있는 언어에 속한다. 안드로이드 앱, 웹서
버, 데스크톱 앱을 개발할 때 사용한다. "한번 작성하면 어디서든 실
행된다"라는 슬로건이 유명하다. 자바로 작성한 앱은 어떤 기기에서
든 바로 실행할 수 있다는 뜻이다.[1]

자바스크립트JavaScript

인터랙티브interactive*한 웹페이지를 만들 때 사용하는 언어. 페이스

북 메신저, 스포티파이, 구글지도를 비롯해 모든 웹 앱은 자바스크립트를 이용한다. 요즘은 자바스크립트로 웹서버와 데스크톱 앱도 제작한다. ECMA스크립트 혹은 ES라고도 부른다.

매트랩MATLAB

공학, 과학, 수학적 모델링에 주로 쓰는 특수한 언어로 라이선스를 구매해서 사용해야 한다. 소프트웨어 개발보다는 연구 목적으로 많이 쓰인다.

오브젝티브-CObjective-C

아이폰, 아이패드, 맥용 앱 개발에 사용되는 언어. 현재는 스위프트로 대체되고 있다.

PHP

웹서버 개발용 언어. 최근 들어 인기가 시들해졌지만 페이스북은 여전히 PHP를 개조한 '방언'으로 개발된다.[2]

파이썬Python

초급 컴퓨터과학 과정에서 흔히 사용될 만큼 배우기 쉽고 인기 있는 언어. 데이터과학과 웹서버 개발에 많이 사용된다.

R

방대한 데이터를 도식화, 요약, 해석하기 위해 쓰는 데이터 분석 언어.

루비Ruby

인기 있는 웹서버 소프트웨어인 루비 온 레일즈로 웹 앱을 개발할 때

＊ 마우스 이동이나 클릭, 문자 입력 같은 사용자의 행동에 콘텐츠가 실시간으로 반응하는 것.

주로 쓰는 언어.

SQL

구조화 질의 언어Structured Query Language의 약자로 데이터베이스용
언어다. 엑셀처럼 표, 행, 열을 다룬다. '질의'를 실행해서 데이터를 필
터링, 정렬, 병합, 분석할 수 있다.

스위프트 Swift

아이폰, 아이패드, 맥용 앱 개발에 사용되는 애플의 프로그래밍 언어.
오브젝티브-C를 대체 중이다.

타입스크립트 TypeScript

마이크로소프트에서 만든 자바스크립트 확장판. 기존의 자바스크립
트에 대형 앱 개발을 수월하게 만들어주는 기능이 추가됐다. 브라우
저에서 바로 실행할 수 없기 때문에 먼저 자바스크립트로 '트랜스파
일transpile'＊해야 한다.

＊ 한 언어로 작성된 코드를 다른 언어로 변환하는 것.

데이터

인간은 정보를 저장할 때 엑셀 파일이나 워드 문서를 선호한다. 하지만 컴퓨터가 데이터를 저장할 때 선호하는 형식은 단순한 텍스트 파일이다. 다음은 가장 많이 쓰이는 '기계 가독형' 저장 형식이다.

CSV

쉼표 구분 데이터comma-separated values의 약자. 엑셀 파일과 유사하지만 훨씬 단순한 형태의 표로 데이터를 저장하는 방식. 파일명이 '.csv'로 끝난다.

제이슨JSON

웹 앱에서 데이터를 저장할 때 많이 쓰는 형식. CSV보다 유연한 구조를 갖고 있어서 데이터 객체 안에 또 다른 객체가 포함될 수 있다. 예를 들어 '사람'이란 객체 안에 '이름'과 '나이'라는 데이터가 포함될 수 있고 '반려동물'이란 객체도 포함될 수 있다. (반려동물 객체 안에도 '이름'과 '나이' 데이터가 있을 것이다.)

XML

역시 텍스트 기반 데이터 저장 형식이다. HTML처럼 태그를 이용해 데이터를 저장하고 구조화하고 JSON처럼 객체의 중첩이 가능하다.

소프트웨어 개발자처럼 말하려면 다음과 같이 흔히 쓰는 용어와 유행어를 알아야 한다.

AB테스트AB test

제품에 어떤 기능을 넣을지 결정하기 위한 테스트. 주로 웹 기반 제품을 개발할 때 사용된다. 사용자를 두 집단으로 나눠서 각각 A버전과 B버전을 보여주는 방식이다. 예를 들어 쇼핑몰에서 사용자 중 절반에게는 '구매하기' 버튼이 빨간색으로 표시되게 하고 나머지 절반에게는 파란색으로 표시되게 하는 것이다. 그 후에 판매량, 클릭 횟수 같은 수치를 비교해 더 나은 버전이 무엇인지 판별되면 그것을 전체 사용자에게 적용한다. 이렇게 과학적인 방법으로 소프트웨어 개선법을 찾아낼 수 있기 때문에 프로덕트 매니저와 개발자들이 좋아한다.

애자일Agile

소프트웨어 개발 주기를 짧게 잡고 지속적으로 사용자에게 피드백을 받는 것을 골자로 하는 개발방법론. 수개월, 수년에 걸친 개발 끝에 거대한 최종본을 출시하는 게 아니라 '최소 기능 제품', 쉽게 말해 간단한 프로토타입을 신속히 출시한 후 사용자 피드백을 받아 시제품을 개선하며 만족스러운 결과물이 나올 때까지 일련의 과정을 반복한다.

앵귤러Angular

구글에서 제작한 웹 앱 개발용 프레임워크framework.* 테슬라, 나스

닥, 웨더채널 같은 유명한 사이트에도 앵귤러가 사용된다.[3]

백엔드 Backend

앱이나 웹사이트에서 사용자가 볼 수 없는 '배후' 부분. 백엔드에서 데이터가 저장되고, 아이디와 비밀번호가 처리되며, 사용자에게 표시할 웹페이지가 준비된다. 음식점에 비유하자면 손님이 볼 수 없는 주방에서 손님이 먹을 음식을 준비하는 요리사가 백엔드에 해당한다.

베타 Beta

주로 소프트웨어의 최종본이 출시되기 전에 사용자 피드백을 받기 위해 테스터들에게 배포되는 예비 버전.

빅데이터 Big data

흥미로운 정보를 추출하기 위해 방대한 데이터를 취급하는 것. '빅'의 정확한 기준은 정해져 있지 않지만 데이터세트의 규모가 표준적인 크기의 컴퓨터 한 대로 다 처리하지 못할 만큼 크다면 '빅'이라고 볼 만하다.[4]

블록체인 Blockchain

비트코인의 근간이 되는 기술로 탈중앙화된 거래를 가능케 한다. 탈중앙화된 거래란 예를 들면 우버 앱을 쓰지 않고 우버 차량을 호출하고, 페이스북이나 통신사의 개입 없이 다른 사람에게 메시지를 보내는 것이다. 블록체인을 쓰면 모든 사람이 모든 거래 기록을 공유하기 때문에 중앙의 권력 기관이 필요 없어진다. 비트코인을 쓰면 모든 사람이 모든 거래 목록을 갖고 있기 때문에 어떤 한 개인이나 기업만 '소

---

* 특정한 용도의 작업을 용이하게 하는 요소들의 집합체.

유자'가 되지 않는다. 이것은 사기를 방지하는 효과도 있다. 누군가가 허튼수작을 부리면 모든 사람이 알 수 있기 때문이다.

부트스트랩Bootstrap

웹사이트 디자인용으로 인기 있는 프레임워크. 버튼, 메뉴 막대 등 웹페이지의 각종 항목에 쓸 수 있도록 멋지게 디자인된 레이아웃, 서체, 색상을 모아놓은 거대한 CSS 파일이라고 할 수 있다. 많은 웹사이트가 부트스트랩으로 기본적인 스타일을 잡을 만큼 매우 강력한 웹디자인 템플릿template*이다.

캐싱Caching

정보를 더 빨리 이용할 수 있도록 컴퓨터의 특정한 공간에 저장하는 것. 단골 피자집의 전화번호를 휴대폰의 연락처에 저장해 놓으면 번번이 검색할 필요가 없어서 더 빨리 이용할 수 있는 것과 같다.

쿠키Cookie

웹사이트에서 사용자의 정보를 기억하기 위해 브라우저에 저장하는 짧은 메모. 예를 들면 온라인쇼핑몰에서 사용자의 아이디와 장바구니를 쿠키로 저장한다. 쿠키는 타깃광고에도 사용된다. 웹사이트들이 쿠키를 통해 사용자의 위치 같은 개인정보를 주고받으면서 사용자의 취향을 파악하고 맞춤 광고를 표시하는 것이다.

데이터베이스Database

정보를 저장하는 거대한 표. 초대형 엑셀 파일이라고 볼 수 있다. 예를 들어 페이스북에서 사용자 정보를 저장하는 데이터베이스는 간단히

＊ 특정한 용도로 바로 사용할 수 있도록 만들어 놓은 틀.

말하자면 사용자별로 행을 나누고 각 열에 이름, 생년월일, 고향 등을 기재하는 구조일 것이다.

도커Docker

앱이 구동되기 위해 필요한 것을 모두 '컨테이너' 안에 포함시키는 기술. 컨테이너는 지원되는 모든 기기에서 누구나 구동 가능하다. 동일한 컨테이너는 어디서나 동일하게 작동한다. 그래서 각 컴퓨터의 구성과 설정을 고민할 필요가 없기 때문에 편리하다. 같은 용도로 도커와 달리 각 앱을 위한 운영체제를 별도로 구동하는 방식도 있지만 효율성이 훨씬 떨어진다.

플랫 디자인Flat design

불필요한 형광색, 그림자, 애니메이션 같은 것을 배제하고 단순한 색, 도형, 격자형 배치를 이용하는 미니멀리즘적 디자인 경향. 마이크로소프트의 메트로UI(윈도우 8과 10의 타일형 디자인)[5]과 애플의 iOS 7 이후의 단순한 디자인이 대표적 예다.[6]

프론트엔드Frontend

웹사이트나 앱에서 버튼, 페이지, 그림 등 사용자에게 노출되는 부분. 프론트엔드는 사용자에게서 정보를 획득해 백엔드로 전송한 후 백엔드의 반응에 따라 사용자에게 표시되는 것을 변경한다. 음식점에 비유하자면 웨이터가 프론트엔드에 해당한다. 웨이터는 손님의 주문을 요리사(백엔드)에게 전달한 후 완성된 요리를 손님에게 가져다준다.

깃허브GitHub

무수히 많은 오픈소스 소프트웨어 프로젝트에 보관 공간을 제공하는 웹사이트. 누구나 타인의 코드를 열람하고 이용할 수 있다. 깃허브에 등록된 코드는 저마다의 '저장소repository'에 보관된다. 저장소에 있는 코드는 다른 사람이 '포크fork'를 통해 개조해서 쓰거나 '풀 리퀘스트 pull request'를 통해 변경점을 제안할 수 있다.

해커톤Hackathon

개발자들이 팀으로 나뉘어 단시간(주로 12~72시간) 내에 멋지고 기발한 소프트웨어를 만들어내기 위해 펼치는 코딩 대결. 보통은 최신 IT 제품이 상품으로 걸리고, IT 기업의 채용 담당자가 참석하며, 티셔츠와 스티커 같은 기념품과 야식이 무상으로 제공된다.

하둡Hadoop

테라바이트, 페타바이트급의 방대한 데이터를 저장하고 분석하기 위한 무료 '빅데이터' 소프트웨어 제품군.

제이쿼리jQuery

가장 유명한 웹 개발용 라이브러리. 자바스크립트를 이용해 인터랙티브한 웹사이트를 개발하는 게 훨씬 수월해질 수 있게 한다.

라이브러리Library

다른 개발자들이 재사용할 수 있도록 온라인으로 배포되는 코드 모음집. 자바스크립트 개발자가 코드 몇 줄만으로 인터랙티브한 그래프, 도표, 지도를 만들 수 있게 해주는 D3가 좋은 예다. '패키지' 혹은 '모듈module'이라고도 불린다.

리눅스Linux

윈도우와 맥OS의 대안이 되는 무료 오픈소스 운영체제. 대부분의 웹 서버와 세계 최대의 슈퍼컴퓨터 중 다수가 리눅스로 구동된다. 안드로이드도 리눅스 기반이다.

머티리얼 디자인Material Design

구글이 안드로이드와 다수의 자사 앱에 사용하는 디자인 프레임워크. 화사한 색상, 사각형 '카드' 형태의 정보 배치, 슬라이딩 애니메이션이 특징이다. 플랫 디자인과 비슷하지만 그림자, 그라데이션, 3D 요소가 있다는 게 차이점이다.[7]

코드 경량화Minification

개발자가 코드 파일의 용량을 줄이기 위해 불필요한 텍스트를 모두 제거하는 것. '난독화uglification'나 '압축compression'이라고도 한다.

목업Mockup

와이어프레임과 프로토타입 제작 후 디자이너가 만드는 고품질 이미지. 앱 개발자가 사용해야 하는 서체, 색상, 그림, 간격 등을 정확히 표시한다. 디자이너는 목업 제작을 통해 세부적인 부분의 완성도를 높이고, 앱의 코딩 작업이 본격적으로 시작되기 전에 피드백을 받을 수 있다. UX핀UXPin에 따르면 "와이어프레임은 뼈대이고, 프로토타입은 그것의 행동을 보여주는 것이며, 목업은 피부"다.[8]

노드jsNode.js

웹 앱 백엔드 개발용 자바스크립트 프레임워크.

오픈소스Open source

누구나 앱의 코드를 보고, 복제하고, 개선할 수 있어야 한다는 소프트웨어 개발 철학(음식점에 비유한다면 누구나 조리법을 보고 개선점을 건의할 수 있게 하는 것이다). 리눅스, 안드로이드, 파이어폭스, 워드프레스WordPress를 비롯해 인기 있는 앱과 플랫폼 중 다수가 오픈소스다.[9] 프로그래밍 언어와 소프트웨어 개발 도구 중에도 오픈소스가 많다.[10]

페르소나Persona

디자이너가 목표 시장에 존재하는 사용자들의 유형을 정리하기 위해 만드는 가상의 인물. 페르소나에는 이름, 배경 설명, 성격이 부여된다.[11] 예를 들어 링크드인에는 학생 사라, 인사팀장 리키, 헤드헌터 재키라는 페르소나가 존재할 수 있다.

프로토타입Prototype

앱이나 웹사이트의 초기 버전. 사용자 테스트를 통해 가능성을 검토하기 위한 목적으로 제작된다. 실제 클릭이 가능한 웹사이트처럼 복잡한 프로토타입이 있는가 하면 스티커 메모지를 나열해놓은 단순한 형태도 존재한다.

리액트React

페이스북이 내놓은 웹 앱 개발용 프레임워크. 페이스북, 인스타그램, 스포티파이, 《뉴욕 타임스》, 트위터 등 많은 웹사이트가 리액트를 이용한다.[12]

반응형 웹 디자인Responsive web design

웹사이트가 휴대폰, 태블릿, 노트북 등 모든 기기의 화면 크기에 맞춰 작동하게 만드는 것. 예를 들면 《뉴욕 타임스》 기사가 큰 화면(그리고 종이)에서는 여러 단으로 출력되지만 작은 화면에서는 한 단으로 표시되게 하는 것이다.

루비 온 레일즈Ruby on Rails

루비를 이용한 웹 앱 개발용 프레임워크. 에어비앤비, 트위치, 스퀘어 Square가 루비 온 레일즈로 제작됐다.[13] 'RoR'이나 '레일즈'라고도 불린다.

스크럼 Scrum

애자일 방법론의 한 갈래로, 소프트웨어 개발팀이 '스프린트sprint'라고 하는 몇 주 간격의 개발 주기에 맞춰 신기능을 출시하는 방식이다. 보통은 모든 팀원이 일어나서 작업 현황과 필수 정보를 공유하는 '스탠드업' 회의가 매일 15분씩 진행된다.

서버 Server

웹사이트와 다수의 앱을 구동시키는 컴퓨터. 보통은 스크린, 터치패드, 마이크 같은 장치가 존재하지 않는다. (더군다나 키보드조차 없어서 원격으로 프로그래밍해야 하는 경우가 대부분이다!) 막강한 연산 능력과 방대한 하드드라이브가 특징이다.

스택 Stack

어떤 앱이나 웹사이트를 제작하는 데 사용되는 기술의 집합체. 앱의 프론트엔드와 백엔드에 사용되는 도구, 데이터베이스가 포함된다. 비유하자면 자동차의 '스택'에는 그 자동차에 사용된 내장재, 엔진, 타이어, 전조등 같은 것이 포함된다.

터미널 Terminal

컴퓨터에서 사용하는 텍스트 기반의 인터페이스. 개발자들은 터미널을 통해 소프트웨어를 개발한다. 터미널은 비단 코드를 작성할 때만 아니라 컴퓨터의 각종 설정값을 조정할 때도 유용하다. 그리고 일부 앱은 우리에게 익숙한 마우스 기반 인터페이스가 아니라 터미널을 통해서만 구동된다. '커맨드 라인command line', '셸shell', '배시Bash'라고도 불린다.

유닉스Unix

리눅스와 맥OS를 포함하는 운영체제군群.

와이어프레임Wireframe

간단히 그린 앱이나 웹사이트의 '뼈대'.[14] 글을 쓰기 전에 작성하는 개요와 같다. 종이 위에 선을 그어서 만든다. 예를 들어 버튼과 이미지는 모서리가 둥근 상자로, 사이드바는 직사각형으로, 텍스트는 구불구불한 선으로 표현하는 식이다. 와이어프레임을 만들면 본격적인 코딩에 들어가기 전에 페이지의 구성요소가 배치될 곳을 구체적으로 정할 수 있다.[15]

IT 약어

소프트웨어 용어 중에서도 제일 머리 아픈 게 알파벳 줄임말일 것이다. 많이 사용되는 줄임말을 정리해봤다.

AJAX

API를 이용해 다른 웹사이트의 정보를 가져오는 기법. 자바스크립트를 이용한다.

API

응용프로그램 프로그래밍 인터페이스Application Programming Interface. 다른 앱의 정보를 가져오거나 다른 앱에 행동을 지시하는 수단이다. 예를 들어 트위터의 API를 이용해 다른 앱에서도 트윗을 올릴 수 있고, ESPN의 API를 이용해 경기 결과를 가져올 수 있다.

AWS

아마존 웹 서비스Amazon Web Services. 클라우드에서 데이터를 저장하고 앱을 구동하는 플랫폼.

CDN

콘텐츠 전송 네트워크Content Delivery Network. 웹사이트의 이미지, CSS 파일 등 '정적' 콘텐츠를 별도의 전송용 웹사이트를 이용해 더 빠르게 전송하는 기술. CDN 웹사이트는 코드 실행이 아니라 파일 보관에 특화되어 있고, 전 세계에 다수의 서버가 분산되어 있어서 누구에게나 훨씬 더 빠른 속도로 파일을 전송한다.

CPU

중앙처리장치Central Processing Unit. 컴퓨터나 휴대폰의 '뇌'에 해당하며 운영체제와 앱을 구동시킨다.

FTP

웹서버에 파일을 보내고 받기 위한 프로토콜.

GPU

그래픽처리장치Graphics Processing Unit. 그래픽을 표시하는 데 특화된 컴퓨터 부품이다. '하드웨어 가속 애니메이션'이라는 말이 나오면 GPU를 쓴다고 보면 된다.

HTTP

하이퍼텍스트 전송 프로토콜HyperText Transfer Protocol. 인터넷에서 웹페이지를 보기 위해 사용되는 프로토콜이다. '프로토콜'은 정보 전송과 관련된 규약의 집합체다.

HTTPS

하이퍼텍스트 보안 전송 프로토콜HyperText Transfer Protocol Secure. HTTP의 암호화 버전이다. 은행 업무, 결제, 메일 송수신, 웹사이트 로그인 등 보안이 중요한 온라인 통신에 사용된다.

IaaS

서비스형 인프라Infrastructure-as-a-Service. 다른 회사의 서버 공간을 빌려서 앱을 구동하게 해주는 도구이다. 아마존 웹 서비스가 대표적인 예다.[16]

IDE

통합개발환경Integrated Development Environment. 특정한 유형의 소프

트웨어 개발을 더 수월하게 만드는 특수한 앱이다. 일례로 이클립스 Eclipse는 자바와 안드로이드용 IDE다. 비유하자면 요리사가 특정한 도구와 식재료로 만든 전용 주방과 같다.

I/O

입력/출력Input/Output. 파일을 읽고 쓰는 과정. IT와 떼려야 뗄 수 없는 개념인 만큼 많은 스타트업이 '.io'로 끝나는 도메인을 쓴다.

IP

인터넷 프로토콜Internet Protocol. 인터넷으로 이 컴퓨터에서 저 컴퓨터로 정보의 '패킷'을 전송하기 위한 프로토콜이다. TCP와 밀접한 연관이 있다. HTTP는 TCP와 IP를 근간으로 한다.[17]

MVC

모델-뷰-컨트롤러Model-View-Controller. 주로 객체 지향 프로그래밍에서 사용되는 코드 정리법이다. 다수의 웹/앱 개발 프레임워크가 MVC를 이용한다.

MVP

최소 기능 제품Minimum Viable Product. 애자일 방법론에서 초기 테스트를 위해 만드는 프로토타입을 말한다. 일례로 온라인 신발 쇼핑몰 자포스Zappos의 MVP를 생각해보자. 자포스의 설립자들은 오프라인 매장에서 신발 사진을 찍어서 웹사이트에 올리고 고객이 신발을 '구매'하면 직접 매장에서 신발을 사서 우편으로 보냈다.[18] MVP는 사람들의 반응을 보기 위해 간단히 만드는 초기 버전이다.

NLP

자연어 처리Natural Language Processing. 인공지능이 인간의 언어를 이해하게 만드는 것이다.

NoSQL

이름에서 알 수 있다시피 SQL의 대체재가 되는 데이터베이스 구축법. 열과 행으로만 데이터를 취급하는 SQL보다 자유로운 형태를 추구한다.

OOP

객체 지향 프로그래밍Object Oriented Programming. 코드를 더 쉽게 이해, 재활용, 개선할 수 있도록 구조화하는 방법이다. '버튼', '그림' 같은 인터페이스 요소와 '고객', '강아지' 같은 개념을 포함해 모든 것을 '객체'로 표현한다. 가령 스냅챗에는 '사용자', '스냅', '그룹', '스티커', '스토리', '카메라 버튼'이라는 객체가 존재할 수 있다. 각각의 객체에는 그것과 관련된 정보와 행동이 존재한다. 예를 들어 '강아지'는 제이름을 알고 짖는 방법을 알 것이다.

PaaS

서비스형 플랫폼Platform-as-a-Service. 앱을 대신 구동시키는 도구이다. 개발자는 코드를 전송하기만 하면 된다.[19] 복잡성을 따지자면 IaaS와 SaaS의 사이에 있다.

RAM

랜덤 액세스 메모리Random-Access Memory. 컴퓨터의 '단기' 기억이다. 앱에서 일시적인 정보(예: 현재 열려 있는 브라우저 탭들)를 저장하기 위한 공간이다. 일반적으로 램이 많을수록 장치의 속도가 빨라진다.

REST

널리 쓰이는 API의 유형. 이에 해당하는 API를 '레스트풀RESTful'하다고 말한다.

ROM

읽기 전용 메모리Read-Only Memory. 하드웨어에 각인되어 웬만해서는 변경할 수 없는 정보다. 컴퓨터의 경우, 시동에 필요한 코드가 ROM에 저장되어 있다. '펌웨어firmware'라고도 부른다.

SaaS

서비스형 소프트웨어Software-as-a-Service. 인터넷을 통해 전달되고 주로 웹브라우저를 통해 사용하는 소프트웨어이다. 구글문서가 대표적인 예다. 일반적으로 다운로드비가 따로 없는 대신 월이나 연 단위 이용료를 내고 쓴다.

SDK

소프트웨어 개발 도구Software Development Kit. 안드로이드나 구글지도 같은 특정 플랫폼을 위한 앱을 개발할 때 유용한 도구를 모아 놓은 것이다.

SEO

검색엔진 최적화Search Engine Optimization. 웹사이트가 검색 결과에서 더 높은 순위에 오르게 만드는 것이다. 웹페이지의 제목이나 본문의 소제목에 적절한 키워드를 넣는 것이 한 예다.

SHA

통신 보안용으로 인기 있는 암호화 및 해독 알고리즘. 여러 버전이 존재하며 이 글을 쓰는 현재 최신 버전은 SHA-3이다.[20]

TCP

전송 제어 프로토콜Transmission Control Protocol. 정보를 더 쉽게 전달

하기 위해 정보를 작은 덩어리로 나누기 위한 프로토콜이다.

TLD

최상위 도메인Top-Level Domain. 도메인 이름 끝에 붙는 '.com', '.org', '.gov' 등을 가리킨다. 국가별로 존재하는 TLD를 ccTLD(국가 코드 최상위 도메인)이라고 부른다. 프랑스의 ccTLD는 '.fr', 멕시코는 '.mx', 인도는 '.in'이다.

TLS

전송 계층 보안Transport Layer Security. 해커의 감청을 방지하기 위해 인터넷으로 전송되는 정보를 암호화하는 기법이다. HTTPS에서 사용된다.

UI

사용자 인터페이스User Interface. 앱과 웹사이트를 보기 좋게 만들기 위한 목적의 디자인으로 색상, 서체, 레이아웃 등을 다룬다. 흔히 UX와 쌍으로 취급된다.

URL

표준형 자원 위치 식별자Uniform Resource Locator. 'https://maps.google.com'나 'https://en.wikipedia.org/wiki/Llama' 같은 웹페이지의 주소.

UX

사용자 경험User Experience. 앱과 웹사이트를 사용하기 쉽게 만들기 위한 목적의 디자인으로 웹사이트와 웹페이지를 구성하는 부분들을 어떻게 조직할지 고민한다. 흔히 UI와 쌍으로 취급된다.

경영 용어

IT 기업에서 마케터와 기획자처럼 경영 부문에 종사하는 이들도 소프트웨어 개발자들에게 뒤지지 않을 만큼 전문용어를 좋아한다.

B2B

기업 대 기업Business-to-Business. 기업이 일반 소비자가 아니라 다른 기업에 상품이나 서비스를 판매하는 것을 말한다. IT 업계에서 유명한 B2B 기업으로는 기업용 클라우드 컴퓨팅 서비스를 판매하는 IBM 과 기술 컨설팅업체 액센추어Accenture가 있다.[21]

B2C

기업 대 소비자Business-to-Consumer. 기업이 일반 소비자에게 상품이나 서비스를 판매하는 것으로 쉽게 말해 매장이나 웹사이트에서 사람들에게 뭔가를 판매하는 것이다. 핏빗Fitbit, 나이키, 포드가 B2C 기업이다. B2B와 B2C를 병행하는 기업도 있다. 예를 들어 코카콜라는 일반인에게만 아니라 대학, 호텔, 음식점에도 탄산음료를 판매한다.[22] 마이크로소프트도 오피스를 소비자와 기업에 판매한다.

이탈률 Bounce rate

앱이나 웹사이트에 방문한 사람이 의미 있는 행위(예: 링크 클릭)를 하지 않고 떠나는 비율. 이탈률이 높다면 앱이나 웹사이트의 콘텐츠가 방문자에게 흥미를 불러일으키지 못한다고 볼 수 있다.

CTA

행동 유도Call-to-Action. 방문자가 행동을 취하게 만드는 버튼이나 링크를 말한다. (예: '뉴스레터 신청' 버튼, '사전 등록' 링크)[23]

해지율Churn rate

일정한 기간에 기업을 떠난 사용자의 비율. 예를 들어 오피스365 가입자가 1,000명이었으나 다음 해에 재가입한 사람이 750명뿐이라면 해지율은 25%다.

클릭당 과금Cost-Per-Click, CPC

인터넷 광고의 보편적인 유형. 사람들이 광고를 클릭할 때마다 광고주에게 소액의 광고료가 부과된다. 구글에서 보는 광고가 대표적이다. PPCPay-Per-Click라고도 한다.

밀리당 과금Cost-Per-Mille, CPM

인터넷 광고의 한 유형. 웹사이트에서 1,000명에게 광고가 노출될 때마다 광고주에게 정해진 광고료가 부과된다. 노출당 과금Pay-Per-Impression, PPI이라고도 한다.

클릭률Click-through Rate, CTR

광고를 클릭한 사람의 수를 광고를 보고 클릭할 수 있었던 사람들의 수로 나눈 것. 다시 말해 일반적인 사람이 광고를 클릭할 확률이다. 광고의 성공도를 측정할 수 있는 수치다.

전환Conversion

사용자가 기업이 희망하는 행위를 하는 것. 구체적인 행위의 내용은 기업의 목표에 따라 달라진다. (예: 뉴스레터 신청, 회원가입, 상품 구매)

고객관계관리 Customer Relationship Management, CRM

기업에서 고객 및 제휴사와의 관계를 관리하기 위해 사용하는 소프트웨어. 이메일, 회의록을 비롯한 각종 데이터를 취급한다.[24]

퍼널 Funnel

잠재 고객이 '전환(예: 제품 구매)'에 도달하기 전에 빠져나가는 양상을 깔때기 funnel에 비유한 것이다. 온라인쇼핑몰에 1,000명이 방문해서 500명만 검색을 하고 100명만 물건을 장바구니에 담고 50명만 실제로 상품을 구입하는 것을 예로 들 수 있다.

핵심성과지표 Key Performance Indicator, KPI

기업에서 상품, 팀, 직원의 성공도를 측정하기 위해 사용하는 지표. 가령 유튜브의 KPI는 사용자 수, 동영상 수, 동영상 시청 횟수가 될 수 있다.

랜딩 페이지 Landing page

특정한 집단을 겨냥해 만든 간단한 웹페이지. 주로 방문자의 연락처를 받는 대가로 전자책이나 뉴스레터 같은 유익한 콘텐츠를 제공한다. 마케팅 용어로 '리드'를 확보하기 위한 수단이다.[25]

리드 Lead

서비스 이용이나 상품 구매에 관심을 보인 사람. 마케터가 낯선 사람을 리드로, 리드를 고객으로 전환하는 것을 '인바운드 마케팅 inbound marketing'이라고 한다.[26]

생애가치 Lifetime Value, LTV

고객과 관계가 유지되는 동안 고객이 직간접적으로 지불할 돈의 총액. 가령 대학교 서점에서 학생들이 졸업할 때까지 4년 동안 연간 500달러를 지출할 것이라고 예상된다면 각 학생의 생애가치는 2,000달러다. 일반적으로 기업은 고객으로 전환하기 위해 들어가는 비용, 즉 고객획득비용Customer Acquisition Cost, CAC보다 생애가치가 큰 사람만 고객으로 유치하기를 원한다.[27]

시장 침투Market penetration

어떤 상품이나 산업이 목표 시장에 실제로 도달한 비율. 미국의 13~19세 청소년 인구는 3,000만 명으로[28] 청소년을 겨냥한 SNS가 청소년 가입자를 600만 명 확보했다면 청소년 시장 침투율이 20%라고 할 수 있다.

시장 세분화Market segmentation

거대하고 다원적인 시장을 구체성이 강한 시장들로 나누는 것. 예를 들면 시장을 성별, 지역, 관심사, 소득에 따라 세분화할 수 있다. 참고로 관심사에 의한 세분화를 '사이코그래픽스psychographics'라고 하고, 소득에 의한 세분화는 이른바 '행동적behavioral' 세분화의 일환이다.[29]

순추천고객지수Net Promoter Score, NPS

고객 만족도 측정을 위한 지표. 고객에게 상품이나 서비스의 점수를 0점(매우 싫음)~10점(매우 좋음)으로 매겨 달라고 해서 계산한다.[30]

투자수익률Return on Investment, ROI

수익 대 비용의 비율.[31] 광고에 2,000달러를 지출한 결과로 소프트웨어 판매액이 2,600달러 증가했다면 ROI는 30%다. 간단히 말해 '남는 장사'를 했는지 보는 것이다.

중소기업Small- and Medium-sized Business, SMB

미국을 기준으로 했을 때 일반적으로 임직원 1,000명 미만 기업을 가

리킨다.[32]

가치제안 value proposition

어떤 상품이 소비자에게 유용한 이유를 간단히 기술한 것. 2015년에 전자책 웹사이트 스크리브드Scribd는 "전 세계의 모든 책을 소유한 것과 같은 독서 경험을 제공합니다"라는 가치제안을 내세웠다.[33]

전년동기대비 Year-over-Year, YoY

어떤 지표가 전년의 같은 시점과 비교했을 때 변화한 정도. 철에 따라 지표의 추이가 달라질 때 요긴하게 쓰인다. 예를 들어 매년 여름에 교육용 소프트웨어의 매출이 저조하다면 올해 6월 매출을 3월 매출과 비교해봤자 의미가 없다. 정확한 분석을 위해서는 작년 6월 매출과 비교해야 한다.

IT 기업의 직군

IT 기업에도 마케터, CEO, 인사관리자 같은 '일반적인' 직군이 존재한다. 하지만 소프트웨어는 대부분의 실물 상품과 다른 방식으로 만들어지기 때문에 IT 기업에는 다음과 같은 특수한 직군도 존재한다.

백엔드 엔지니어 Backend engineer

데이터베이스와 웹서버를 개발하는 소프트웨어 엔지니어. 예를 들어 페이스북의 백엔드 엔지니어는 페이스북의 슈퍼컴퓨터로 무수히 많은 사진을 저장하고 무수히 많은 일간 방문자를 처리하는 코드를 작성한다. (소프트웨어 엔지니어 항목 참고)

데이터 사이언티스트 Data scientist

기업의 비즈니스 전략과 제품을 개선할 수 있도록 (고객, 판매, 사용 양상 등에 대한) 데이터를 분석한다.

디자이너 Designer

앱과 웹사이트가 심미성과 기능성을 갖추게 한다. 로고, 색상, 브랜딩 요소 등도 디자인한다. 같은 디자이너라도 UI 디자이너, UX 디자이너, 비주얼 디자이너, 모션 디자이너 등 다시 여러 하위 직군으로 세분화된다.

프론트엔드 엔지니어 Frontend engineer

고객이 직접 대면하는 앱과 웹사이트를 개발하는 소프트웨어 엔지니어. 예를 들어 페이스북의 프론트엔드 엔지니어는 페이스북 웹사이트와 앱이 제 기능을 하면서 보기도 좋게 만든다. (소프트웨어 엔지니어 항목 참고.)

프로덕트 매니저 Product manager, PM

경영, 디자인, 엔지니어의 교차점에 있는 직군. 고객과 기업의 필요를 고려해 어떤 제품(앱, 웹사이트, 하드웨어)을 만들고 어떤 기능을 넣을지 결정한 후 엔지니어들과 함께 제품을 개발하고 출시한다. 오케스트라의 지휘자라고 생각하면 된다. 다양한 파트가 조화를 이뤄 멋진 음악(혹은 소프트웨어)이 나오게 한다.

프로덕트 마케팅 매니저 Product marketing manager, PMM

프로덕트 매니저와 비슷하지만 마케팅에 좀 더 비중을 둔다. 제품을 개발하는 것보다 제품을 출시하고 마케팅하는 것에 더 힘을 쏟는다.

품질 보증 엔지니어 Quality assurance engineers, QA

버그를 잡고 제품의 완성도를 높이기 위해 소프트웨어와 하드웨어를 철저히 테스트한다.

소프트웨어 엔지니어 Software engineer

코드를 작성해서 소프트웨어를 개발한다. '소프트웨어 개발자'라고도 부른다.

감사의 말

이 책의 집필을 시작하고 얼마 지나지 않아 우리 힘만으로는 충분치 않음을 깨달았다. 한 아이를 키우는 데 온 마을이 필요하다는 속담처럼 책 한 권을 쓰려면 무수히 많은 도움의 손길이 필요하다. 우리에게 물심양면으로 지원을 아끼지 않고 피드백과 영감을 준 가족과 친구들에게 이 지면을 빌려 감사한 마음을 전하고 싶다.

알레이샤 샤마, 에이미 자오, 앤드리아 첸, 애런 산토, 아판 사카, 이브라이 시하, 제프리 히, 마이트레이 조시, 메나카 나라야난, 사임 라자, 사트빅 수디레디, 소훔 파와, 타라 메타, 비샬 자인의 제안과 조언에 무한한 감사를 드린다. 그 밖에 걸핏하면 이 책에 대해 이야기하던 나를 참아준 모든 친구에게도 감사한 마음을 전한다. 그리고 제프 마이설, 닉 시나이, 윌리엄 그린로를 필두로 내가 보유한 IT 기술로 세상에 기여할 수 있도록 이끌어준 멘토들에게도 감사하다. 공저자인 아디와 파스는 내게 소중한 친구이자 동료다. 끝으로 내가 무엇을 하든 항상 한없는 지지를 보내주시는 부모님께 감사드린다.

닐

이 책이 출간될 때까지 인내심을 갖고 지원을 아끼지 않은 모든 분에게 감사하다는 말씀을 드리고 싶다. 그들이 아니었다면 이 책은 결코 세상에 나올 수 없었을 것이다. 먼저 우리의 IT 지식을 세상과 나누도록 열심히 권유한 팸 실버스타인, 피터 코틀, 낸시 초 교수, 마이클 로치 교수에게 진심으로 감사드린다. 그리고 이 책의 원고를 읽고 표지 시안을 검토해주는 등 출간 과정 전반에서 도움을 준 친구 미셸 장, 로런 스테치슐트, 홀리 뎅, 송은우, 사이 나이두, 샌딥 굽타, 니비 오블라, 제니 김, 브라이언 그로스, 에릭 존슨, 아일린 다이에게 감사하다. 이 책의 표지, 웹사이트, 그 밖의 브랜딩 요소를 디자인하느라 고생한 나츠코 스즈키에게도 감사의 마음을 전한다. 끝으로 항상 애정 어린 지원을 아끼지 않는 가족들에게 늘 감사하다는 인사를 드리고 싶다.

아디

이 책이 이렇게 세상에 나오기까지 든든한 지원군이 되어준 가족과 친구들에게 진심으로 감사드린다. 특히 미셸 웡, 데보라 스트리터, 제러미 쉬펠링, 잭 킬리, 크리스티나 지, 스테파니 수, 니케탄 파텔, 케빈 콜, 브래들리 마일즈, 아이비 쿠오, 크리슈나 디트로자, 개브리엘 에니스, 애덤 해리슨, 위니 선, 어맨더 수, 윌리엄 스턴, 서맨사 해브슨, 쉴레이만 데미렐, 순다리아 발라수브라마니에게 심심한 감사의 말씀을 전한다. 이들이 귀한 시간을 내서 전문적인 능력을 발휘하고 훌륭한 의견을 제시해준 덕분에 이 책을 집필하고 디자인하고 마케팅하는 모든 과정에서 큰 도움을 얻었다. 이처럼 멋진 이들의 지원을 받을 수 있어서 얼마나 감사한지 모른다.

파스

ㄱ

가상현실(VR) 290

가속 모바일 페이지(AMP) 27

가짜뉴스 34, 35, 161

개인정보보호 159, 207, 253, 254,
256, 265, 272

검색엔진 최적화(SEO) 26

계획적 진부화 182

고객관계관리(CRM) 216

고래 74

고젝 244~246, 248, 251

공개키 암호화 162

광고

- 경매 76

- 네이티브 81~83

- 배너 80, 81, 85

- 체감형 291

- 타깃 41, 75, 77~79, 86, 142,
158, 160, 220~222, 254, 256

- AB테스트 43~46

광케이블 101

구글 23~26, 33, 36, 38, 39, 52~55,
60, 76~80, 93~95, 139, 143,
151~153, 160, 187, 227~229,
247~251, 262~273, 280, 293

- 고 63, 229, 231, 248, 250

- 데이터센터 113

- 드라이브 109~112, 120, 152,
216

- 맵리듀스 139

- 문서 75, 110, 111, 113, 115

- 스파이더 24

- 안드로이드 49~64, 73, 174, 185,
219, 222, 230, 232, 241~242,
250

- 어시스턴트 278~280

- 웨이모 213, 276, 278, 280

- 유튜브 29, 52, 63~64, 95, 98,
126, 225, 227, 229, 248, 264

- 지도 36, 38, 39, 52~53, 56, 58,
64, 69, 75, 90, 93, 115, 238,
276, 279, 280

- 지메일 63, 111, 112, 115, 120, 160, 216
- 지스위트 216
- 크롬 65, 112, 115, 151, 177
- 크롬OS 151
- 크롬북 151, 177
- 클라우드 플랫폼 119, 125, 126
- 파이버 256
- 페이 229
- 페이지랭크 25, 26
- 플러스 264
- 플레이 53, 241
그랩 244~246, 248
근거리무선통신(NFC) 186

ㄴ

넷플릭스 23, 29, 81, 125, 127~130, 142~144, 259
노출당 과금(PPI) 76
누로 280
뉴욕 타임스 26, 51, 73, 81, 142, 285

ㄷ

다운로드콘텐츠(DLC) 72
다크웹 152~160

데이터유출 보험 273
도메인 이름 서비스(DNS) 93, 97
독점금지 253, 298~299
동남아시아
 - 전자상거래 231
 - 모바일결제 229
동질화 30
드론 194~195
드롭박스 69, 70, 86, 109, 114, 120
디디추싱 227

ㄹ

라이다 277
라자다 231, 248, 250
래리 페이지 25, 265
랜섬웨어 147~151
램 180~182
로빈후드 84, 85
로이터 82
리눅스 54, 55
리니지OS 54
리드 호프먼 218
리카이푸 286
리프트 109, 211, 213, 278~281, 290

릴라이언스 61
 - 지오폰 61~62, 64, 234
링크드인(마이크로소프트 참조)

ㅁ

마이크로소프트 23, 60, 73, 109,
  110, 111, 115, 120~122, 131,
  150, 179, 201, 213~219, 294, 299
 - 링크드인 72, 213~218
 - 마인크래프트 69
 - 서피스 179, 214
 - 아웃룩 111, 216
 - 애저 122, 125, 131, 214, 294,
  298
 - 오피스 73, 120~123, 214, 216
 - 윈도우폰 60, 214
 - 익스체인지 131
 - 코타나 216
 - 팀즈 122
마크 저커버그 227, 290
망중립성 16, 234, 258, 259, 262
맥 주소 200~203
머신러닝 14, 278
모질라 63, 156
 - 파이어폭스 63, 64, 156

 - 파이어폭스OS 63
미·유럽연합 데이터 헌장 273
미국증권거래위원회(SEC) 293
미디엄 130
밀리당 과금(CPM) 76

ㅂ

바이두 228
바이트 173, 174
백엔드 113
버라이즌 56~58, 60, 102, 254, 258~
  260, 264
 - 파이오스 102
버즈피드 45, 81
벤모 38, 69, 86, 149, 236, 241
부분유료화 70, 72, 75, 84
브로드밴드 253, 254
블랙베리 49~52
블로트웨어 56~60
비트코인 149, 156, 157, 159, 160
빅데이터 135, 136, 138, 140, 142~
  144

ㅅ

사티아 나델라 214, 294

삼성 52, 56, 58, 80, 184

　- 갤럭시 56, 184

샌드박스 66, 151

생성적 적대 신경망(GAN) 287, 289

생애가치(LTV) 74

생체인식 115, 186

샤오미 228, 241

서버 94, 97, 112~114, 120, 123~
140, 153, 157, 160, 182

　- 서버팜 112

　- 중앙서버 157, 158

세르게이 브린 25

솔리드스테이트드라이브(SSD) 178

스냅챗 45, 69~70, 72, 81, 220

스트리밍 27, 62, 257, 259, 292,
293

스티브 잡스 50

스포티파이 27~31, 70, 73, 111~
113, 120

　- 주간 추천 플레이리스트 27~29

　- 프리미엄 70, 72, 73

신경망 287~289

신원복원 144

실크로드 151~154, 156~158

ㅇ

아마존 28, 46, 79, 80, 83, 84, 123~
125, 127, 130~132, 140~142,
192~197, 207~210, 247, 249,
250, 280, 281, 292~299

　- EC2 124

　- S3 124, 130

　- 독점금지법 298

　- 아마존 웹 서비스(AWS) 109, 123~
126, 294, 297

　- 알렉사 293, 294, 296

　- 자율주행 280, 281

　- 주문처리센터 192, 195

　- 킨들 142, 210

　- 트위치 293

　- 프라임나우 192, 194

　- 홀푸즈 210, 295, 297, 298

아이폰(애플 참고)

아지트 파이 256, 257, 262

안면인식 166, 186

알고리즘 23, 24, 27~35, 191, 193

알고리즘 투명성 282

알리바바 227, 243, 244, 247~251

알리페이 242, 243

암호화 92, 148, 149, 151, 153~155,

160~165, 167~169, 188, 240

- 비대칭 암호화 162

- 종단간 암호화 161~163, 169

애자일 개발 118

애플 50, 51, 53, 59, 64, 67, 69, 111, 114, 164, 165, 177, 182~184, 188, 222, 228, 241

- 맥 49, 64~67, 202

- 시리 216, 294

- 아이클라우드 111, 114

- 아이폰 50, 51, 58~60, 111, 164, 173, 182~184, 186, 189, 228, 241

- 애플뮤직 30, 31

- 애플워치 98, 186

- 애플지도 36, 58, 59

- 애플페이 186~190

- 앱스토어 51, 53, 58, 151, 241

- 터치ID 189

- iOS 49, 53, 55, 60, 61, 63, 69, 72, 74, 164, 165, 174, 183, 222, 241

앱경제 50, 69, 70, 80

야후 144, 271

양면시장 212

어도비 116~119

- 크리에이티브 클라우드 117

- 포토샵 116~120

언어 현지화 229

에어비앤비 69, 83, 84, 270

에퀴팩스 144, 271, 272

연방통신위원회(FCC) 253, 255~ 257, 262

예측 분석 137

옐프 36, 39, 238, 268

오픈데이터 267~269, 271

오픈바자 157, 158

오픈소스 53~55

와이파이 54, 58, 166, 168~170, 201, 202, 204~207, 254

우버 36~39, 84, 86, 91, 109~111, 211~213, 226, 227, 238, 241, 279, 278, 280, 281

월마트 137, 209, 210, 251, 297

위챗(텐센트 참고)

유튜브(구글 참고)

이진법 173

인공지능(AI) 283, 286, 287, 296

인스타그램(페이스북 참고)

인앱결제 70~72, 75, 85

인터넷 서비스 사업자(ISP) 93, 253~ 262

인텔 175~177

일론 머스크 285

일반개인정보보호법(GDPR) 272

잊힐 권리 263~266

ㅈ

자바스크립트 95

자율주행 211~213, 275~282

전환 비용 31

제로레이팅 257, 258, 260, 261

중간자공격 168~170

증강현실(AR) 190, 191

지리위치(API) 37~42, 280

지문인식 184~186, 189

ㅊ

초단타매매 102, 103

ㅋ

카이OS 60~64, 234

커널 54, 55

컴캐스트 93, 253, 254, 258~260, 298

클릭당 과금(CPC) 76

클릭률(CTR) 43, 77, 81

ㅌ

타깃광고 41, 75, 77~79, 86, 143, 159, 160, 220, 222, 256, 257

테슬라 213, 281

텐센트 238, 240, 243, 244, 248

  - 위챗 227, 238~243, 248

  - 위챗페이 239, 240, 242~244

토르 154~156, 158, 160

토코피디아 231, 248, 250

통합인증(SSO) 40, 41

트래비스 칼라닉 211

트위터 81, 115, 160, 257, 258, 261, 264

틴더 39~42, 44, 70, 75

  - 틴더 플러스 70, 72

팀 버너스리 270

ㅍ

파레토 법칙 74

파이어폭스(모질라 참고)

페이스북 29, 31~35, 39~42, 58, 72, 75~80, 95, 98, 140, 152, 159, 161,

163, 176, 219~222, 225~231, 234, 238, 240~242, 247, 248, 256~258, 264, 290~293
- 뉴스피드 31~35, 76
- 봇 40, 41
- 사용자 데이터 78~80, 256, 291
- 오큘러스 290, 291
- 인스타그램 38, 69, 75, 80, 219, 220, 222, 264
- 프리베이직 234
페이티엠 246, 248
페이팔 38, 218
- 브레인트리 38
포드 212, 279
포켓몬고 36, 39, 70, 71, 190, 191
포트나이트 71
프론트엔드 113, 114
플래시 메모리 179, 180
피처폰 60~64, 234, 236, 237

ㅎ
하둡 140
한계비용 72
헤로쿠 126
협업 필터링 28~30

홍바오 239, 240, 244

기타
4G 62, 232, 254
80/20 법칙(파레토 법칙 참고)
AB테스트 43~46
API 13, 37~42
AT&T 59, 255, 257, 259, 260
CPU 175, 176, 182
- 인텔칩 177
- 코어 174
- ARM 칩 177
- x86 175
CSS 95
ESPN 38
GPS 191, 202, 267, 275
HBO 127
HTML 95
HTML5 63
HTTP 92, 98, 99, 102
- 보안(HTTPS) 90~95, 98, 102, 160, 167, 168
IaaS 125, 126
IBM 286, 299
- 왓슨 286

IMDb 144

iOS 49, 53, 55, 60, 61, 69, 72, 74,
   164, 165, 174, 182, 222

IP주소 92, 93, 97, 100, 123, 152,
   153

LG 52

M페사 234, 236~238, 243, 246

PaaS 125, 126

Pay-Per-Click(PPC) 76

p값 45

QR코드 242~246

SaaS 117~ 120, 125, 126

SD카드 179, 180

SSL스트립 168~170

TCP 97~99, 102

URL 90~95, 153, 156, 270

VPN 169, 170

IT와 비즈니스 전략에 관해 알아야 할 것이 대단히 많지만 이 책에서는 그중 극히 일부만 다룰 수밖에 없었다. 그래서 우리가 참고한 모든 자료의 링크를 제공하기로 했다. 책이 너무 두꺼워지는 것을 막기 위해 모든 링크를 *swipetounlock.com/notes/3.4.0/*에 게시했다. 혹시 책을 읽으면서 호기심을 자극하는 사실이나 의견이 있었다면 그 출처로 가서 더 심도 있게 탐구해보기를 권한다!

지은이 닐 메타는 구글의 프로덕트 매니저다. 하버드대학교를 졸업하고 칸 아카데미, 미국 인구조사국, 마이크로소프트를 거쳤다. 미국인구조사국에서 IT 인턴십 프로그램 으로는 최초로 연방정부로부터 전액 지원을 받는 프로그램을 개설한 바 있다.

아디티야 아가쉐는 마이크로소프트의 프로덕트 매니저다. 코넬대학교를 졸업하고 벨 애플리케이션스를 설립한 바 있다.

파스 디트로자는 페이스북의 프로덕트 매니저다. 코넬대학교를 졸업하고 IBM, 마 이크로소프트, 아마존에서 프로덕트 매니저와 마케터로 일했다.

옮긴이 김고명

성균관대학교 영문학과를 졸업하고 성균관대학교 번역대학원에서 공부했다. 현재 바른번역 소속으로 활동하고 있으며, 원문의 뜻과 멋을 살리면서도 한국어다운 문 장을 구사하는 번역을 추구한다. 《좋아하는 일을 끝까지 해보고 싶습니다》를 직접 썼고 《직장이 없는 시대가 온다》, 《사람은 무엇으로 성장하는가》, 《시작하기엔 너 무 늦지 않았을까?》 등 40여 종의 책을 번역했다.

IT 좀 아는 사람

비전공자도 IT 전문가처럼 생각하는 법

펴낸날 초판 1쇄 2021년 1월 20일

초판 12쇄 2023년 7월 3일

지은이 닐 메타, 아디티야 아가쉐, 파스 디트로자

옮긴이 김고명

펴낸이 이주애, 홍영완

편집 백은영, 양혜영, 최혜리, 박효주, 장종철, 문주영, 오경은, 김애리

마케팅 김태윤, 김소연, 박진희, 김슬기

디자인 박아형, 김주연, 기조숙

경영지원 박소현

도움교정 서진원

펴낸곳 (주)윌북 **출판등록** 제2006-000017호

주소 10881 경기도 파주시 광인사길 217

홈페이지 willbookspub.com **전화** 031-955-3777 **팩스** 031-955-3778

블로그 blog.naver.com/willbooks **포스트** post.naver.com/willbooks

트위터 @onwillbooks **인스타그램** @willbooks_pub

ISBN 979-11-5581-335-5 (03320)